扫码观看2019年世界城市日主题公益宣传片
Scanning the Theme Film of World City Day 2019

SELECTED SPEECHES OF 2019 WORLD CITIES DAY EVENTS

世界城市日
活动成果精粹·2019

上海市住房和城乡建设管理委员会
唐山市人民政府
上海世界城市日事务协调中心
上海市住房和城乡建设管理委员会科学技术委员会事务中心
编

上海科学技术出版社

图书在版编目（CIP）数据

世界城市日活动成果精粹. 2019 / 上海市住房和城乡建设管理委员会等编. -- 上海：上海科学技术出版社，2020.10
　　ISBN 978-7-5478-5099-2

Ⅰ. ①世… Ⅱ. ①上… Ⅲ. ①城市管理－世界－2019－文集 Ⅳ. ①F299.1-53

中国版本图书馆CIP数据核字(2020)第188936号

责任编辑　楼玲玲　陈　晨　董怡萍
封面设计　赵　军

世界城市日活动成果精粹·2019
上海市住房和城乡建设管理委员会
唐山市人民政府
上海世界城市日事务协调中心　　　　　　　　　　　编
上海市住房和城乡建设管理委员会科学技术委员会事务中心

上海世纪出版（集团）有限公司
上海科学技术出版社　出版、发行
（上海钦州南路71号　邮政编码200235　www.sstp.cn）
上海中华商务联合印刷有限公司印刷
开本 787×1092　1/16　印张 12.25
字数 360千字
2020年10月第1版　2020年10月第1次印刷
ISBN 978-7-5478-5099-2 / TU·300
定价：108.00元

本书如有缺页、错装或坏损等严重质量问题，请向工厂联系调换

编纂委员会
COMPILATION COMMITTEE

主　任

黄永平　丁绣峰

副主任

裴　晓　王　桢　张　政　马　韧　金　晨　朱剑豪　刘千伟
江小龙　陆锦标　杨联萍　周国平　林忠钦　付振波

顾　问

姜斯宪　张古江　邱鼎财　王醇晨　王德忠　徐毅松　周志军
顾伟华　甘忠泽　周文波

委　员

（按姓氏笔画排序）

王　滨　王长远　叶国强　史佩杰　刘　晨　刘融先　许解良
杜　俭　李再东　吴玉刚　吴建南　张　辰　张录法　陈　康
陈东晓　郁　萍　冒　勤　姜文宁　秦同千　钱　智　高　峻
曹嘉明　曾　刚　曾德顺　戴晓坚

编辑部

主　编

成　键　周翔宇　管　伟

副主编

马海波　胡雅珠　高宏宇

编　辑

（按姓氏笔画排序）

丁天悦　丁艳丽　于宏源　王　佳　王　钦　王　慧　王浩然
王婵雅　孔彩英　包剑蓓　冯　翔　刘　芳　刘钧伟　李会琴
宋　琰　张　灿　张　俊　张晓刚　张海娜　陈　静　邵　虹
范益群　罗　怡　罗　轶　周　凡　周　骏　周绮雯　祝　捷
袁为建　聂　敏　徐柳青　程　琳

序一
Preface I

迈穆娜·穆赫德·谢里夫

联合国副秘书长、联合国人居署执行主任

2019年的世界城市日全球庆典活动在历史名城叶卡捷琳堡举行，这是首次在俄罗斯乃至东欧举行的全球庆典活动。与此同时，世界各地的城市也在举行世界城市日的纪念活动。世界城市日中国主场活动在唐山市举行，在曼谷、马尼拉、伊斯兰堡、西西里岛、纽约、哈瓦那、内罗毕、墨西哥城及巴西各城市也举行了庆典活动。还有三场活动在伊斯特拉、毕尔巴鄂和巴黎的联合国教科文组织总部举行。

每年10月，联合国人居署鼓励各国聚焦城市应对城市化给全球带来的挑战和机遇方面所发挥的作用，世界城市日标志着"城市十月"（Urban October）的落幕。只要我们共同努力，就能确保城市为所有人包括最弱势的群体提供更好的生活方式，这也和世界城市日的总主题"城市，让生活更美好"如出一辙。在俄罗斯，超过74%的人口居住在城市。2019年7月莫斯科城市论坛的主题是"改变世界：创新使后代生活更加美好"，核心思想是城市是创造力和新思想产生的重要中心。2019年10月7日，"世界人居日"主题是"前沿技术是化废为宝的创新工具"，联合国人居署也发起了"智慧无废城市运动"（Waste Wise Cities Campaign）来解决全球废物管理问题。全世界已有近100个城市投身这一运动。2020年世界城市论坛的主题是"连接创新与文化，打造机遇之城"。

城市给地球带来了污染、气候变化、浪费等重大问题，但城市也是创造力的中心，问题往往能在城市找到解决办法。我们不能以一成不变的方式来进行城市运营。根据有关气候变化的警告，如果继续无所作为，我们最终将面临灾难性局面。如果没能找到更好的途径来降低消耗、回收废物、减少对汽车的依赖、合理规划城市、节约、扩展绿色空间，结局也不会有所改变。人类亟需创新理念来实现城市生活方式的改变，为子孙后代创造更美好的生活，努力争取到2030年实现"联合国可持续发展目标"的第11个目标和其他可持续发展目标概述的城市包容性、安全性、韧性和可持续发展的愿景。

创新是涉及数字处理和前沿技术的复杂过程，但它往往始于一个简单的想法，比如共享汽车或在屋顶种植植物。而且，由于创新常常诞生于城市，所以可以在城市进行大规模检验。创新可以帮助我们设计有包容性的居民区、公共区域及环保型的城市，创建繁荣的生态系统和生物多样性中心，并且生产绿色能源。创造性的想法能提高资源管理、运力、服务及基础设施和建筑建设等方面的效率和效力。未来30年，城市的覆盖面积预计翻一番，这意味着，要在2050年达成既定目标，还有70%的建筑体量需要完成，可以借此机会去实践那些新颖的想法。

城市服务衍生数字创新。数字创新在提高能源、固体废物管理、交通或社会服务等城市服务的可及性、效率和可购性方面具有巨大潜力。城市的任务是为创新及其应用提供支持框架，从而增强城市服务、惠及所有人群的能力，特别是边缘群体，同时不忘尊重"城市的灵魂"。

前沿技术促进包容城市。在认识到科技创新在城市中发挥着巨大潜力的同时，我们还应当关注可持续发展的智慧城市的包容性、人权和公众参与等方面。正如我们在《2030年可持续发展议程》中做出的承诺，要让所有人都能享受到城市服务。如何利用创新来减少普遍存在且日益严重的不平等现象？这是应当反思的一个问题。

城市可再生能源产生新的机遇。城市可以利用建筑、运输、固体和液体废物管理部门等作为切入点，利用循环经济的优势并采用可持续生产和消费方式来加速向可再生能源的转换。我们要做的就是消除经济、技术、行为和政治障碍，为城市可再生能源产生创造更多机会。

积极创新，还离不开年轻一代的参与。为了加强与私营部门、政府实体和民间团体的合作，为城市及年轻人施展才华之地引入有效的解决方案，我们需要对利益攸关方进行有效、包容的管理。最好的新想法总是在年轻人之中迸发。特别值得一提的是我们同俄罗斯国家青年理事会（National Youth Council of Russia）的出色合作。

联合国已然视城市化为一种"大趋势"，联合国秘书长提升了城市主题的高度并在联合国的整个工作中贯穿这一主题。今天，我们特别高兴地邀请到联合国驻俄罗斯轮值主席团以及联合国姊妹机构出席会议。会上，大家都强调了各自的核心任务与《2030年可持续发展议程》城市层面的相互联系。如果要实现17个"联合国可持续发展目标"，消除极端贫困、保护地球，并确保人人享有和平与繁荣，我们就必须深化在联合国体系内的共同努力，与合作伙伴携手让城市化步入正轨，为未来30年即将生活在城市的70%的世界人口服务。

感谢东道主——俄罗斯联邦政府、斯维尔德洛夫斯克州州长和叶卡捷琳堡市长及其团队的热情接待和对本次国际盛会的高效管理。诚挚感谢中国政府和上海市人民政府一如既往的支持，《上海手册》合作伙伴非常热衷于收集和分享良好实践。期待与各方加强合作，让城市可持续发展领域的最佳实践闻名全球。

（2019世界城市日全球主场致辞，叶卡捷琳堡）

序二
Preface II

倪 虹

住房和城乡建设部副部长

2019年世界城市日中国主场活动在河北省唐山市举行。随着全球城市化的快速推进，我们在享受现代化城市生活的同时，也面临着环境、交通、能源、就业、住房、教育、卫生等各个方面的巨大挑战。世界城市日设立的初衷就是呼吁国际社会共同关心我们的城市，携手应对城市面临的机遇和挑战。如今，世界城市日活动已经成功举办了5届，在世界上的影响力不断扩大，成为促进各国城市互相交流合作的平台，为推进城市可持续发展、推动落实《2030年可持续发展议程》和《新城市议程》发挥了重要作用。2019年世界城市日的主题是"城市转型　创新发展"。创新是破解城镇化发展难题、实现城市可持续发展的重要途径。通过创新推动城市的转型发展，为人民建设美好的家园是我们的共同愿望。

唐山是一座百年工业重镇，也是一座震后崛起、浴火重生的英雄城市，更是一座在城市转型中不断探索、走出一条发展新路的城市。1990年，唐山以其震后重建项目成为中国第一个荣获"联合国人居奖"的城市。2004年，唐山采煤沉降区生态建设项目又荣获了"迪拜国际改善居住环境最佳范例奖"。今天在唐山举办世界城市日中国主场活动，大家将切身感受到这个被誉为"中国近代工业摇篮"的城市正通过践行"城市转型　创新发展"的道路，焕发出更加夺目的光彩。

新中国成立70年以来，中国经历了世界上规模最大、速度最快的城镇化进程，城市面貌发生了翻天覆地的变化，城市建设日新月异，城市数量由1949年的132个增加到2018年的672个，城镇化率由10.6%提高到59.6%。改革开放以来，城市基础设施建设步伐加快：道路长度增加15倍，建成区绿地面积增加19倍，污水处理厂处理能力和生活垃圾无害化处理能力分别提高263倍和395倍，燃气、自来水普及率分别达到96.7%和98.4%。城市承载能力不断增强，人居环境更加生态宜居，人民群众居住条件也显著改善。新中国成立70年来，党和国家始终高度重视解决人民群众住房问题，住房建设加快推进，住房制度改革不断深化，基本解决了近14亿人口的大国城乡居民住房问题，为世界人居事业发展做出了重大贡献。城镇人均住房建筑面积由1949年的8.3 m^2 提高到2018年的39 m^2，农村人均住房建筑面积提高到47.3 m^2。住房保障制度不断完善，保障性安居工程加快推进，累计建设各类保障性住房和棚改安置住房8 000多万套，近2 200万困难群众领取了公租房租赁补贴，共帮助2亿多群众解决了住房困难。

总结中国城镇化快速发展和人居环境改善取得的巨大成就，有三条经验：一是尊重城市发展规律，贯彻落实创新、协调、绿色、开放、共享的新发展理念，推动城市发展方式由外延扩张向内涵提升转型，由高速增长向高质量发展转变。二是坚定不移推进改革创新，完善城市规划建设管理体制机制，着力破除制约城市科学发展的障碍和弊端，为城市发展注入源源不断的动力。三是坚持以人民为中心，着力解决人民群众最关心、最直接、最现实的利益问题，不断满足人民日益增长的美好生活需要，让人民群众在城市生活得更方便、更舒心、更美好。

当前，中国正加快转变城市发展方式，提高城市承载力、包容度和宜居性，推动城市高质量发展。我们将坚持以习近平新时代中国特色社会主义思想为指导，贯彻落实新发展理念，把创新作为推动城市发展的根本动力，深化体制机制改革，加快城市建设管理制度创新和技术创新，不断推进城市治理体系和治理能力现代化，走出一条中国特色城市发展道路。

第一，推动城市绿色发展。树立"绿水青山就是金山银山"的理念，推动形成绿色发展方式和生活方式。将环境容量和城市综合承载能力作为确定城市定位和规模的基本依据，按照绿色、循环、低碳的理念，规划建设城市交通、能源、供排水、供热、污水、垃圾处理等基础设施。推广钢结构建筑等新型建造方式，推进建筑节能，发展超低能耗绿色建筑。加大城市生活垃圾分类力度，推进垃圾减量化、资源化、无害化处理，提高废弃物循环利用水平。

第二，改善城市人居环境。加快完善住房保障体系，培育发展住房租赁市场，着力解决城镇居民住房问题。扎实做好城镇老旧小区改造，解决供水、供电、供气等问题，引导发展社区养老、托幼、医疗、助餐、保洁等服务，改善老旧小区基础设施和公共服务。推进海绵城市建设，加强城镇污水和垃圾处理设施建设。推进城市体检工作，建立城市建设管理和人居环境质量评价体系，破解城市发展中存在的问题，着力治理"城市病"。

第三，保护传承城市历史文脉。保护好历史文化名城、名镇、名村，历史街区，历史建筑，工业遗产，以及非物质文化遗产。弘扬中华优秀传统文化，延续城市历史文脉。处理好城市更新改造和历史文化遗产保护利用的关系，做到在保护中发展、在发展中保护。开展城市设计工作，加强对城市的空间立体性、平面性协调，以及风貌整体性、文脉延续性等方面的建设和管控，留住城市特有的地域环境、文化特色、建筑风格等"基因",塑造城市特色风貌。

第四,提升城市管理服务水平,加强城市精细化管理。整治提升市容市貌,营造干净、整洁、有序的城市环境。搭建城市综合管理服务平台,充分运用物联网、云计算、大数据、人工智能等,提高城市信息化、智能化管理水平。加强城市管理执法队伍建设,推进文明、规范、公正执法。完善城市管理体制机制,把资源、服务、管理下沉到基层,以城市社区为基本单元,创新基层社会治理模式,发动群众共建共享美好环境和幸福生活。

在全球气候变暖、经济全球化和资源能源约束力加大的背景下,转变城市发展方式、推动城市可持续发展是大家共同的选择。中国愿同世界各国继续深入开展住房和城乡建设领域的合作,探讨交流推动城市转型发展的实践经验和创新举措。希望我们携手努力,共同应对城市化进程中的各种挑战,共同创造城市更加美好的未来!

(2019年世界城市日中国主场活动致辞,唐山)

序三
Preface III

维克多·基索布

联合国助理秘书长、联合国人居署副执行主任

2014年以来，上海、广州及中华人民共和国住房和城乡建设部每年发展越来越多的城市一起庆祝世界城市日，联合国人居署密切与各国政府合作，共同分享最好的经验、最佳的实践，推动住房和城乡发展。

现在世界人口有超过半数居住在城市，城市人口的数量正在以2人/s的速度增长，城市是许多世界挑战的前沿：约65%的全球能源由城市消耗，75%的温室气体由城市排放，每年约有20亿吨固体废物在城市中产生。所以必须让城市向更好的方向发展，享受城市带来好处的同时，也要持续包容经济、文化发展和保护环境。

联合国大会将10月31日指定为世界城市日，是2010年上海世博会的精神遗产之一。2010年的上海世博会"全球城市论坛"是推动全球合作与讨论，让来自世界各地的城市相互交流经验的关键活动。地球的未来靠城镇和城市推动，创新可以让人们居住的城市建设基础设施和建筑的方式变得更加有效，管理资源的方式也更高效，从而更好地为人们提供服务和资源。创新技术帮助人类前进，以设计更宜居的社区、公共空间和城市。但要实现这些并非易事，大家必须携手与共、全球共享。促进包容性和社会的统一性，应当让那些初到城市的人、残疾人、穷人和其他弱势群体都能获取服务，获取使用基础设施的权利，以及生活和就业的机遇。让世界听到他们的声音，让他们共同参与到城市的治理中。

"联合国可持续发展目标"的第11个目标——可持续城市与社区（建设包容、安全、有

风险抵御能力和可持续的城市及人类住区），以及《新城市议程》，希望能够和中国及世界其他国家共同展开广泛的合作，共同遵守"一带一路"倡议和其他全球性合作框架。联合国人居署将和大家分享知识，分享相关的研究，推动更安全、更包容、更可持续的城市生活，共同实现"联合国可持续发展目标"。

（2019全球城市论坛暨世界城市日上海主场活动致辞，上海）

序四
Preface IV

张古江

河北省委常委、唐山市委书记，时任河北省副省长

在这层林尽染、秋色怡人的美好时节，我们相聚在美丽的唐山，隆重举办2019年世界城市日中国主场活动。

河北省地处中国华北，内环京津、外沿渤海，交通条件便捷，自然资源丰富，历史文化厚重，产业体系完备，总面积18.8万km²，总人口7 500多万。2018年全省实现生产总值3.6万亿元、同比增长6.6%，2019年前三季度同比增长7%，经济发展呈现总体平稳、稳中有进、稳中向好态势。特别是习近平总书记亲自谋划部署推动的京津冀协同发展、雄安新区规划建设、2022年冬奥会筹办等重大国家战略在我省叠加交汇，给河北的发展带来了千载难逢的历史机遇。

城市是人类文明发展进步的重要成果，与经济发展相辅相成、相互促进。改革开放以来，与全国一样，河北省经历了规模大、速度快的城镇化进程。特别是近年来，河北省围绕建设以首都为核心的世界级城市群，贯彻创新、协调、绿色、开放、共享的发展理念，按照高质量发展的根本要求，不断提高城市综合承载能力和内涵式发展水平，城市面貌日新月异，人居环境持续改善，城市发展转向规模扩张与质量提升并重的新阶段。截至2018年底，全省常住人口城镇化率达到56.43%，城市建成区面积达到2 162.73 km²，建成区绿化覆盖率达到41.16%，人均公共绿地面积达到13.68 m²，城镇节能建筑累计6.367亿m²、占民用建筑总面积的49%，新增绿色建筑0.99亿m²、占城镇新竣工建筑比例的57.84%。

唐山是在1976年大地震废墟上恢复重建的

一座现代化城市，从震后百废待兴到百业兴旺，从重工业城市到跨越转型升级，从"雾霾围城"到生态之城，先后荣获全国首个"联合国人居奖""迪拜国际改善居住环境最佳范例奖""国家园林城市"等荣誉，被习近平总书记称为"英雄的城市、英雄的人民"。

联合国将每年的10月31日定为世界城市日，旨在传承和延续上海世博会"城市，让生活更美好"的理念。2019年世界城市日的主题是"城市转型　创新发展"，在推动城市绿色发展、改善城市人居环境等方面的研讨交流必将对河北城市创新发展、绿色发展、高质量发展起到积极的促进作用。我们要以这次活动为契机，认真学习贯彻习近平新时代中国特色社会主义思想和对河北工作重要指示批示，虚心学习借鉴国内外城市发展的先进经验与做法，转变城市发展方式，完善城市治理体系，提升城市治理能力，推动城市发展迈上新台阶，为建设以首都为核心的世界级城市群增光添彩！

（2019年世界城市日中国主场活动致辞，唐山）

前言
Foreword

汤志平

上海市副市长

世界城市日是联合国首个以城市为主题的国际日，来源于上海世博会的精神遗产，激励我们为实现"城市，让生活更美好"的共同愿景而不懈奋斗。2019年的城市日以"城市转型 创新发展"为主题，充分反映了当今国际社会的共识，即通过创新解决城市化快速推进中所面临的一系列问题，推动全球城市可持续发展。来自20余个国家和地区及国际组织、协会的专家齐聚一堂，围绕科技创新、城市发展和环境保护等热点问题深入探讨、分享成果，对加强城市交流合作、促进城市转型发展具有重要的意义。

上海市充分认识到自身的优势在于创新，解决发展中的矛盾和问题也要依靠创新，推进城市转型发展更要靠创新。党的十八大以来，按照"当好全国改革开放排头兵、创新发展先行者"的要求，上海积极践行新发展理念，走出了一条超大城市创新转型发展的路子。当前上海正全力落实中央交给上海的新的"三项重大任务"，加快建设"五个中心"，打响"四个品牌"，着力提升城市能级和核心竞争力，推动高质量的发展，创造高品质的生活。我们将通过世界城市日的平台，学习借鉴其他国家和城市的成功经验，继续走好超大城市创新转型发展之路。

我们将紧紧围绕高质量的发展，加大改革创新的力度，在提高城市经济密度、提高投入产出效率上下功夫，在提升配置全球资源能力上下功夫，在增强创新能力上下功夫。我们将紧紧围绕高品质的生活，加强环境保护和生态建设，促进城市的绿色发展、循环发展和低碳发展，以高品质的生活支撑高质量的发展，努力实现"城市，让生活更美好"的目标。

（2019全球城市论坛暨世界城市日上海主场活动致辞，上海）

目 录
CONTENTS

序一 / 迈穆娜·穆赫德·谢里夫

序二 / 倪 虹

序三 / 维克多·基索布

序四 / 张古江

前言 / 汤志平

Chapter 01　第一章　全球城市与文脉传承

002　转型绽放精彩　创新引领未来　城市，让生活更美好　/ 丁绣峰

005　世界城市日与上海全球城市建设　/ 成　键

010　普通全球城市的建构：以武汉为例　/ 李志刚

016　徽州：变化的是建筑　不变的是手艺　/ 张建平

022　修复传习——基于建筑遗产保护的建筑观　/ 越　剑

目录

Chapter 02　第二章　城市群与协同发展

- 030　建设宜居及可持续发展的城市：合作与城市系统　/ 许顺华
- 037　城市群协同发展的内在因素比较：京津冀与长三角　/ 方创琳
- 040　长三角一体化：瓶颈、动力与主攻方向　/ 刘　洋
- 044　新兴城市和城市理论：中国的视角　/ 吴缚龙

Chapter 03　第三章　城市治理与创新发展

- 050　城市精细化管理的实践与思考　/ 陈高宏
- 053　新加坡的公共政策与城市治理　/ 拉梅什
- 056　建设可持续发展的镇区　/ 林抒颖
- 064　创新的瑞士地下物流系统　/ 丹尼尔·维纳
- 069　全地下式生活垃圾转运与处置设施方面实践与展望　/ 王艳明

Chapter 04　第四章　城市地下空间与开发利用

- 076　全球城市地下空间开发利用进程与ACUUS关于全球城市可持续发展战略构想的演变　/ 季米特里斯·卡利安帕科斯
- 082　城市地下空间建设《上海宣言》　/ 雅克·贝斯纳
- 084　利用地下空间，助力发展绿色建筑与绿色城市　/ 钱七虎
- 090　中国城市地下空间利用与施工技术若干思考　/ 陈湘生
- 096　装配式建筑在地下空间开发的探索与应用　/ 农兴中
- 101　苏州河段深层排水调蓄管道系统工程研究与建设要点　/ 沈庞勇

目录

Chapter 05　第五章　健康城市与生态建设

- 108　智慧建筑科技助力绿色生态城区建设 / 劳伦斯·韦伯
- 113　将自然带入城市 / 王雪漫
- 116　基于健康环境建设的思考与展望 / 张恩祥
- 118　加快城市转型构建国际阳光康养旅游目的地 / 马晓凤

Chapter 06　第六章　智慧城市与交通安全

- 124　价值与新技术驱动的上海全球城市交通综合治理体系重构 / 李　晔
- 130　中国智慧城市地下空间实践与发展 / 朱合华　李晓军
- 135　国家道路安全教育的创新实践 / 尤志栋
- 140　事故预防和驾驶员绩效监控 / 埃米尼奥·洛米宝
- 142　提升道路安全的智能网联汽车创新 / 顾剑民

Chapter 07　第七章　住房保障与终身教育

- 150　住房发展与城市活化 / 严　荣
- 152　上海"四位一体"住房保障政策 / 上海市房屋管理局
- 156　企业在公共住房中的角色 / 黄添发
- 159　德国共享型学习的新进展 / 卡斯滕·毛里茨
- 161　"多教融通"构建区域终身教育指导服务公共平台 / 上海市徐汇区业余大学
- 166　充分发挥社区文化建设在全民终身教育中的基础性作用 / 张　洁

- 169　附　录　2019年"世界城市日"主题活动、系列活动
- 172　后　记

第一章

Chapter 01

全球城市与
文脉传承

Global Cities and
Cultural Heritage

转型绽放精彩　创新引领未来
城市，让生活更美好[1]

丁绣峰
唐山市委副书记、市长

2019年世界城市日中国主场活动盛装启幕，来自五洲四海的贵宾相聚唐山，共同分享城市转型宝贵经验，共同探讨城市未来创新发展，这对于促进世界城市交流合作、推动城市创新转型和可持续发展具有重要而深远的意义（图1）。

图1　唐山市貌

唐山是一座百年沿海工业城市，深植开放创新的基因血脉，引领了中国近代工业的兴盛崛起。这里相继诞生了中国第一座机械化采煤矿井、第一条标准轨距铁路、第一台蒸汽机车、第一桶机制水泥、第一件卫生陶瓷、现存第一张股票和第一位中国本土大学教授等近代中国"七个第一"。历史发展到今天，曾经依靠资源和传统发展模式创造多个辉煌的唐山，必须回答好转型升级、生态建设与可持续发展等方面的现实问题。唐山的发展，始终得到党中央的高度重视和大力支持。2016年7月，中国国家主席习近平亲临唐山视察，作出"三个努力建成""三个走在前列"的重要指示，放大了唐山这座城市的视野格局，回答了破除转型烦恼的时代之问，为唐山创新发展、绿色发展、高质量发展指明了方向。幸运的是，唐山以"三个努力建成"领航定向，在资源型城市仍处于成熟期而衰退期远未到来之前，就通过转型升级、创新驱动直接跨入了再生期，跳出了资源枯竭、经济衰退、产业空心、人口减少等城市"收缩"的诅咒陷阱（图2）。

转型是城市不懈的追求，创新是发展永恒的主题。解码唐山加快由资源型工矿城市向创新型生态城市转变的路径举措，不仅对唐山具有特殊重要意义，而且对中国、对世界同类城市具有标本意义。

1　本文摘自作者在"2019年世界城市日中国主场活动"上的演讲。

图2　开滦国家矿山公园

我们始终致力建设宜居城市，以惠民利民导向推进城市有机更新、能级提升。围绕建成首都经济圈重要支点，重构"一港双城"城市版图，打造站西、南湖（图3）、花海等重点片区，推动城市承载能力和品质内涵的"双提升"，切实承担起唐山在建设京津冀世界级城市群中的国家使命、时代重任。特别是深入推进老旧小区、背街小巷、棚户区等"三改一通"工程，全面优化城市生产、生活、生态空间，让老百姓乐享自由、舒朗、惬意的城市生活。

图3　唐山南湖城市中央生态公园

我们始终致力发展绿色产业，以产业迭代升级撬动城市动力变革、价值重构。聚焦"调旧""育新"两个关键词，加快传统产业改造提升、新兴产业培育壮大，着力构建契合唐山资源禀赋、实现新旧动能转换的现代产业体系,推动要素投入向创新驱动、资源依赖向沿海开放带动"两个转变"。特别是抬高城市产业准入门槛,精准选择创意设计、文化旅游、赛事展会等接续产业,实现聚集人气活力、繁荣城市业态、提升城市品位的多赢。

我们始终致力防灾减灾救灾,以完善应急体系,确保城市安全设防、和谐稳定。历经地震之殇、涅槃重生的唐山,对自然灾害的感受更为深切,对防灾减灾救灾的认识更为深刻。特别是唐山作为习近平主席"两个坚持、三个转变"防灾减灾救灾重要指示的发源地,为人类防灾减灾救灾事业贡献力量,是英雄的唐山人民感恩报恩的情感愿望,也是英雄城市理应扛起的责任担当。我市出台了全国地级市首个《地方防震减灾管理条例》,全面推行减隔震、消能减震等新技术,成为全国首批防震减灾示范城市。当前正加快建设国家级现代应急装备产业基地,为最大限度预防、减少自然灾害损失做出唐山贡献。

我们始终致力优化生态环境,以环保刚性约束加快城市生态转型、华丽蝶变。坚持污染退城、清水润城、城市增绿"三城齐抓",强势启动工业企业退城搬迁、低效空间清理整治、全域治水等攻坚行动,持续改善生态环境质量(图4)。我们现在所处的唐山南湖,就是由昔日采煤沉降地改造而成的城市会客厅,成为2016年世界园艺博览会举办地,被习近平主席称赞为绿色发展的好作品。

图4 唐山港

今年"世界城市日"的主题是"城市转型 创新发展",唐山由英雄城市震后崛起彰显中国力量和制度优势,到资源型工业城市对转型升级、可持续发展的执着求索,打开了世界了解中国城市发展的"唐山窗口",赋予了世界城市日中国主场活动新的时代内涵。我们将充分学习借鉴世界城市创新发展经验,加快城市发展,深化交流合作,凝聚广泛共识,与世界各城市携手共建人类更美好的家园!

世界城市日与上海全球城市建设

成　键
上海世界城市日事务协调中心主任、博士

1. 中国城市化的发展

在中国城市化的发展方面，中国城市人口占全球人口的比例如图1所示，其中2007年是一个关键的节点，因为在那时有一半的人口都已经成为了城市人口。

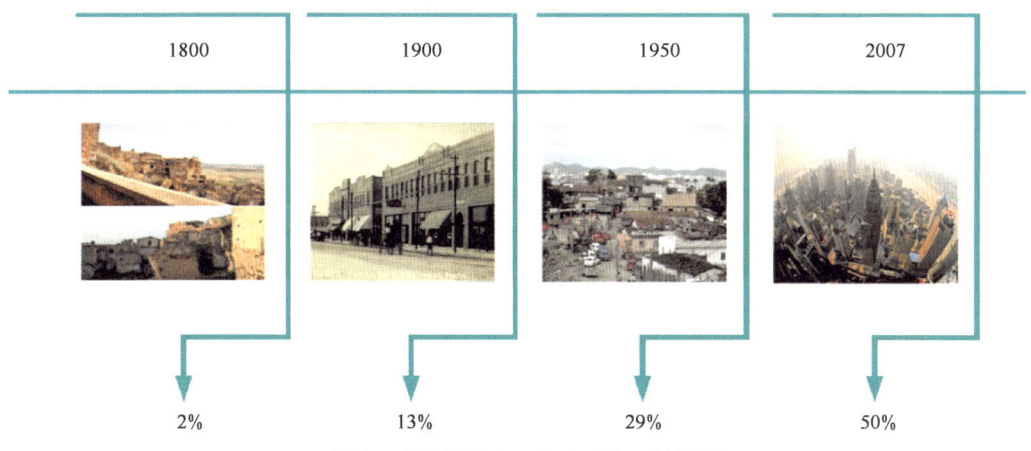

图1　中国城市人口占全球人口的比例

中国的历史非常深厚，城市文化也非常丰富多彩。从中国城市化的进程来说，很长时间以来中国城市化的发展进程都是非常缓慢的，中国城市发展步入正轨是1978年，而在改革开放政策推出之后城市化开始蓬勃发展（图2、图3）。城市化黄金发展时期是20世纪90年代，中国城市化是与工业化紧密相连的（图4）。

由于全球化及改革开放政策，中国在这方面也取得了非常巨大的经济增长。尤其是在过去30年，中国整体的综合实力也有了极大的提升。根据2010年的数据，中国的GDP达到了约40.145万亿元，已经超过日本成为了世界第二大经济体。

快速发展的城市化加速了经济和社会的发展，人们的生活水平也有所提高。改革开放以来，城镇人口从1.7亿增加到8.4亿，到2019年已有超过9亿人生活在城市中，这也是中国城市化发展的进程。中国的城市化率从20%增长到了40%，相比其他很多先进发达经济体快一倍，1995—2005年城市化率平均每年增长1.4%（图5）。

1　本文摘自作者在"全球化进程中的中国城市"国际研讨会上的演讲。

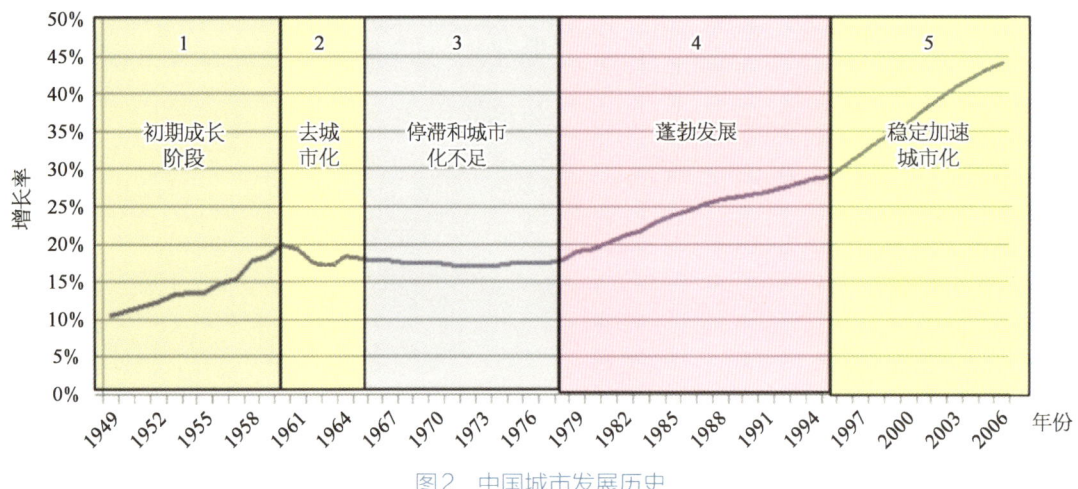

图2 中国城市发展历史

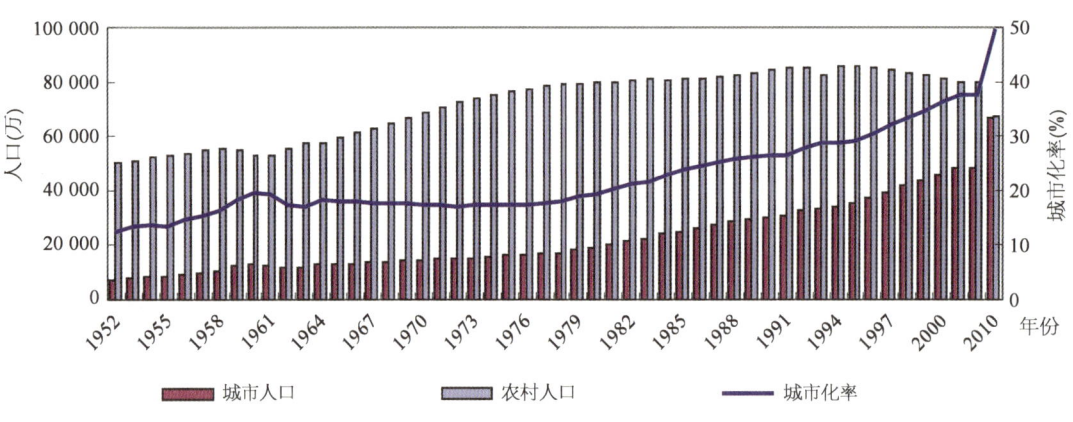

图3 中国的城市化进程

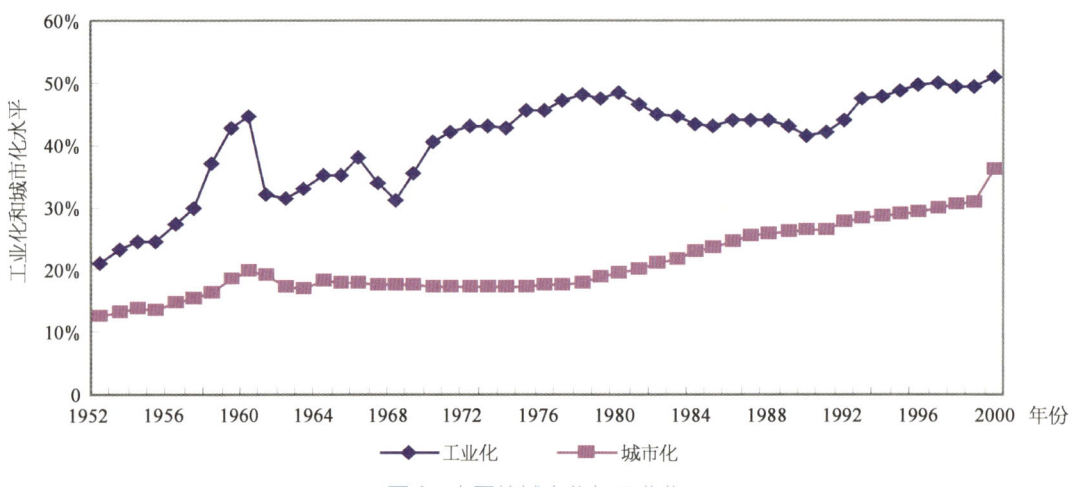

图4 中国的城市化与工业化

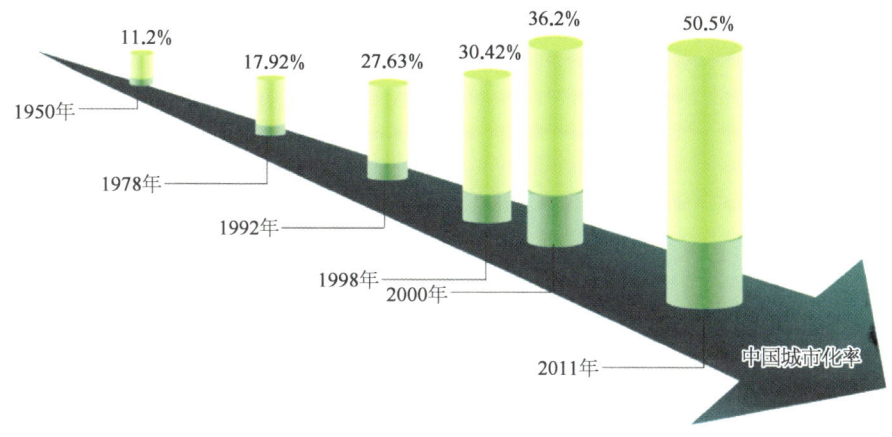

图5　中国城市化率的发展

中国城市化的特征之一是开始得非常晚,城市化程度比较低,比全世界平均水平还要低。它的发展速度虽然非常快,但工业化速度低。还有其主要的推动力是经济增长和中国政府自上而下的政策,在工业方面的转变是从第一产业向第三产业的转变,在人员流动方面是从内陆向沿海区域、从农村向城市的转变,在城市建设方面表现为基础设施优化发展,城市的规模也是与日俱增的。

2. 中国城市化的挑战

中国的城市化面临很多压力和局限,比如资源和环境方面的局限性。资源及生态的条件一直在恶化,没有办法支撑下一步城市化的进程。截至2017年有60%的中国城市有水资源短缺的现象,而污水的排放更是达到了600亿吨,这也是饮用水污染的罪魁祸首。还有其他资源的短缺,像在油、铁、气、煤方面中国都是消耗大国。同样,我们还有很大的交通压力。在2000年,私家车的保有量为1 600万辆;到了2010年,私家车的保有量已经达到1亿辆。这10年私家车保有量增长了6倍,而且在北京、上海、广州和其他17大城市私家车的保有量均超过100万辆,在2018年也增长得非常快,所以大城市交通堵塞是非常普遍的。

除了上述挑战,上海其实也面临着一些特别的挑战。上海是一个从工业社会转型到后工业社会的城市,现代服务行业在其中扮演一个重要角色。上海面临着人口的压力、环境的压力、资源的压力,以及很多生活方面的问题。在人口方面,2018年上海市人口超过了2 400万,上海现在存在人口老龄化的问题,人口寿命增长但新生人口比例却在下降(图6)。

5 380 000人
(1949年)

10 324 000人
(1990年)

24 183 000人
(2018年)

图6　上海人口发展

3. 上海世博会

通过上海世博会去探索21世纪都市生活的潜在发展性。2010年上海世博会的主旋律为"城市，让生活更美好"，还有其他5个分主题（图7）。主办方希望通过这样的展览、研讨会，以及其他一些活动，对都市生活发展进行探讨。

借由上海世博会，我们对城市化进行了探讨，加快了上海基础设施建设进程。同时，提出城市可持续发展的概念，帮助中国应对在经济社会转型中出现的一系列问题。在184天的世博会中，中国政府和包括联合国在内的国际机构进行了积极的合作，优化和提升了城市环境的质量。

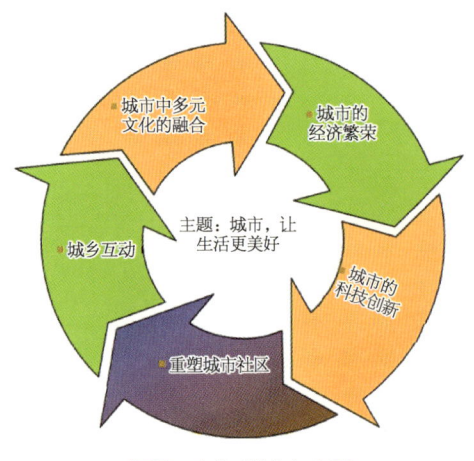

图7 上海世博会主题

4. 世界城市日

世界城市日是由中国政府在联合国提出的第一个国际日，起源于2010年的上海世博会，它将"城市，让生活更美好"作为自己的主题。2013年12月6日，中国政府在第68届联合国大会第二次委员会上提议设立世界城市日并获通过。国际社会希望通过世界城市日的设立，更好地推动城市多样化的发展。通过举办主旨活动、研讨会，以及知识信息的交流，能够促进政府、社区面对且更好解决现有的城市问题，这也是我们主要工作的一部分，图8是世界城市日活动的架构。

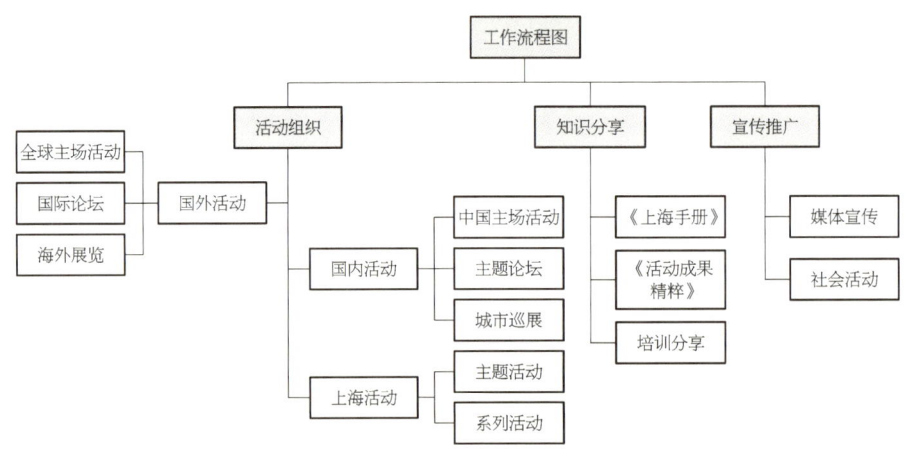

图8 世界城市日活动的架构

上海是世界城市日的发起城市，而且上海每年也在积极举办一系列相关的世界性活动（图9）。我们每年编撰出版《上海手册》，这是由上海市政府发起的，国际展览局（BIE）共同协助编撰，在联合国人居署官网上还有其英文版本（图10）。

联合国最近通过了第三方的评估报告，针对我们的工作有积极的评估。近期计划会有更多的活动，我们会和联合国人居署及其他国际机构在全世界范围内一起分享城市可持续发展知识。目前组织了全球主场、中国主场和上海主题等系列活动，修编发布了《上海手册》及其年度报告，有效扩大了城市日的国际影响力，得到了国际社会的高度评价。

图9 上海举办的世界性活动

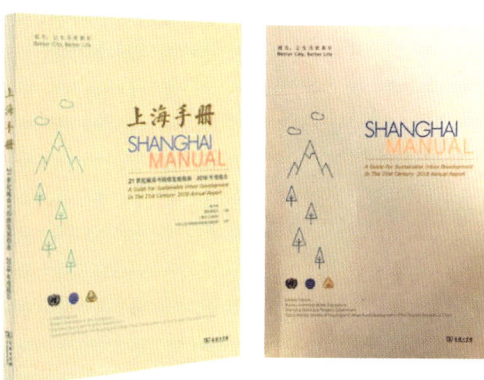

图10 《上海手册》

普通全球城市的建构：以武汉为例

李志刚
武汉大学城市设计学院院长、教授

研究世界城市有两个方法，一个是全球政治经济，另一个是后殖民主义的关注。城市是不断形成的一个结果，它可能有不同的联系，受国家和国际力量影响。

我在经典的普通城市的定义上提出了一点，希望考虑城市的复杂化。"普通"的观点是对于通常城市的城市阶层之间的联系和关系。如果将所有城市看作通常城市，它们也是重叠网络，它们由不同的空间元素及不同的社会元素组成，所以会有不同的声音。对比全球城市和普遍城市，我们也有不同研讨的方式。

社会经济体之间复杂的互相联系包括地貌及其他的社会因素，尤其是考虑本地的一些因素。城市是复杂的，是由很多元素共同作用的结果。在中国从地方视野研究城市化的进程中，我着重研究的是当地政府的角色还有一些小的社会角色，例如企业可能也作为整个社会关系的主要连接者，以及在这个过程中它们互相的创造性和依赖性，以武汉为例。武汉在中国的历史地位十分重要，清朝时期它是中国中部的港口贸易中心，当时已经有初代工业化的迹象。图1可以看到武汉当时的初期城市规划。

武汉是湖北省的省会，也是中国重要城市之一，武汉市在1995年以后GDP激增，随后人口也激增（图2）。2012年武汉首次被列为全球城市。根据2018年的统计数据，武汉市下辖13个区，总面积8 494 km²，建成区面积1 200 km²，1 100万常住人口，地区生产总值1.4万亿元。

图1　武汉初期城市规划

1　本文摘自作者在"全球化进程中的中国城市"国际研讨会上的演讲。

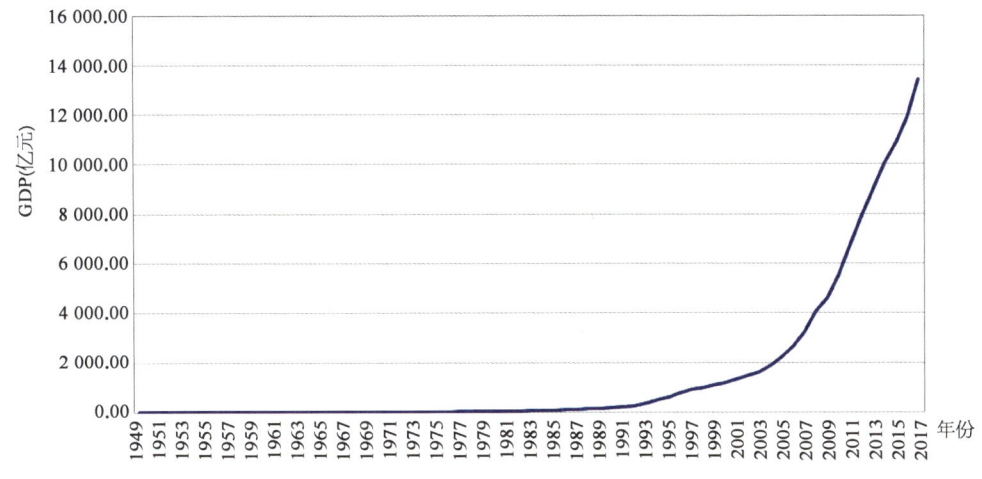

图2　武汉市历年GDP

1. 武钢集团空间研讨

第一个案例是武钢集团（国家级别）的市场空间案例研究。武钢集团成立于1958年，当时是中国156个重要建设项目之一，也是第一个五年计划的重要项目之一。当时武钢集团是国内最重要最大的钢厂，它是国企，性质是比较同质的，也是集权性的，对国家有很强的依赖性。武钢集团总面积是21.17 km^2，其居住区占地14 km^2，总共有10万名工人。武钢集团的发展历程分为四个阶段：第一阶段（1955—1974年）也称光荣时期，当时有来自苏联的技术支持，年产钢200万t；第二阶段（1975—2005年），进行了一系列的技术革新和优化，年产量大幅度增长，达到900万t；第三阶段（2006—2015年），市场化、全球化发展，扩大了生产规模，年产钢3 000万t；第四阶段（2016年至今），与宝钢集团战略重组，重新组建的中国宝武钢铁集团年产钢9 000万t（产量中国第一、世界第二）。武钢集团全球化布局，目前已有超过10个海外分支机构，例如在俄罗斯、非洲及澳大利亚都有分支机构，并且在利比里亚建造了矿采道路项目。

武钢集团通过进行较大的重组，不断多样化其业务形态，2013年启动1+9发展策略：主要发展钢铁工业，探索矿产资源、国际贸易、物流、高新技术、冶金工程与生产、钢铁深加工、资源利用、金融、现代服务业等9个行业。武钢集团整体的发展和武汉的发展是息息相关的，2014年其非钢铁行业收入超过钢铁行业。图3为武钢集团2004—2015年生产量及利润的增长曲线，可见利润呈下降态势。

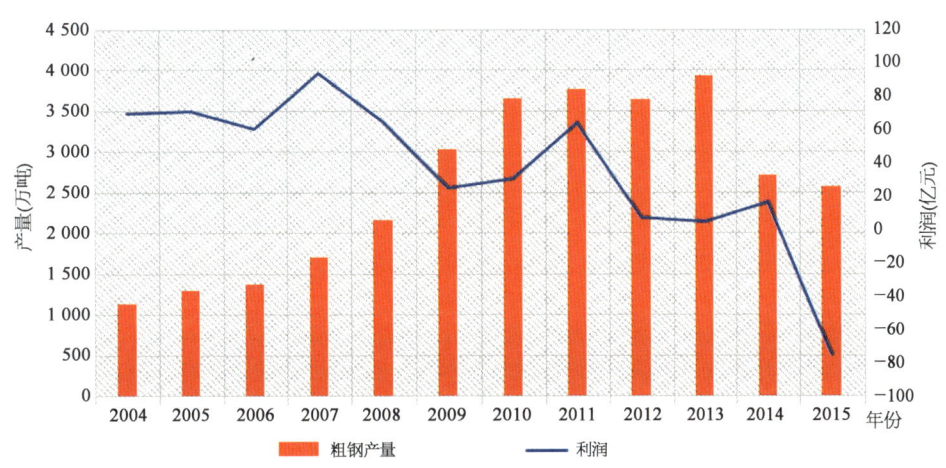

图3　2004—2015年武钢集团产量及利润图

武钢集团社区划分为厂区和职工居住地（图4）。过去40多年武钢集团社区总共有57个居民区，由于工作岗位的缩减，大量下岗职工（总共已有4万名下岗职工）尽管得到了武钢集团和当地政府的支持，但实现再就业的人数非常有限，社会空间不断萎缩。武钢集团下岗职工在工作和家庭上的双重压力十分显著，过去武钢集团工人的福利很好，67%的受访者称有福利住房，70%的受访者称他们收到了武钢集团发放的食品、生活用品等。但随着武钢集团利润的严重下滑，几乎所有的福利不再维持。2015年，70%武钢集团职工月工资约3 000元，低于武汉市月平均工资5 476元。这一年中国钢铁行业由寒冬转入冰冻期，武钢集团在2015年第三季度进入全面亏损，每月亏损额达到5亿元。

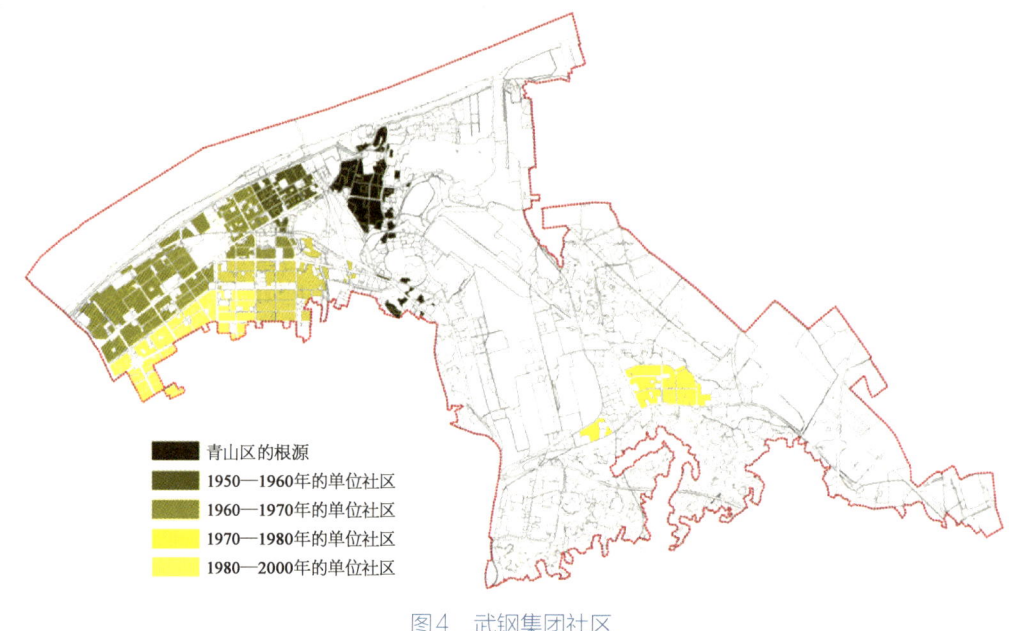

图4　武钢集团社区

很多国有重工业企业都有类似经历，从繁荣到急速缩减，有的转型到服务业。同时受居民之间的关系、人口的变化、老年人越来越多等因素的影响，年轻人就业不愿意选择进入武钢集团。

2. 汉正街空间研讨

上溯至清朝，汉正街已是一条贸易街道，由460余条街巷组成，占地约1.67 km²，其中主街全长约3.2 km，区域常住人口7万，有44个专业市场和1.2万余商户（图5）。1909年汉正街定居者约12万人，其中80%来自湖北、安徽、浙江、湖南等地，有120个宗族协会。

社会主义计划经济时期，个体经济被国家控制的集体经济所取代，国家或集体控制市场、资源和物资，商品统购统销；人口流动被严格的户籍制度所控制，移民数量减少，汉正街的商品交易功能被弱化。1956年汉正街国营商人占96%。

1978—1992年改革与市场化时期，国有企业开始改革；1993—2003年，中小企业进一步改革，进一步私有化和市场化，消费释放与市场增长迅速。

国家的供给侧结构性改革和居民消费需求的增长为汉正街的爆发奠定了基础。1982年，汉正街掀开了中国城市商品流通体制改革的大幕，成为中国第一大街，登记在册103家个体工商户；1989年进入鼎盛时期的汉正街商贸区面积达2.56 km²，有46个专业市场、10多座商城、2.2万多商户，经营面积达70万m²，商品达6万余种，日均人流量15万人次，平均每年货物吞吐额达18亿元。（图6）汉正街通过移民

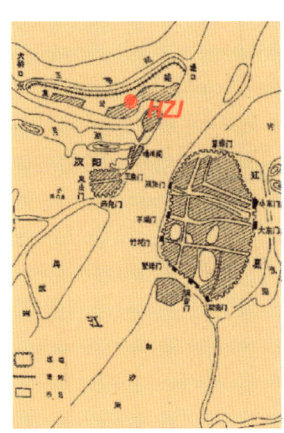
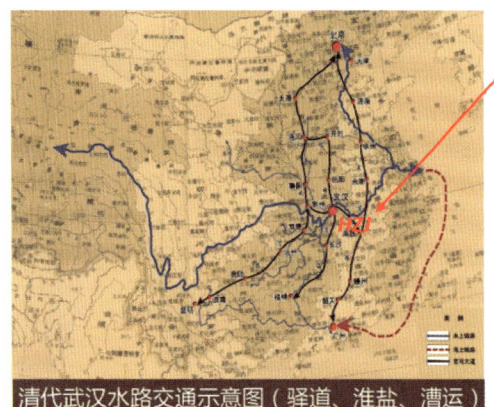

图5 汉正街旧貌

图6 汉正街崛起

网络将商品信息传达至各地,吸引各地的个体工商户来此进货,再回到原地转卖,赚取地域差价;同时,各地的商品也会在汉正街进行集散。汉正街是中国市场化改革的缩影,是20世纪80年代改革开放的展示窗口。

目前面临的挑战是,生产力提升和居民收入增加导致消费升级,"什么都可以卖出去"的时代已经逝去,电商的出现冲击了汉正街这种传统的线下销售模式(图7)。此外,中国加入WTO后,原料、技术、资金等进行全球范围内的相互输出。虽然汉正街的规模持续扩大,但汉正街更多面向国内,义乌、广州等城市借助全球化和全球性的移民网络实现了跳跃式发展(比较面向全球),使汉正街的地位有所削弱。经济收益的增速在降低,商品市场的辐射范围在收缩。武汉既需要通过广州等地引入全球具有竞争优势的原料、技术,同时也和广州等地存在竞争关系(图8)。

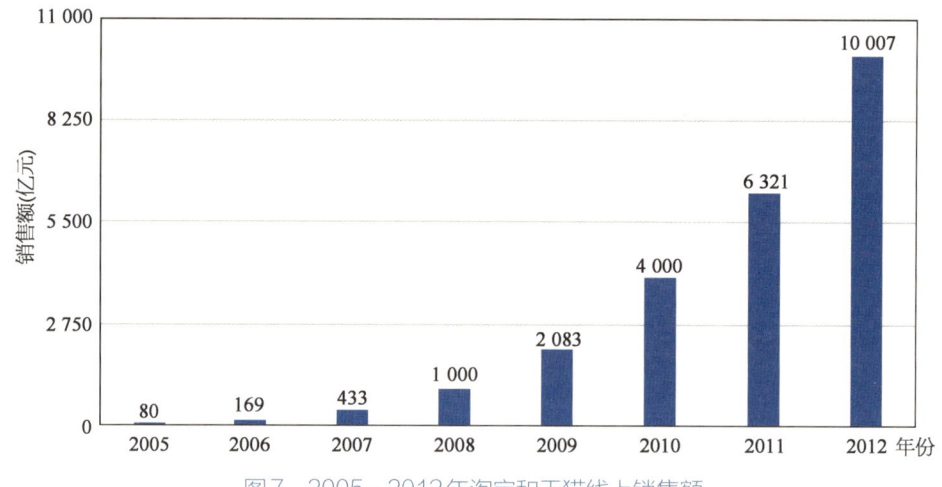

图7　2005—2012年淘宝和天猫线上销售额

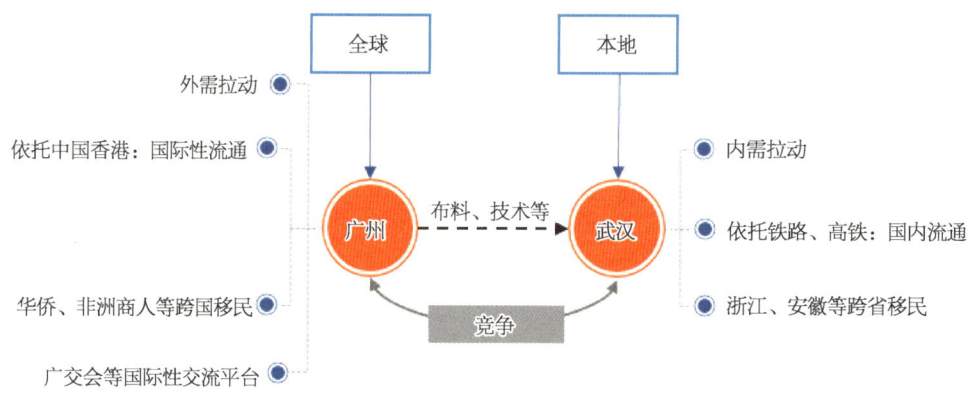

图8　两种类型的网络

汉正街的再发展由本地政府主导,希望重新安置这些商人。汉正街现在尽力搬迁,寻求重新发展,转向更加高端的服务业(图9)。

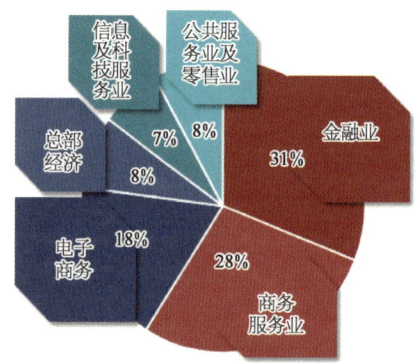

图9　产业结构再发展规划

《汉正街文化旅游商务区核心区实施性规划》提出全球化思路,与现有移民网络脱节(国内市场、国内移民、服务乡镇),已出让土地面积22万 m^2,总价235.25亿元,均价10.69万 $/m^2$,拆迁成本约1 104.1

亿元，土地出让成为平衡旧城改造的主要资金渠道；将汉口北规划为中国十大专业市场之一，整体规模大，设计类似于产业园区，政府采取市场关闭、优惠政策等措施促进商户向汉口北转移。

3. 武汉东湖新技术开发区（中国光谷）空间研讨

光学产业是武汉东湖新技术开发区的主要产业。过去两三年武汉光学产业一直在增长，集聚了42所高等院校、56个国家及省部级科研院所，是国家战略性新兴产业集聚区、科技创新资源辐射区和自主创新机制示范区；是中部崛起增长极，武汉城市圈"两型社会"建设先行试验区；也是武汉市集产、学、研、居、服务功能为一体的创新型城市功能核心区（图10）。

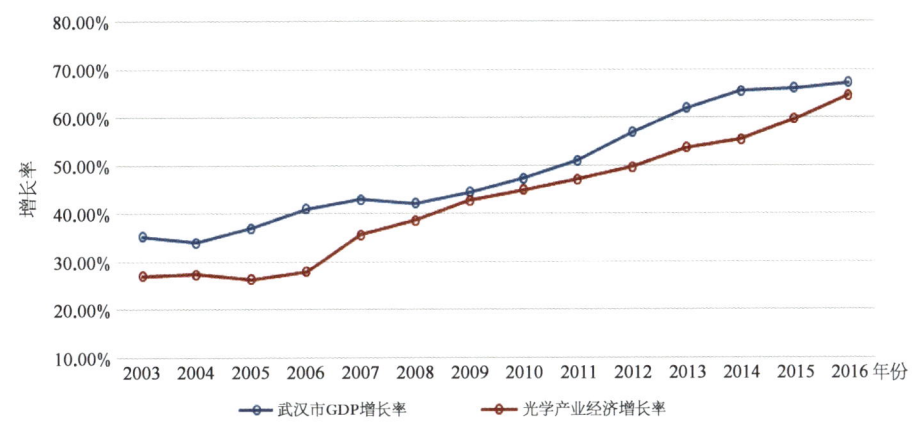

图10 光谷经济增长对武汉市GDP的贡献

武汉故事阐明了路径依赖/创造、结构性力量和机构与全球地方关系之间的密切相互作用。在上述案例中可以发现昨天、今天和未来的并置，这使武汉成为镶嵌、混合、集合的城市；不仅是历史，还有愿景和感知到的未来影响着"普通"全球城市的形成。创新创业对推动武汉的发展有非常重要的作用。

徽州：变化的是建筑　不变的是手艺

张建平
徽州摄影家、中国摄影家协会会员

2018年10月7日，世界著名诗人88岁的阿多尼斯先生在参观徽州区唐模村（图1）之后，与我们做了一次对话，先生很有感触地说："大地是人临时的居住处，是一个暂时的关系，人只不过是利用大地养活自己，或者做一个表面的装饰。"来到徽州之后我发现大地和自然是人生活的一部分，好像建筑和树木都是从大地上长出来的。而且对自然的关注、热爱体现在各个方面，包括绘画和美食，人和自然有着密切的关系。

图1　徽州区唐模村

30年来，我试着对徽州建筑的色彩做了分析：黑、白、灰这三种色彩是中性和低调的色彩，徽州建筑多采用这三种色调，不与自然争颜色，在色彩上一直谦让着自然。所以图2照片上的色彩看起来是这么的和谐。

1　本文摘自作者在"中澳青年建筑遗产修复传习营"上的演讲。

图2 徽州建筑的色彩

除了色彩，徽州建筑在体量与高度上也讲究"协调"。古徽州，一座村落最高的建筑是祠堂，因为徽州人相信，这是先祖休憩之所，后世理应尊敬、礼让。但如今，徽州村落有秩序的建筑规矩正在被打破，现在有许多村庄的祠堂变成村中最低的建筑了（图3中红线以上是民居）。旧时民居，除礼让祠堂外，还需依"大明律""大清律"的规定，确保体量不逾制。正是因此，我们才在南屏、西递这样的村落，看见层次感极强的屋脊线。

图3 村庄的祠堂

017

2014年4月25日,住房和城乡建设部、文化部、国家文物局、财政部联合出台《关于切实加强中国传统古村落保护的指导意见》,目前仅黄山市被列入中国传统古村落名录的就有271个。黄山市现在地表上登记在册的祠堂446座(绩溪、婺源除外),实际在今天老徽州区划内祠堂总数不会少于1 000座,明代、清代、民国时期的古民居也不会少于10 000座,大多数被闲置而濒临倒塌。2006年,"徽州之友"俱乐部曾经提出"永远的利用才能永远的保护",所以我们对建筑遗产修复营的开营感到非常高兴、充满期待。

徽州建筑一直在融合外来文化,并不是一成不变的。

在金沙村还能看见明代建筑与清代建筑的区别。此外,我还发现民国时期从上海、杭州回来的商人们会小心翼翼地使用新材料修建居住的屋子,这是一件非常有意思的事情。所以说,"徽州:变化的是建筑,不变的是传统手艺"。只要手艺学好了,什么房子都可以做。从歙县徽州古城天主教堂(图4)就能看出徽州建筑融合能力有多强。

歙县徽州古城天主教堂建于清光绪十三年(1887年),占地面积4 645.45 m²。主体建筑屋架为中式木构,有月梁、象鼻、雀替等徽派建筑构件,外墙上有马头(马头墙)。但立面皆为西式,左侧开大门设凸出门廊,每间均外露砖柱,辟拱顶大窗,饰彩色玻璃。

图4　歙县徽州古城天主教堂

徽州建筑三雕技艺——"砖雕、木雕、石雕"是衡量徽州建筑品味的重要构件。徽州建筑三雕明清时期技法、手法都在发生变化。图5是三雕技艺的比较。

(a) 砖雕　　　(b) 木雕

(c) 石雕

图5　徽州建筑三雕

　　1997年，在美国田野小溪艺术文化基金会（Brook Field Arts Foundation）的资助下，一项中美文化交流项目"荫余堂"开始启动。项目斥资8.543亿元，将一幢徽州古老的民居搬到美国，建一个展览馆。这个项目得到了中国政府和相关部门大力支持。整个工程在确定重建方案时，郑孝燮（中国文物委员会委员、中国历史文化名城保护专家委员会副主任）、吕济民（国际博物馆协会中国国家委员会主席）、朱家溍（著名历史、文化、文物专家）、张开济（著名建筑大师）、罗哲文（中国国家文物局古建筑专家组组长）、黄克忠（中国文物研究所所长）这六位德高望重的老人亲自出马，和美国的建筑专家一起讨论并制定方案。从1997年7月开始测绘拆迁，到2003年6月"荫余堂"建成，6年期间徽州的砖工、木工、石匠等数十人多次赴美，与美国的工程人员一起参与修复重建工作（图6）。罗哲文老先生近80岁高龄，两次远渡重洋赴美现场指导。重建工作不仅对"修旧如旧"等理论有所总结、创新，在对原有旧建筑材料（砖、瓦、石、木）的强度和防腐处理上也进行了多种技术尝试，取得了极其宝贵的经验。6年间，我们还收集、整理了大量关于徽州建筑、民间、民俗等的文化资料和生活用品。特别是在对"荫余堂"黄氏家族历史的调研过程中，收集了大量文字、照片、书信、实物，这对研究徽州历史、文化而言极具价值（图7）。

　　我们在学习建筑遗产修复的工作中，要了解村落的构成。宋代以后，徽州古村落的建设深受程朱理学的影响，经理学糅合的宗族组织更加制度化。村落出现以父系为中心的严格的血缘关系，并与地缘相结合的徽州宗族制。具有主仆名分的佃仆小户则栖息于村落四周（图8）。

　　今天我们有幸能在从金滩村走出去的著名画家汪观清先生手绘的《金滩村》长卷中，看见几十年前村落的模样。图9中还能看见金滩村的水口，可惜现在全没了。

图6 "荫余堂"的修复重建

图7 调研中收集的文物

　　徽州需要留存更多的建筑记忆，因为它们是徽州的立体历史。让我们一起努力让古建筑消失的速度慢下来。

图8 村落的构成

图9 《金滩村》长卷

修复传习
——基于建筑遗产保护的建筑观

越 剑
上承建筑工作室主持建筑师、贵州省傩戏堂文化传播机构负责人、贵州大学勘察设计研究院副总建筑师、同济大学国家历史文化名城中心研究员

1. 修复与传习的概念源起

"修"是过程，通过建筑学上的考虑懂得其逻辑原理；"复"是结果，通过考古学上的研究理解完整的价值；"修复"即是实现完整价值的逻辑过程。

建筑"修复"缘起15世纪中叶的《建筑论——阿尔伯蒂建筑十书》，在18世纪成为历史建筑保护的主流方法，旨在于遗产场所中发现价值，在修理中恢复老建筑的历史场所和建筑记忆。

由于中国传统哲学和营造观在西方保护观念和国际保护共识的影响下，直到20世纪初"营造学社"的成立，重式轻物、追求完型、对复建态度灵活等特点的"中国式修复"才慢慢形成。

"传习"缘起公元前475年孔子的《论语·学而》，16世纪王阳明先生的《传习录》提出"心即理""致良知""知行合一"的新学理念，发展了"传习"的概念。传习是在践行与认知中的反复过程，可称为东方的"实践哲学"。

从修复与传习的中西方文化演变中发现，由于西方对建筑永恒性的追求，修复在西方的价值体系较早；然而，中国营造观对"传习"更为看重。

2. 修复与传习的当代实践探索

修复与传习之间的关键是"适应性"，新的生活方式、新的使用功能在老建筑里发生就需要适应性改变，改变的是适合当代人居住和使用的设施和条件，仍然遵循着因地制宜、顺势营造的演变方式。

（1）传习中修复之"过去时"：修旧如故

记忆是生命，由活着的社会产生，而社会也因记忆之名而建立。建筑是留住记忆的载体，留住建筑也就留住了集体记忆，也为社会的建立奠定了基础。

① 历史的窗口

根据马丁·海德格尔（Martin Heidegger）《存在与时间》里"时间性与历史性"的分析：历史是生存着的此在所特有的发生在时间中的演历，是在共处中"过去了的"而却又"流传下来的"和继续起作用的演历。如果历史建筑属于此在的存在，而此在的存在奠定了时间性，那么就可从历史建筑中具有时间性意义的痕迹中对历史性的生存智慧进行分析。于是，更鲜明地标识出"过去"在历史概念中的显著地位，就会为讲解历史性的基本建构做好准备。

梁启超指出"因其结果了以推得其情态，使过去时代之现在相，再现于今日也"是为活态。修复后能看出新旧关系，能留下"历史的窗口"才有可读性，也是活态的意义。"历史的窗口"就是老建筑上记录着历史上不断被修复的痕迹，呈现出时间的断代。

---

1 本文摘自作者在"中澳青年建筑遗产修复传习营"上的演讲。

② 场所精神

场所是一种环境的特性,是一种空间氛围,是定性的、整体的现象。场所精神是一种共鸣的自然秩序的象征,总和了人对自然的理解,体现在"意义"和"结构"两个方面:"意义"在于客体间的集结关系;"结构"则暗示着一种系统关系所具有的造型特质。因此,意义与结构是同一整体中的直接认知,也就是建筑本身或之间的张力和所形成的氛围。"修旧如故,以存其真"其实就是在可读性中找到原真性,体现建筑遗产的场所精神。修复中以多次的物质、形态、质感及颜色的新旧叠加,形成场所精神的不断层摞[1],形成遗产价值的再造过程。

(2)知行合一之"进行时":此时此地

每一次对老屋的修复传习工作就是一次对建筑的重新认识,一次对建构秩序的梳理。回到此时此地的修复现场,就会有若干问题等待着,需要有依据、有策略去应对。传统技艺支撑着匠师的行为,面对自然的智慧反映着古人的认知。当我们身处修复现场中、面对现实问题时,需要两个方面的认知条件进行判断处理:第一是勘察测绘后制定的修缮方案,方案是根据原状或未来使用功能制定的;第二是现场出现的计划之外的现实,即没勘测到的原状或意外出现的状况。当两者之间出现矛盾时怎么应对现实、做出判断是经验与智慧的累积。

① 因地制宜

修复中都伴随着考古的过程。2015年8月,在修复贵安新区麻郎村布依族石头寨"韦家祖屋"时,在堂屋下面发现一个地下粮仓,据72岁的老木匠韦灵华说,这是1960年粮食关的集体记忆,是个意外的发现。过了4年,我们在修复西江苗寨羊排村百年"蒋家老屋"时,也发现了藏粮食的地窖,说明这是山地人民生活必需的保障空间。但处理方式不一样:前一个地窖较浅,只有1 m³左右,可以清理出来做展示;后一个地窖已被房主塞满石头,据说里面原来可以容纳二十几人,为了建筑基础安全已填满,房主希望不要再去触碰,所以保留了现状。

在黔西南义龙试验区郑屯镇民族村修复民国时期"冯氏庄园"时,在已垮塌的右厢房地面清理出了原来火房的石灶头遗址,以及暗排水沟,这也让我们可以推断出原来四合院的空间格局。很多意外都埋藏在地下部分,所以必须小心翼翼地去进行考古式发现,为分析建筑提供证据。建筑作为一种扩展形式,跨越了时间、空间、涉身性介入等多个维度。对于考古学参与建筑研究来说,真正需要重视的是深刻地去关注形式、关注构成给定形式的原则,以及这些结构的能力,从而进行跨越时间、空间和文化的比较。

② 就地取材

就地取材的"材"其实有两层含义:一是材料本身,二是方法。聚落民居的建造过程就是一个持续的就地取材:一方面,当地的伐木取石让建筑与自然有机生长,让建筑更能融于自然;另一方面,应对现实及人的功能需求采用不同的工具去设计规格、尺度。不管遇到什么样的现实条件,随机应变的"方法"是可以从传统中延展出来的,这样一种面对现实的态度在实践中可以积累智慧。

(3)修复中传习之"未来时":复旧传新

"复旧"就是用原建筑传统方式样本进行传习,意在解决老建筑的安全修复和创造性恢复问题,通过"阐释人类学"的方式研究分析乡村的聚落与环境、仪式与空间、建构与材料等地缘性智慧,让建构技艺能传承、复兴,传习发展人与自然和谐共生的传统建造方式。

"传新"就是当代传习创新。现代性起源于18世纪欧洲,生活方式的改变使得理性化成为现代性的标志,修复传习就是建立在理性认知和价值判断的基础上进行修复,在修复逻辑中形成传习的方法,运用传习的方法创新地方性的建筑。

1　参见:杨振之.层摞的文化遗产与活化利用[C].屯堡论坛,2018。

3. 修复传习的贵州实践：寻求传统建筑空间的当代价值

保护遗产是为了发展未来，需要从建筑学的领域逐渐形成一条建筑遗产保护与发展的路径，探索基于修复传习理念的建筑观，寻求传统建筑空间的当代价值。从屯堡工作营[1]开始，贵州营地传统建造技艺的研学传习计划经历了6年的实践，以工作营和传习营[2]为主要活动形式，主持和参与修复了10栋老建筑，特别是安顺地区的屯堡民居修复积累了一些当地传统建造经验。

（1）穿斗式有序分材尺度比例系统——灵活可变的空间组织

贵州民居主要的建筑材料为杉木，因为杉木成材快且笔直，也会用部分的松木、椿木和楸木，当地匠师运用穿斗式有序分材尺度木结构体系，把不同规格的立柱、瓜柱、穿枋、挑枋组合形成结构"排扇"，"排扇"作为木结构的基本单元自由组合在坡地与平台之间，形成干阑式和承台式两种空间形态。纵向双排扇与三面石墙围合所形成的结构支撑体系是屯堡民居的结构特色，使得木结构后元柱和"边排扇"被石墙代替。屯堡三合院民居穿斗式排扇多为五柱四瓜堂屋和三柱两瓜的厢房，通过纵向穿枋跌落式连接，柱间"步水"多为800～900 mm，瓜柱越多则下部井深空间就越大，形成井深空间时中间大两边小；纵向通过楼枕和檩条连接，有时为结构稳定会在屋顶第二"步水"增加穿枋拉接。穿斗式有序分材尺度比例系统由掌墨师在竹竿上绘制高杆图确定（图1～图3）。

穿斗式木构体系有强度也有柔韧性，榫卯结构的"卯口"变"穿口"，有半穿、通穿、高低穿等。在建筑解决屋架三个坡向的穿枋支撑时，会采用"中柱开墨"的办法多向开穿口（图4）；在建筑年久失修有倾斜时，会采用"打牮拨正"的办法将其拉正（图5）；在局部柱子有糟朽时，可采用"偷梁换柱"的办法更换木框架里的柱子或局部柱头（图6）。

（2）灰作传习——源自自然的建筑风貌

灰作既可以做饰面，又可以砌墙，因为水泥的快速凝结使得石灰的使用范围主要用作古建筑修复。

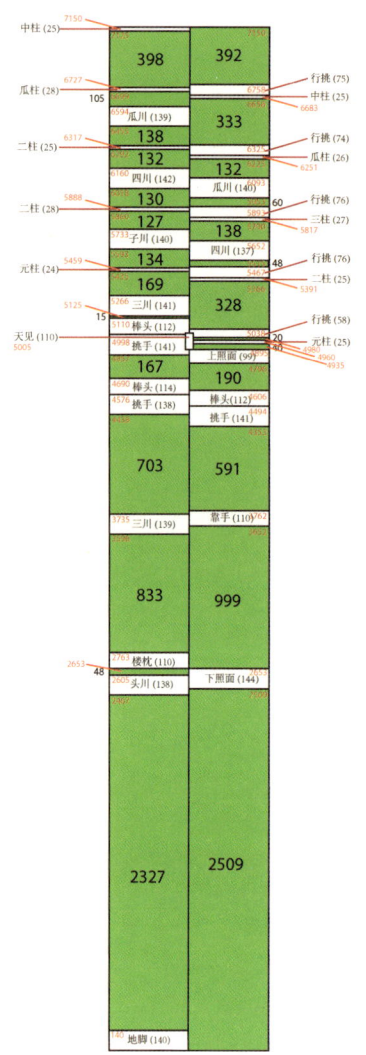

图1　高杆图（7 150 mm）

图2　穿斗构架

1　屯堡工作营（中国城乡遗产保护志愿者工作营）正式成立于2014年8月17日，由法国遗产保护志愿者工作营联盟（REMPART）、上海阮仪三城市遗产保护基金会联合创建。法国遗产保护志愿者国际合作营全球项目共有70个，屯堡工作营是其第71个，也是中国第4个遗产保护志愿者工作营。
2　屯堡传习营（中国城乡遗产保护志愿者传习营）正式成立于2018年8月，由贵州省傩戏堂文化传播有限公司与上海阮仪三城市遗产保护基金会联合创建。

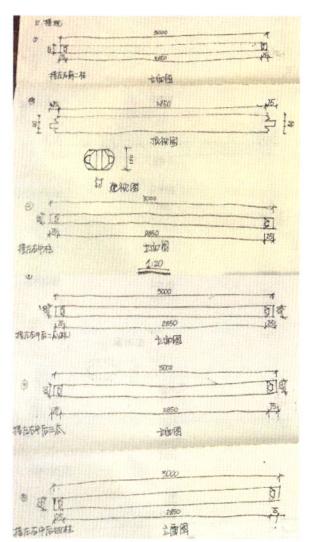
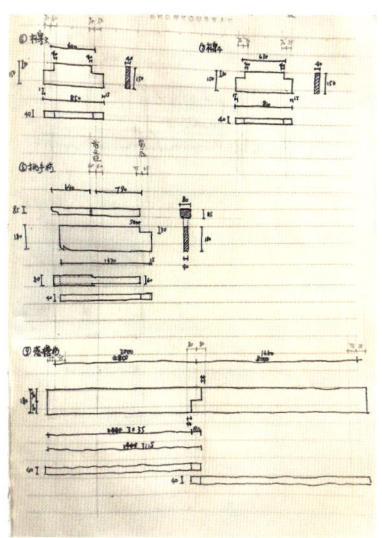
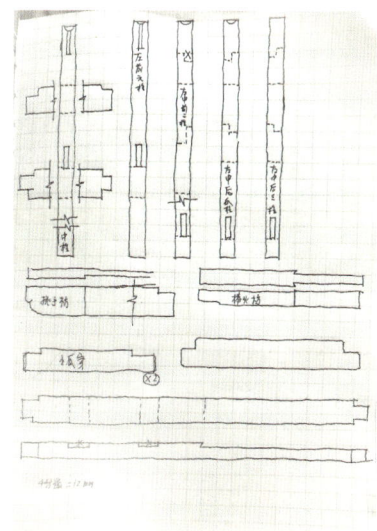

图3　金家小院《木作传习图》

图4　云山屯黄家院子屋架　　图5　修复中的西江镇羊排村蒋家老屋　　图6　修复中的云山屯黄家院子

安顺屯堡的石灰强度很高，因为屯堡民居灰作的石灰是用当地喀斯特地貌的白云岩烧结而成的镁质石灰，比一般的水硬性石灰后期硬度高，石头风化了，镁质石灰还依然坚固，这是屯堡村寨固若金汤的保证。在镁质石灰里加入糯米或桐油，建筑墙体会更加坚固。屯堡石灰做饰面既可保护石墙，也防虫防蛙，根据不同配比的石灰与不同添加物的比例有多种灰作样式：糯米灰、纸筋灰、麻刀灰、桐油灰等，不同添加物形成不同的强度、色彩、肌理，运用在内外不同的地方，在门头或檐口的灰塑通常用桐油灰。所以，屯堡镁质石灰是很好的建筑材料（图7）。

图7　不同配比骨料的灰作试验墙

（3）石作传习——建构传统建筑的灵魂

贵州喀斯特地貌沉积岩不同的岩层形成不同厚度的岩层石料，片状可以做地面和屋顶，使得民居第五立面视觉上为山地退台的"白房子"。屯堡的民居只能从45°铺设的石板分辨屋顶，石板一般为1.5～2.0 cm厚、边长为35～45 cm的正方形，铺设时从檐口一个三角形石板边角开始自下而上叠压5 cm，依次向屋顶展开，最后又以三角形石板结束。然而，布依族民居的屋顶是自然铺设，石板搭界以不漏水为原则，大小石板完全和自然融为一体，但自下而上的铺设秩序一样（图8）。

块状石头可以砌墙，空斗错缝，里面填碎石和石灰浆，石墙从下向上收分，防御性最厚的石墙有1 m多厚。黔中地区屯堡民居的石墙体是白色页岩，按照水平纹理来砌筑，这样来自上面的荷载不会造成石头开裂；转角的石头较长而大，像手臂的关节一样可以延伸到相邻的墙体内，一般都作倒圆角处理，使其不被碰到以至松动而影响墙体稳定；墙体檐口的石头长而宽，是最坚固的压顶，压顶上放置斜向活石，作备料和防盗之用（图9）。就地取材的屯堡民居与自然环境形成有机建筑的生长关系。

图8　云山屯修复的金家小院

图9　本寨院墙

4. 作为一种建筑观的修复传习

传承和传习是两个层面，传承是一种精神，传习是一种技艺的演变。回归技艺传习基础能为创作找到源头，就像我们读历史能知未来一样，所以遗产保护是创新的基础。以遗产保护寻求传统建筑的当代价值为基础进行创新和发展，应该成为一种必要的建筑观。

（1）自上而下的修复逻辑与自下而上的建构秩序——建筑观的逻辑基础

15世纪阿尔伯蒂（L. B. Leon Battista Alberti）曾说："建筑物是由外形轮廓与结构所组成的。所有有关外形轮廓的意向与目的都寄托于找到某种将那些限定并围合了建筑物表面线条与转角以一种正确而可靠的方式连接、装配在一起的方式。"其中，"正确而可靠的方式"是形成优美秩序的关键。

我们先试着从自上而下的修复秩序去分析老建筑的建构秩序。通过逆向的秩序解读正向建构的逻辑，分析外形轮廓和结构，了解建筑物建造的适当位置、精确的构造数据、适当的尺度在过去的使用，从而分析得到优美秩序的原因，形成自上而下的设计思路与自下而上的建构逻辑相结合的创作路径。

自下而上是顺其自然的生长或发展逻辑，然而自上而下是主观的、强加给历史的，同时也是偶然的、计划之外的东西，是逐渐演变出来的。

（2）修复传习的研学体系——建筑观的形成路径

有了"修复传习"的认知，在认知中践行，形成遗产保护建筑观的研学体系。我们就从修复实践中行动，通过中国城乡遗产保护传习营的活动提供一个公众可以参与遗产保护和学习的路径。

从2014年开始的屯堡工作营的公众参与活动到2018年屯堡传习营开始的建筑学专业研学活动，从广度到深度上的修复传习，形成了古建筑测绘、材料分拣、场地恢复、灰作传习、石木结构的修复、木结构体系构造图绘制、传承人及古建保护专家的培训课程等，在活动中不断践行2016年"屯堡论坛"所提出的"屯堡倡议"[1]精神主题（图10）。

2019年夏天，中澳青年建筑遗产修复传习营在安徽黄山歙县金滩村开营了，28名来自中国、澳大利亚的青年及大学生以"分享、守护、传承"为主题展开为期14天的修缮老屋行动，保护修缮金滩村一处明代老宅，希望通过"乡土建筑传习营"项目在徽州民居的院子、堂屋、街巷注入城市人参与乡村老屋振兴的行为，让保护修复老屋成为一种习惯、一种生活方式（图11）。

中国城乡遗产保护传习营不忘初心，一直在探寻一条实现新时代乡村振兴的可操作、可持续的路径，希望通过"留住乡愁→守望故乡→修复传习→活化共享→价值重现"来实现新时代的中国乡村美好梦想。

图10 屯堡倡议

5. 基于建筑遗产保护的建筑观

城乡之间的传习具有地缘性、交互性，从乡村价值判断到控制性带入城市经验，最后带出乡村经验。乡村聚落是城市空间的影像原型，从乡村的空间体系中找到城市发展的文脉，在城市化建设中反思人的生存状态，当本土建筑师开始关注乡村、关注地方民居智慧、向匠人学手艺时，才能建立起本土的建筑语言，理解建筑与自然的关系，才能在新建建筑中找到中国建筑多元化的发展方向。

传习营是参与建筑遗产保护、学习传统建造的研学基地，乡村匠师与本土建筑师的城乡交互为乡村传统技艺保护、地方价值转换提供了一个乡村创新平台。

从历史建筑修复过程来研究地缘建筑的建构方式、建筑智慧和设计方法，为建筑创作提出一个逆向思考的工作路径，以"修复传习"的理念逐渐形成遗产保护建筑学的研学体系。当建筑遗产成为设计溯源的样本被保护时，生活的场所就有了时间的印记，基于建筑遗产保护的建筑观将自然形成。

图11 2019年中澳青年建筑遗产修复传习营

---

1 参见：屯堡倡议[C].屯堡论坛，2016。

第二章

Chapter 02

城市群与协同发展

Urban Agglomeration and Coordinated Development

建设宜居及可持续发展的城市：
合作与城市系统

许顺华
新加坡宜居城市中心资深研究员

1. 宜居城市中心概况及新加坡宜居度框架

宜居城市中心是由新加坡国家发展部与环境及水源部共同设立的知识中心，旨在提炼、创造和分享与宜居和可持续城市有关的知识。希望通过这种方式增进彼此理解，同世界分享我们的知识和经验。

本中心与国际组织（如联合国人居署和世界银行）及中国政府部门和城市（如中国国家发展和改革委员会、苏州市和天津市）联合推出出版物。我们也荣幸地与上海市住房和城乡发展建设委员会开展合作，共同推进伙伴关系和知识共享。双方共享知识，携手创造最佳实践，同时把握机会，相互借鉴。

新加坡是一个拥有570万人口的小国，因此包括边界内的港口和机场在内，我们必须满足人民的所有生活和基础设施需求。于我而言，20世纪60年代的新加坡仍历历在目：用水短缺，交通拥堵，排水沟污染严重，城市内涝时有发生，新加坡河布满垃圾、漂浮物和散发着臭鸡蛋气味的废弃物。然而，50年后的今天，新加坡已发展成为现代化的国际城市国家：宜居度较高，交通高度互联互通，具备完备的各类城市系统。

新加坡宜居度框架（图1）以城市系统方法为基础，为发展宜居和可持续城市提供指导，助力打造高质量的生活、有竞争力的经济和可持续发展的环境三项成果。要实现这三项宜居和可持续城市成果，关键在于通过综合总体规划和发展及动态城市治理，建立基础的城市系统。综合总体规划和发展要求目光长远、制定并落实战略计划、在部门间开展高效辩论、有效地执行计划，以及系统性地进行创新。而要实现动态的城市治理，我们需要选择有远见而务实的领导人；树立清廉文化；建立并执行和落实健全的制度；鼓励社区参与其中，并成为利益相关方；同时与市场合作。

作为综合总体规划的一部分，新加坡城市系统着眼于长期的规划和机制。新加坡各部门协调一致，实施了一项长期的战略性规划进程，名为"概念规划"，为新加坡未来40~50年的用地和交通规划提供了指导方向。概念规划已逐步细化为用地总体规划，推动执行部门开展土地出让、开发控制及开发协调，并通过法治加以强化。新加坡具备一套清晰的政府架构，在各部门间加强法治，确保做到完全透明并落实问责制。

新加坡宜居城市中心立足于城市和人民的需求，抓住机会，利用技术改善人民生活。2018年新加坡担任东盟主席国期间，宜居城市中心制定了东盟智慧城市网络框架（图2），涵盖东盟10个成员国的26个试点智慧城市。东盟领导人通过了该框架并将予以落实。东盟智慧城市框架得益于两项推动因素：一是技术和数字解决方案，二是伙伴关系和资金。我们很荣幸能与世界分享这项新的智慧城市发展和框架，帮助其他城市推进智慧城市目标。

---

1 本文摘自作者在"沪新城市治理高端对话"上的演讲。

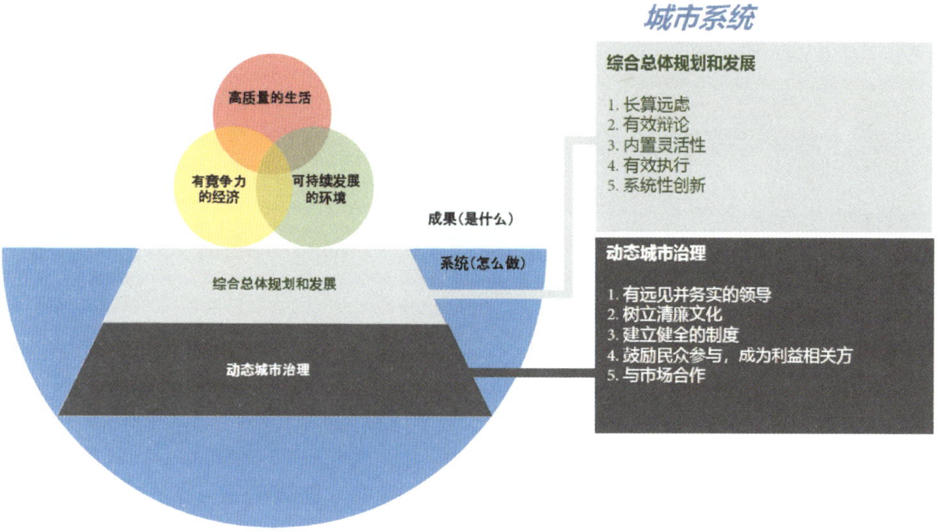

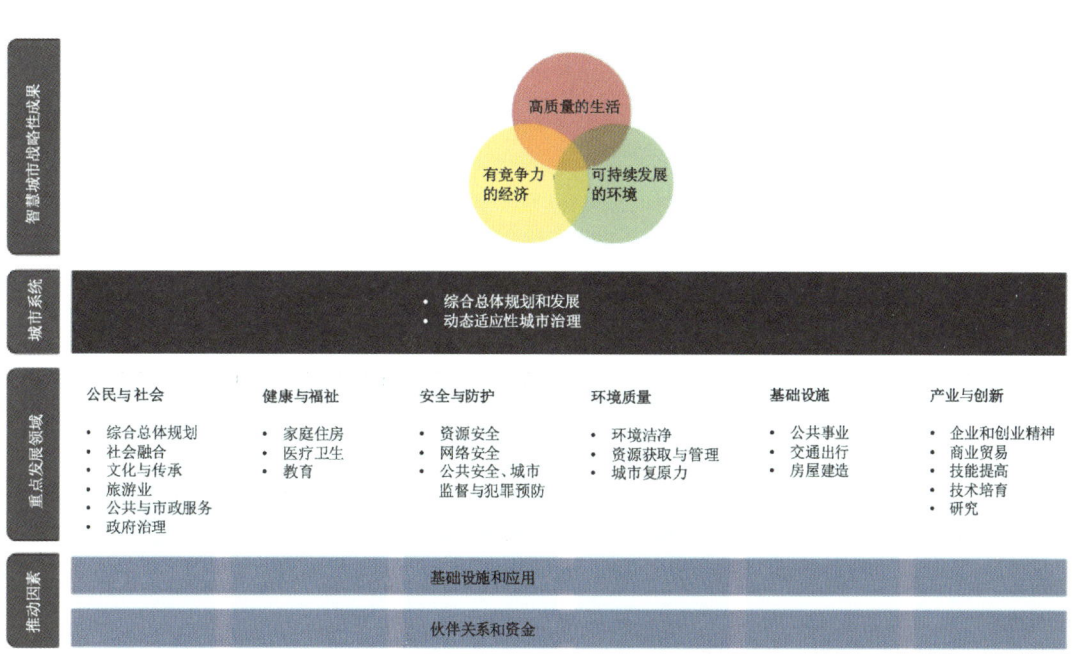

图1 新加坡宜居度框架

图2 东盟智慧城市框架

2. 有竞争力的经济——市区重建

有竞争力的经济对一个城市的宜居水平至关重要。人们需要工作机会，从而得到一定的经济保障。同样，城市必须能够创造收入来维持运转，并发展和创造更多的经济增长机会。在市区重建初期，新加坡政府领导人首先着重实施明确的土地分配政策，重新规划土地利用，重新安置棚户区和污染产业。《土地征用法令》的执行有助于更高效地利用有限的土地，满足当前需要和未来发展。

新加坡政府在20世纪60年代迅速采取了相关举措。其中之一是通过建屋发展局重新安置棚户区和非正式定居点，将其建设为今天所说的公共住房，从而为新加坡人提供经济适用房和便利设施。新加坡的公共住房不是低收入住房。相反，新加坡为中低收入群体提供一系列的住房类型，并通过这种方式为人民提供经济优质的住房。

社会融合是一个重要的考虑因素。新加坡公共住房系统在同一个城镇内采取户型混搭的方式，同时分配族群比例，并营造各类公共空间，从而推动实现社会融合[1]。住房类型包括面向低收入家庭的廉租房、两到三间卧室的大公寓[2]和高收入家庭的私人住宅等。种族融合政策不允许任何族群集中居住在镇区的任何地方。族群居住比例是根据全国人口的种族分类和每个族群的预计需求、组成新家庭的比例和应用趋势推算出来的[1]。此外，还会通过各式各样的社区建设活动促进社区内互动，例如对话会和展览等形式的宣传活动及竣工仪式。

市区重建局在规划市中心时，采用了土地合并的方式，以规划土地日后的商业及综合用途[3]。幸运的是，我们可在现有的中央商务区前填海造地。对这片土地计划进行的开发，可以满足建设新办公大楼的需求，给予了我们规划未来的空间。填海造陆的巨大潜力使我们得以保护很多历史街区。到目前为止，新加坡已有7 200幢历史建筑在宪报上被公布为保护建筑物，与新的开发项目共存[4]。

准确的数据和发展指南对市中心重建至关重要。与现在不同，在我年轻的时候，作为规划人员，我们没有合适的数据或地理信息系统，不得不手工收集必要的城市规划数据。这些数据为后来地理信息系统的发展打下了信息基础。20世纪90年代，我们根据1991年概念计划的战略远景和方向编制了一套文件，即开发指导规划[3]。开发指导规划是地方一级的总体规划，规定了每一块土地的使用分区、开发强度和建筑高度。其中每项规划均先经过严格的公众咨询程序，再在宪报上公布为总体规划。总体规划完全透明，允许开发商通过其已建成的开发项目来实现这些计划，而这造就了今天的新加坡。

总之，随着全球和当地需求的变化，新加坡的发展时间线可以分为三个阶段：在第一阶段（1960—1970年），由于必须解决严重的住房和就业问题，新加坡优先提供基本的基础设施，满足基本需求，主要目标是尽快建造尽可能多的公寓和商业及工业发展项目，重新安置贫民窟居民和棚户区居民，并为成倍增长的人口提供住房和就业机会。在第二阶段（1980—2000年），新加坡重点关注品质、可通达性和可持续性。在第三阶段（2000年至今），新加坡更加注重减少建筑对环境的影响，改善建筑环境的可通达性、技术使用，以及对快速老龄化的人口和残疾人给予更大的包容性。

3. 高质量的生活——社区互联互通

生活质量高的城市能够提供商品、服务、社会基础设施、资源及足够的机会，让人民实现充实而有意义的生活。此外，社会还必须做到公平和包容，因为不平等和分裂往往与冲突、不稳定和不满脱不了干系。在这个框架内，我们认为生活质量涉及生活的社会和情感两个方面。要让人民实现高质量的生活，新加坡必须在整个城市内为人们提供便利的出行和无障碍设施。

20世纪50年代中期，约有90%的新加坡人依靠公共交通出行。不幸的是，当时新加坡公共交通服务较差，且频繁发生劳工骚乱。1958年总体规划的局限性和20世纪60年代突飞猛进的发展促使人们呼吁制定一项更加具体全面的用地和交通规划。因此，政府在1967年委托一个新加坡邦城规划项目来核查城市规划总体情况及交通具体情况。经过4年的研究，最终形成了1971年概念规划交通层面的规划，这是新

1　资料来源：宜居城市中心.住房：将占用者变成利益相关者，2013.城市系统研究系列手册。
2　资料来源：建屋发展局.公寓类型，2017（http://hdb.gov.sg/cs/infoweb/residential/buying-a-flat/new/types-of-flats&rendermode=preview）。
3　资料来源：宜居城市中心.市区重建：从破败到全球城市，2016.城市系统研究。
4　资料来源：市区重建局.1989年以来新加坡30年的建筑保护——30个个人反思和故事，2020。

加坡第一项综合用地和交通发展规划,勾勒了实体规划的基本框架,并在多年间进行了修订。1971年的概念规划为交通与住房、就业、服务和社区发展相结合开辟了道路,为新加坡随后的去中心化提供了布局合理且全面的公共交通系统支持。

除了改进道路网络之外,新加坡还需要建立有效的公共交通系统来应对预期的人口增长,并抑制私家车需求。然而,在早期,新加坡主要的公共交通方式是无轨电车和动力车辆,市中心公交线路由同一家公司运营,城郊地区的线路却由众多小公司运营。全岛的服务路线并未打通,一趟路程往往需要换乘多次。

1972—1980年,新加坡分三阶段对大众捷运系统展开研究,探讨兴建以巴士网络为支撑的捷运系统的必要性,以及该系统可采用的路线。这项历经10年的研究表明,尽管社会对于采何种交通模式持有不同观点,但是推行轨道交通辅以巴士系统是有益于新加坡未来的正确选择。政府部门多年来严格保护土地,形成了畅通无阻的走廊,大大推动了这项大工程的开展。第一套捷运线——东西线和南北线于1987年开始运作,以巴士辅助运送乘客到捷运站。为满足日益增长的长途旅行需求,需要持续扩建铁路。因此,2013—2021年,几乎每年都会开通一条新的捷运线路,也称为支线,其中包括跨岛线、裕廊地区线及环线、滨海市区线、东北线(图3)。新线路不仅加强了连接,提高了便利程度,还增加了整个捷运网络的弹性,确保在一条线路中断时还有替代路线。

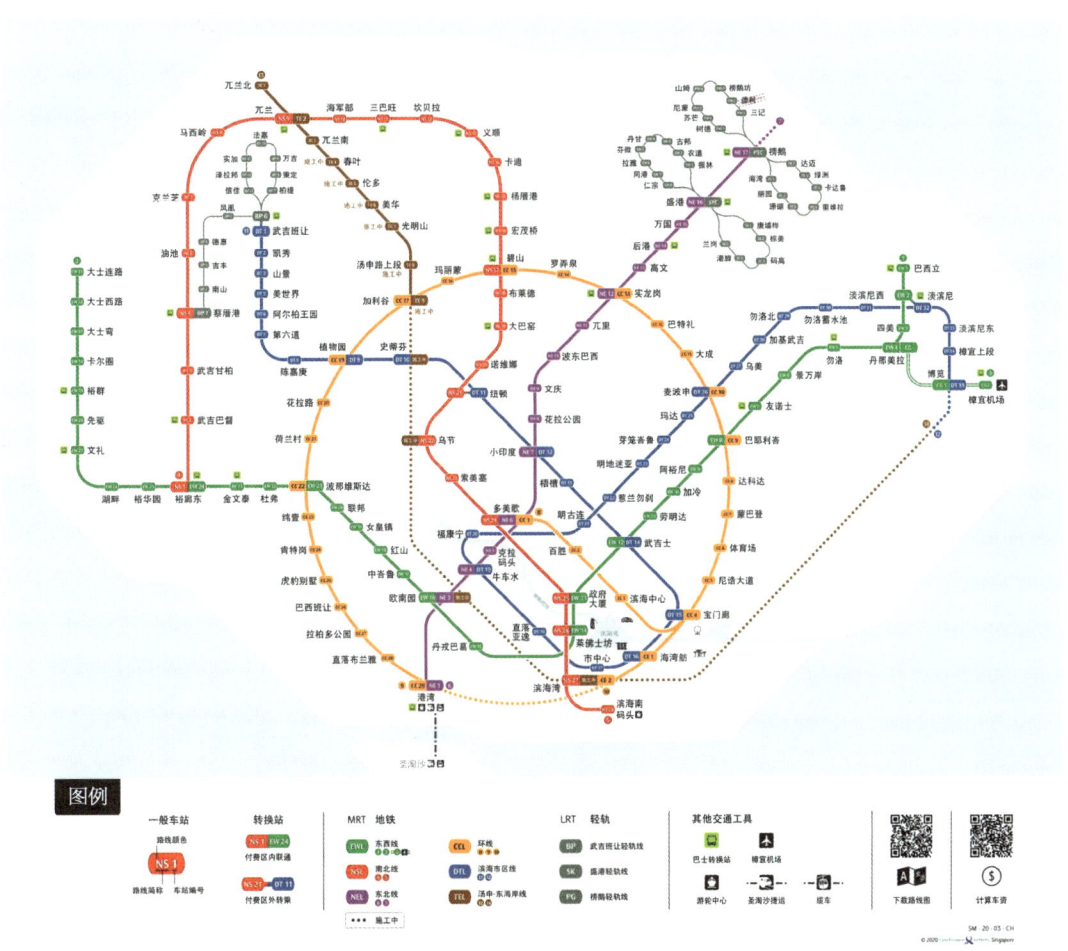

图3 新加坡地铁和轻轨路线图(截至2020年)

033

同时，新加坡政府结合所有权和使用权相关措施，通过定价和需求管理政策来管理道路使用，因为完善交通系统不能仅依赖改进硬件。此外，公共交通系统的有效运转一部分也依赖于私家车使用者的需求转移。因此，公共交通票价保持在较低水平的同时，在市中心开车和泊车也要收取相关费用。新加坡于1975年推出"中央限制区执照计划"，这是世界上第一项为应对城市拥堵采取的收费制度。其中规定市中心为限制区，并设有27处路标架限制车流。这些措施大大减少了进入限制区的车辆数量。

1998年，新加坡开始采用电子公路收费系统，代替此前的中央限制区执照计划。这一系统是全自动化的拥堵管理工具，可通过道路定价提高通行能力。电子公路收费系统允许根据位置、时间和交通状况灵活改变费率。而在中央限制区执照计划下，无论一年中各个时期的行车速度如何，费用都是固定的。电子公路收费系统不但能有效减少高峰时间的交通量，而且平等对待所有人士。驾车者可以为交通拥堵给他人造成的成本付费，也可以选择乘坐公共交通工具，或者错峰、更改路线出行。多年来，电子公路收费系统在管理进入中央商务区的交通量方面卓有成效。

对已建成的城市进行现代交通规划时，考虑到与日俱增的用地限制、环境可持续性和社会包容性等其他因素，需要采取更积极的措施，促使人们少开私家车。在《2013陆地交通总体规划》[1]中，新加坡陆路交通管理局构想了一个"以人为本的交通系统"，重点关注三大关键领域：更加互联互通、更优服务，以及宜居、包容的社区。除了改善基础设施，配套政策还在鼓励主动出行、为不同交通方式打造安全共存环境[2]方面发挥了重要作用。新加坡积极扩大公共交通系统，力求加强其便利性和互联互通程度，从而使公共交通成为驾车出行的首选替代方案[2]。其中也包括扩展捷运网络，使其服务范围覆盖更多地点，并提高系统的整体弹性。同时，人们越来越喜欢通过骑车等主动出行方式进行从交通节点开始的最后一英里旅程。认识到这一点，新加坡不断完善相关基础设施，以提高这些替代性交通方式的安全性和便利程度。2019年发布的《2040陆地交通总体规划》[3]囊括了陆路交通管理局的长期计划，旨在建立快捷、互联互通、包容的陆地交通系统，满足未来20年及子孙后代的需求和愿望（图4），从而进一步提高新加坡人的生活质量。

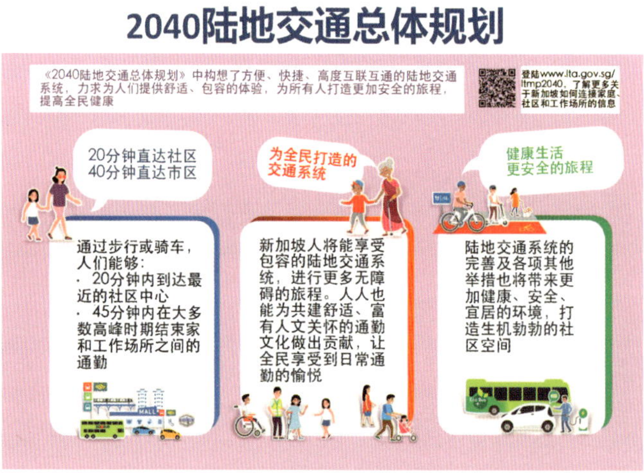

图4 2040陆地交通总体规划

---

1 资料来源：陆路交通管理局.2013陆地交通总体规划，2013（http://lta.gov.sg/content/dam/ltaweb/corp/PublicationsResearch/files/ReportNewsletter/LTMP2013Report.pdf）。
2 资料来源：宜居城市中心，整合土地利用和交通：支持可持续增长，2018.城市系统研究。
3 资料来源：陆路交通管理局.2040陆地交通总体规划，2019（http://www.lta.gov.sg/content/ltagov/en/who_we_are/our_work/land_transport_master_plan_2040.html）。

4. 可持续环境——水体绿地综合规划

虽说新加坡早期领导人将经济发展放在优先位置，但他们并未采取"先开发，后清理"的方法。从一开始，环境可持续性就很重要，因为它能保证我们长期拥有可用资源，这对新加坡的生存至关重要。如果新加坡本就不多的自然资源也遭到破坏，那么未来资源就更是所剩无几，也无需清理了。

因此，新加坡领导人认识到城市规划还意味着要综合蓝天、水体和绿地规划。事实上，新加坡第一次国家层面的环境工作始于1959年。当时政府组织了大规模运动，大力美化所有选区的环境。1963年，时任新加坡总理李光耀亲自发起了植树运动。在此次运动中，道路两旁、居住区、学校和新开发区共种植1万棵树。这次运动最终演变为1967年"花园城市"运动。当时，李光耀宣布了"花园城市"愿景，并担任花园城市行动委员会主席。尽管在初期缺乏资源和专业知识，但干劲满满的新加坡公务员通过与许多政府外的专家和利益相关者合作，积累了大量园艺知识，找到在新加坡可行的园艺方法。与此同时，他们也积累了与新加坡动植物和生物多样性保护有关的知识。

随后，新加坡在2010年被重新定义为"花园中的城市"，这一愿景建立在原先"花园城市"美誉的基础之上。"花园中的城市"愿景旨在打造公园连道、花园和绿植的网络，并将城市环境嵌入这一网络中。在将新加坡发展为"花园中的城市"的过程中，我们不再局限于基础设施，而开始注重在社区的参与下保护城市自然生物多样性。新加坡还通过产业发展计划、人力培训计划和城市绿化与生态中心的研究，分享和推进城市绿化与生态方面的专业知识。通过适当管理、优化各种绿色空间（包括公园连道、自然保护区、空中绿化和社区花园），新加坡在人口持续增长、城市化进程不断推进的情况下，仍能维持其绿化水平。

新加坡的水资源被称为"国家水龙头"（图5）。很长一段时期内，新加坡仅依靠两大"国家水龙头"，即本地流域的水和马来西亚进口水[1]。在20世纪90年代中期，新加坡政府开始着力开发新的"国家水龙头"，也就是淡化水和由经处理的废水生产的高级再生水——新生水。新加坡面积共约725.7 km^2，市区面积还在不断扩大，因此缺乏收集和储存所有降雨的空间。通过17条河流和全长8 000 km的运河和排水管网络，三分之二落在新加坡土地上的雨水会被输送到17个水库中，经处理后成为饮用水[2]。这使新加坡成为世界上少数几个大规模收集城市雨水以供便携式消耗的国家之一。为确保水道不受污染，使用过的水会被收集在通往再生水厂的地下下水道网络中。通过综合性的水管理，新加坡公用事业局成功实现水资源循环利用闭环，实现了对整个水循环流程的管理，从雨水收集到饮用水的净化和供应，再到处理废水并将其回收为新生水[3]。

除了管理供水之外，新加坡还采取一致行动管理用水需求，让人们意识到要节约水、重视水、将水

本地流域的水

进口水

新生水

淡化水

图5　新加坡四大国家水龙头[4]

1　资料来源：宜居城市中心.水：从稀缺资源到国有资产，2012.城市系统研究系列手册。
2　资料来源：公用事业局.来自本地流域的水，2019（http://pub.gov.sg/watersupply/fournationaltaps/localcatchmentwater）。
3　资料来源：公用事业局.我们的水，我们的未来，2016（http://pub.gov.sg/Documents/PUBOurWaterOurFuture.pdf）。
4　资料来源：新加坡公用事业局（http://pub.gov.sg/watersupply/fournationaltaps）。

作为一种资产来使用。在活跃（active）、美丽（beautiful）、洁净（clean）水计划（简称ABC水源计划[1]）之下，新加坡不但改造了水道和水库的排水和蓄水功能，还打造了洁净、美丽的河流和湖泊，同时允许将这些空间用于加强社区联系和娱乐。例如，翻新后的碧山宏茂桥公园设有蜿蜒的水道，水道两侧的公园土地在潮湿天气中可充当泛滥平原，在天气干燥时则可用作休闲空间。过去，公园旁的混凝土运河阻碍了居民前来游玩，而现在天气晴朗时，人们可以到河边玩水、钓孔雀鱼。

在城市中引入碧水和绿植，成功提高了新加坡的生物多样性，因为树木和花朵会吸引水獭、犀鸟等动物[2]。通过对水敏感的生物沼泽和雨水花园等城市设计，我们将水元素融入到城市景观中。近年来，新加坡还采用亲生物设计恢复栖息地，并让社区参与维护绿化的工作。这些措施使新加坡得以发展成为"花园中的亲生物城市"，无处不在的绿色植物已成为新加坡城市景观的一部分。

5. 面对共同挑战，共享解决方案

当下，全球城市都面临着新的挑战，包括技术带来的破坏、人口结构变化、生活方式变化下产生的共享经济、社交媒体带来的信息交流方式，以及气候变化。面对这些即将到来的挑战，城市如何适应至关重要。只有通过相互学习和合作，我们才能适应变化，为子孙后代建设更好的城市。宜居城市中心携手世界银行、联合国人居署、亚洲开发银行和其他国际组织，分享最佳实践经验。

6. 建立伙伴与合作关系

新加坡很荣幸能与中国政府合作开发苏州工业园区。苏州工业园区意义非常重大，因为它是中新两国首个政府间合作项目。2014年苏州被授予"李光耀世界城市奖"，这是继西班牙毕尔巴鄂和美国纽约之后第三个获此殊荣的城市。此后获奖的还有哥伦比亚麦德林和韩国首尔。李光耀世界城市奖是一项国际性奖项，旨在表彰全球在建设宜居、充满活力和可持续城市社区方面的杰出成就和贡献。此外，在中新天津生态城的项目开发中，新加坡也与天津分享了专业知识和经验，这是中新两国政府之间的第二个联合项目。

新加坡宜居城市中心也很荣幸地与上海市住房和城乡建设管理委员会在深化城市治理方面开展合作。我们期待与中方共创城市治理解决方案，应对两国城市在当下和未来面临的挑战。

两年一度的世界城市峰会提供了独家平台，供政府领导人和行业专家讨论如何应对构建宜居和可持续城市面临的挑战，共享城市综合解决方案，建立新的合作伙伴关系。因此，我也想在此邀请大家参加世界城市峰会[3]，探讨合作，共同建设宜居和可持续的城市。

在上文中，我总结了多年来指导新加坡城市规划者和决策者的一些普遍原则，涵盖各类城市系统，包括市区重建、交通和水体绿地综合规划。新加坡宜居度框架源于新加坡的城市发展经验，是发展可持续和宜居城市的有用指南。新加坡之所以能在城市发展上取得成功，核心就在于其长期、综合的总体规划和发展方法，以及将善政制度化的努力。希望新加坡的城市发展经验能为海外各国带来启发。

---

1 资料来源：宜居城市中心.ABC水计划：水是一种环境资产，2017。
2 资料来源：国家公园局.自然中的城市，2020（http://nparks.gov.sg/about-us/city-in-nature）。
3 受新型冠状病毒疫情影响，2020年世界城市峰会、新加坡国际水周和新加坡环保峰会将延期举办，下一届世界城市峰会将于2021年6月20—24日举行。

城市群协同发展的内在因素比较：
京津冀与长三角

方创琳
国际欧亚科学院院士、教育部长江学者特聘教授、
中国科学院地理科学与资源研究所研究员

关于长三角的研究，我拜读了华东师范大学城市发展研究院发布的《长三角城市协同发展能力指数（2018）》，他们取得了非常丰硕的成果，有来自国家层面的社科类重大项目和教育部重大项目等支持。当然上海市人民政府等也发表了长三角一体化报告和研究成果，可转化为支持上海市和长三角地区推进一体化的一些重要决策。

1. 长三角城市群——对国家贡献最大的城市群

1980年开始，中国第一个城市群发育来自长三角；今天，从对城市群的贡献来讲，长三角城市群是最大的，约占20%；未来，长三角城市群对于国家的贡献依然不会低于20%。总体来看，长三角城市群是对国家贡献最大的世界级城市群。在20世纪50年代提出的世界六大城市群中，中国的第一个城市群也是长三角城市群，生活在这样一个世界最大的城市群中是无比幸福的。

在中国城市群5+9+6的空间组织格局中体现了长三角城市群的战略地位。这些城市群体现在国家十三五规划纲要中，而对中国到底有多少个城市群，这些城市群要不要分级划分，这项工作是中科院地理所团队完成的。划分的结果是：未来中国要重点建设5个国家级城市群，稳步建设9个区域级城市群，引导培育6个地区性城市群。长三角城市群处在重点建设的5个国家级城市群（第一方阵）的首位，这也就意味着它的作用非常大。稳步建设的9个区域型城市群从北向南包括哈长城市群、辽中南城市群、山东半岛城市群、中原城市群、海峡西岸城市群等，这9个城市群构成了第二方阵的内容。引导培育的6个地区性城市群作为第三方阵，实际上人口少、规模小，达不到发育标准，但是国家为了照顾这些地区（因为每一个城市群都是所在地区的经济发展战略核心区），也对其进行培育。这6个小的城市群，未来会培育成为支撑其所在省份的经济发展战略重点区域和新型城镇化发展主体区。

长三角城市群是中国沿海城镇化主轴线和沿江城镇化主轴线的交会点，它的战略地位非常重要。最近我们中科院团队在编制中国城市群地图集，对长三角城市群做了一个空间范围图，其中长三角城市群的人口占全国比重10%左右，但是对全国经济的贡献却达到了20%，所以我们有理由认为它是对国家贡献最大的城市群。长三角城市群是中国进入世界的门户，也是世界进入中国的门户，它起到了一个重要的窗口作用。

2. 长三角城市群一体化高质量发展需要处理好的六大关系

长三角地区是我国区域一体化发展起步最早、基础最好、程度最高的地区，也是通过世界级城市群建设形式推动产业发展、基础设施、生态环境保护、区域市场和基本公共服务实现高度一体化最早最快

---

1 本文摘自作者在"长三角区域一体化与城市协同发展论坛"上的演讲。

的地区。通过改革开放40年的建设，长三角地区发展差距持续缩小，区域产业分工合作更为紧密，市场整合度不断提高，基础设施及公共服务设施明显改善，科技创新能力显著增强。但在新的时代背景下推进长三角一体化迈向深水区、推向更高质量尚存在亟待解决的深层次问题。2019年5月13日中共中央政治局会议审议通过《长江三角洲区域一体化发展规划纲要》，目的就是推动长三角一体化向更深更高更密更实的一体化方向发展，把长三角地区建成带动国家高质量发展的样板区和国家率先实现现代化的典范区。实现长三角一体化高质量发展需要处理好以下六大关系。

一是处理好"中央统筹"与"地方统合"的关系，成立长三角一体化发展领导小组办公室。长三角区域一体化历时数十年合作已形成较为成熟的"统分结合、三级运作"的合作机制，但因缺失一个中央层面的统筹协调工作机制，深度一体化面临很大障碍。目前，长三角一体化主要是行政区之间协商合作而不是一级政府统一治理，一体化主要是横向政府间协商，导致"商而不议，议而不决，决而不行，行而不果"的现象依然存在。建议借鉴京津冀协同发展领导小组工作机制，成立中央统筹长三角一体化高质量发展领导小组，由中央分管领导担任组长，在国家发改委设立指导和协调长三角一体化领导小组办公室，由中央层面协调长三角四省市一体化发展的若干重大事项、重大政策、重大基础设施、重要产业合作平台、重大创新计划和重大工程，建立长三角一体化决策、执行、监督的组织体系和制衡机制、利益共享及风险共担机制，正确处理好局部和整体的关系，努力突破行政区划和局部利益的掣肘，树立全局思维和长远意识，彻底消除由行政区划限制所形成的"一亩三分地"的决策思维。

二是处理好"单打冠军"和"团体冠军"的关系，以整体组合优势建设世界级超大城市群。在长三角一体化和长三角世界级城市群建设中，上海发挥了非常好的龙头引领作用，在全面践行新发展理念方面始终走在全国前列，成为全国的"单打冠军"，而在长三角一体化高质量发展中，只靠上海继续拿"单打冠军"无法实现长三角一体化建设目标。目前，上海在长三角地区的"上海属性"太重，与周边省市的利益竞争大于合作，导致长三角地区发展的不平衡性突出，尤其是安徽省与其他两省一市相比存在很大差距，2018年安徽人均GDP只有上海的1/3，人均城市居民收入只有上海的1/2。面对如此大的发展差距，作为长三角区域一体化龙头的上海，虽占据战略高位，建议放下身段，凭借其"冠军"地位，进一步带动江苏、浙江、安徽三省各扬其长、各展其特，在集中要素资源永保自身"单打冠军"地位的同时，更要集成四省市整体组合优势，通过深度一体化面向全球培育"团体冠军"，把长三角地区群建成在国际上有重要竞争力的世界级超大城市群。唯有如此，才能提高长三角地区在国际经济发展格局中的核心竞争力和战略地位。

三是处理好"走出国门"和"走进城门"的关系，以内向辐射带动长三角地区一体化发展。长期以来，上海国际航运中心的建设和很高的对外开放度决定了在推进全球科创中心和自由贸易实验区建设中，上海将目光"习惯性"瞄向海外，走出了"国门"，但对外打开了"国门"，对内却没有打开"城门"，对长三角其他地区的内部吸纳和内部辐射带动作用不足。上海与周边核心圈城市的同城化轨道交通尚未形成，"断头轨"现象依然存在，公共服务协同化仍显缓慢，涉及民生、营商等公共行政服务大部分没有实现异地受理、办理和反馈。建议提升上海对长三角地区的内向辐射作用，加快实现基础设施互连互通一体化，推动沪甬、沪通、沪苏湖等城际高铁建设和上海—苏州轨交接通，全面实现上海都市圈交通的无缝连接、城市间无障碍通行和城内重要节点"零距离"换乘；依托利用大数据、人工智能、区块链、虚拟现实等新技术，加快推进"互联网+政务服务"协同进程，完善长三角政务服务"一张网"，制定长三角区域公共服务的公共数据标准，加快实现软性设施资源的融合共享，建设或完善基础性、共性的数据资源共享库，实现区域内公共服务、公共设施的共享，率先建成"数字长三角"。

四是处理好"创新发展"和"环境保护"的关系，加快推进"美丽长三角"建设与区域环境污染联防联控联治。一方面，依托上海科创中心建设，发挥区域科创资源密集优势，强化长三角重大科研任务的一体化布局，共同参与国际大科学计划和大科学工程，共筑现代产业集群新动能，建设高水平研发机构和紧密互动的技术转移联盟，深化科技创新资源共享共用，联合开展科技项目攻关，共建长三角技术创新链和科技协同创新体系，共建长三角关键核心技术的协同原创高地，共同打造国际创新合作共同体，以创新为动力、以绿色为底色，推动长三角经济社会发展、实现绿色转型。另一方面，要面对长三角生态环境相对脆弱、区域环境质量不容乐观这一高质量发展的短板，高度重视生态系统和生态空间保护，严格保护跨省界重要生态空间，共同推进长三角大气污染、水体污染的联防联控联治，进一步完善长三角环保合作机制，研究建立多元生态补偿机制等，促成优质生态产品供给能力不断提升，基本建成与世界级城市群相适应的自然生态及人居环境，推进"美丽长三角"和长三角环保共同体建设，把长三角建成"美丽中国"的浓缩区。

五是处理好"长三角"一体化和"长江经济带"一体化的关系，把长三角建成长江经济带"不搞大开发，共抓大保护"的先导区。长三角地区位于长江经济带下游，同时又是长江经济带实现绿色发展的龙头地区，长三角一体化的根本落脚点就是要引领长江经济带一体化发展，服务全国发展大局。这就需要处理好"长三角"一体化和"长江经济带"一体化之间的关系，协调好局部一体化与全局一体化的尺度关系，以长三角高质量一体化为牵引和龙头，逐步将长三角地区的企业向长江中上游地区转移，避免相关产业过度向东南亚等地区转移，实现真正的溯源溢出效应，逐步带动长江经济带实现流域经济一体化、流域基础设施建设一体化和流域上中下游生态建设环境保护一体化，形成长江经济带"不搞大开发，共抓大保护"的一体化新格局。

六是处理好"南北合作"与"南南合作"的关系，依托通州湾打通长三角一体化的新出海口。一要推动长江出海口建设的"南北合作"，处理好长江"南出海口（宁波）"和"北出海口"（南通）的互补合作关系，以上海港为中心，构建南翼以宁波舟山港为主、北翼以南通港为主的上海国际航运中心，加强上海港在内的16城市港口群的协作分工，发挥航运金融、航运保险等要素对协同发展的配置作用，倡导建立航运管理的标准化体系，打造江海河联运服务体系，共建世界第一组合港和世界自由贸易港。二要推动南京与南通的"南南合作"，依托江苏省通州湾江海联动开发示范区这一战略支点，发挥通州湾具有"服务大上海、联动长江北、连通中西部"的重要功能，共建扬子江城市群，共同打造长三角现代化港口物流体系和江海联动的国际物流体系，在为南京找到新出海口的同时，为长三角一体化高质量发展培育新出海口。

长三角一体化：瓶颈、动力与主攻方向[1]

刘 洋
国家发改委国土开发与地区经济研究所研究员

《长三角一体化发展规划纲要》（以下简称《纲要》）提出了一极、三区、一高地的战略定位，希望长三角在未来的区域发展格局中承担更大的作用。改革开放以来，长三角地区取得了举世瞩目的发展成就，但也积累了一些深层的问题，面临诸多严峻的瓶颈约束。从前几年跟踪的情况来看，无论是增长速度，还是城市群GDP的占比，长三角地区都有停滞的趋势。如何培育新的增长动力，是新时期长三角一体化发展需要首要考虑的问题。此外，《纲要》提出了许多具体的发展任务，在贯彻落实中如何确定主方向，是操作层面上需要着力关注的重点环节。

1. 瓶颈

环境约束、资源约束、成本约束是整个长三角众多城市面临的三个共性问题，这三个问题能否得到有效缓解，直接关系到未来城市群的发展能级和发展质量。

（1）环境约束

当前长三角地区环境约束拐点已经出现，最困难的时期已经过去了，但积累的问题还是比较多的，比如水环境。从2008年到现在，长江主河道的水质下降了一个等级，从Ⅲ类水到Ⅳ类水，下降的幅度非常大。2018年上海有60座污水处理厂，其中约有一半的污水处理厂达不到处理标准，这在长江经济带里也是滞后的。长三角地区取水口和排污口交互分布，用水安全的压力比较大。最近几年长三角地区雾霾治理取得的成效非常明显，但又出现了臭氧问题。从技术储备来看，现在对臭氧污染还没有很有效的控制手段。

（2）资源约束

长三角地区水资源和空间资源都非常紧张。水资源问题和环境压力是结合在一起的，绝大部分城市是水质性缺水，也就是水质不达标，出现了"守着长江无水喝"的尴尬局面。"十二五"时期，长三角许多城市纷纷规划建设引水工程，以解决水质性缺水困局。在空间方面，整个长三角地区开发强度非常大，几乎有一半城市的开发强度超过20%。上海的开发强度已经超过了50%，无锡也一样，这两个城市都超过国际上公认的警戒线。这种开发强度对生态格局的冲击非常大。从2008年到现在，建设用地增长速度很快，而耕地面积减少了1万km^2，变成了建设用地。按照现在的建设用地增长速度，十年之后长三角地区的农业用地所剩无几，生态空间也将被大量占用。

（3）成本约束

劳动力、土地等生产要素的低价格，曾经是长三角地区经济竞争优势的重要来源。但是，经过改革开放40年的发展，长三角地区大部分省区第二、三产业形成了较大的规模，对劳动力需求量相当大，使

---

[1] 本文摘自作者在"长三角区域一体化与城市协同发展论坛"上的演讲。

得本地区劳动力要素价格大幅度上升。2010年以来，上海、江苏、浙江等地又陆续调整最低工资标准，调整幅度都在10%以上，一些省份甚至超过20%。到2018年，长三角地区最低工资标准提高了一倍。

在劳动力价格不断攀升的同时，长三角地区发展空间供给也愈发紧张，导致土地价格迅速上升。2007年，上海综合地价不到1万元/m^2，2019年其综合地价突破2.8万元/m^2。江苏、浙江两省地价也基本呈现同样走势。

土地、劳动力等生产要素价格的持续攀升，削弱了东部沿海地区生产要素低成本优势，区域劳动密集型、资本密集型产业的生产经营受到较大冲击，也相应提高了其他高加工度产业部门的要素门槛，增加了区域产业结构战略调整的成本和难度。

2. 动力

长三角地区靠引进外资和民营经济崛起，造就了过去40年区域经济的持续繁荣。未来一体化发展的动力是什么？大概来自三个途径，即消费拉动、创新驱动、资本推动。从这三种动力形态来看，长三角发展动力升级的趋势比全国平均水平要快得多。

（1）消费拉动

2010年以前，长三角地区投资和消费的拉动作用基本表现为波动趋势，有时是投资的拉动作用要大一些，有时是消费的拉动作用大一些。2011年以后，消费已经成为长三角地区拉动经济增长最大的动力。消费之所以成为长三角地区主要的发展驱动力，主要缘于两个因素：一是长三角地区居民收入水平高，居民消费能力强；二是长三角地区民众比较愿意接受外来事物或新鲜事物，区域网购经济的快速发展就充分证明了这一点。如何通过消费结构升级，引导消费行为的提质扩量，是长三角一体化动力培育的重大课题。

（2）创新驱动

长三角地区是国家创新发展水平最高和创新活动最活跃的区域。从研发投入看，全国2018年有6个省市的研发投入强度超过全国平均水平，其中包括长三角地区中的上海、江苏、浙江。从绝对量上来看，长三角地区约占全国研发投入的27%。从创新平台看，长三角地区拥有国家重大科研装置13个，国家重点实验室74个，国际合作联合实验室12家。另外，代表未来发展方向的大型科研仪器网现已经有了相当的规模，已集聚2 192家单位的2.8万台（套）大型科学仪器设施。在创新发展层面，长三角地区基础非常好。

虽然长三角地区的研发投入和创新平台建设在全国处于领先水平，但内部差别比较大，仍然存在着创新要素分散、资源分布不均匀的问题，需要依靠工业互联网服务平台等数字科创一体化措施，推进整体的科技创新。

长三角地区创新发展、创新驱动的成果非常明显，一些标志性产业在全国处于领先水平。长江三角洲集成电路占全国51%，2018年上海集成电路产业规模达1 450亿元，无锡集成电路产业规模达1 014亿元。大飞机制造在长三角一枝独秀，基本上形成了一个相互紧密的氛围格局。新能源汽车也是一个重要领域，基本上在三省一市的核心城市形成了一个很明确的布局框架。

无论是在研发投入，还是创新平台，或是标志性产业上，长三角创新发展水平在全国都处于领先地位。下一步如何扩大释放创新动能，是一体化发展要解决的一个重大问题。

（3）资本推动

无论是消费拉动还是创新驱动，最终的落脚点都是要有资本介入，要有相关的产业资本进入到上述领域，所以资本推动是一个最根本的环节。

长三角地区是我国民营经济发展最好的地区，过去几十年的发展主要是靠民营经济的强势扩张。当然，利用外资也有非常好的水平。但短板是什么呢？短板是国有资本不够发达，特别是在浙江、江苏地区。在长三角和珠三角这样外资和民营资本比较发达的地区,一提到国有资本大家都有一种排斥的心理。

改革开放已经走过了40年的历程,国有资本、国有企业的运作方式、治理结构与改革开放之初已大不一样,而且从资本推动的角度来讲,单靠外资还不行,如2015年之后,国家实际利用外资已经出现了平台效应,实际利用外资水平基本上没有增长,个别年份还有下降趋势。特别是进入了百年变局以来,国际政治、经贸关系已经发生了很大的变化。从全世界范围来看,以美国为首的发达国家的制造业在回流,我国一些企业在向东南亚国家如泰国、越南转移,这些因素都会对长三角地区利用外资形成制约。

在国际经贸关系大格局发生变化的情况下,利用外资增量不会很大。长三角地区虽然搭建了许多平台,但是招商引资的效果不是特别明显。那么,仅靠民营资本行不行?民营资本虽是长三角地区一体化发展的重要力量,但近几年已出现饱和苗头。2018年,浙江、江苏的民营经济增加值占GDP分别是65.5%、55.6%,均已超过"半壁江山",扩容潜力已十分有限。特别是在中美贸易博弈的背景下,长三角地区民营经济发展外部环境的不确定性非常多。从当前趋势判断,中美之间的贸易博弈关系将是长期性的,将来的基本趋势可能会形成世界经贸格局中中美两种技术经济体系的长期竞争甚至对抗。所以,在这个大背景之下,利用外资和依托民营资本的渠道都不会特别顺畅。

在当前发展背景下,长三角地区在引入国有资本方面大有可为。当前大型央企纷纷进行布局调整,参与地方混改重组力度不断加大。中石油等大型央企已着手制定深度参与国家区域发展战略相关规划,长三角地区应主动顺应这一趋势,积极对接大型央企的战略调整,补齐国资短板,营造民资、外资、国资"共舞"格局。

3. 主攻方向

《纲要》提出了许多促进长三角一体化发展的具体任务。在贯彻落实层面,长三角地区必须厘清主线,找准主攻方向,着力解决好国家战略需求。在主攻方向选择方面,需要关注以下三个层面的问题。

(1) 率先实现全面现代化

十九大报告提出:从2020年到2035年,在全面建成小康社会的基础上,再奋斗十五年,基本实现社会主义现代化;从2035年到2050年,在基本实现社会主义现代化的基础上,再奋斗十五年,建成富强民主文明和谐美丽的社会主义现代化强国。

根据相关机构对我国现代化进程的跟踪研究结果,长三角地区是我国现代化进程推进比较快的区域,具备率先实现现代化的基础。经过改革开放40年的发展与积累,长三角地区体制环境优势、国际化优势、经济基础优势、人才技术优势兼备,国家的政策支持力度也非常大,具有将实现现代化的时间节点大幅度提前的可能性。

作为我国现代化进程先导区域,长三角地区率先现代化的目标选择无论是在时间安排还是在内容设定上,都应该相对于国家整体目标展示出明显的超越。立足长三角地区现代化基础,结合国家"两步走"战略设计,长三角现在应对标发达国家中等水平、对标发达国家先进水平分别设定2035年和2050年的现代化建设目标。

(2) 打造全球数字经济高地

打造全球数字经济高地、全国数字经济总部,是长三角关键产业升级的一个路径。在长三角未来的转型发展中,一定要把数字经济和数字化转型做实、做大、做强。

目前长三角数字经济体量在经济结构中已经超过了40%,占全国数字经济的28%,相对于珠三角和京津冀地区,处于相对领先位置。长三角地区机器人占全国半壁江山,高端信息服务业占全国1/3,集成电路规模占全国一半,全国最顶尖的电商平台有42家,物流数字化水平也远远领先于全国平均水平,数字经济的关键产业具有突出的规模优势。

数字化高地建设需要扎实的基础支撑,长三角地区在这方面尚存在差距。展望未来,长三角数字高地建设应着重把握好两个问题：一是强化数字化基础设施建设；二是利用好关键产业的领先优势，打造引领全国数字经济发展的总部。

长三角的传统基础设施支撑，比如高速公路网络、高速铁路网络、航空网络等没有问题，但是数字化基础设施可能更重要，需要抢占制高点，数字化转型的程度和数字基础设施的建设程度是密切相关的。数字基础设施建设方面有两类问题需要关注：一类是一体化的商业基础设施建设；另一类是新型工业基础能力建设，包括"一软一硬一网络一平台"。这些都是构建全球数字经济高地必不可少的基础条件。

数字经济总部建设需要把握好两个方向性问题：一是要大力发展5G、人工智能、大数据等核心产业，形成以新零售、智能制造为主体的世界级产业集群；二是要打造辐射全国的数字金融和科技服务平台。

（3）构筑世界级城市群的经济势能

作为长三角地区的中枢核心，长三角城市群目前的发展状态与构筑世界级城市群还存在不小的差距。长三角城市群与世界级城市群的现实差距主要体现在经济体量和经济结构方面。因此，加快提升经济体量和经济结构应是长三角城市群建设世界级城市群的近期目标和突破口。

构筑经济势能需要做哪些努力？努力的方向是什么？这两个问题可以参照与长三角城市群人口密度相接近的世界级城市群来确定，如大西洋沿岸城市群。

与大西洋沿岸城市群相比，长三角城市群经济总量为大西洋沿岸城市群的50%，地均经济总量为1/3，人均经济总量为20%，所以最容易追赶的目标是经济总量目标。如果按照7.5%的增速，地均GDP要达到世界级城市群的水准大概需要20年，人均GDP要达到世界级城市群的水准大概需要30年。

在提升经济总量的同时，长三角城市群要充分发挥结构升级的龙头带动作用，率先实现经济体系数字化、智能化、生态化的转型发展目标。

新兴城市和城市理论：中国的视角

吴缚龙
英国伦敦大学学院巴特利特规划学院教授

城市是由"城"和"市"组成的。"城"是指城墙，"市"是指为人民开发的市场，市场和管理的共同结合形成城市。城市必须由经济和政治发展共同形成，经济包括各种行为的模式，这些形式就是在城市里产生的。城市有两个主要的发展过程，包括聚集动态的发展，以及对于不同元素综合的应用结合。

从社会角度来更好地了解和定义城市，对城市定义和创建城市过程不一样，这能够更好地深入理解城镇化的发展。国际一些期刊对于城市性质也做了很多争论，对于这些不同的声音来说，通用城市化是不够的。

城市的发展需要更多的劳动力。当地政府必须要刺激这些城市的发展，就要做进一步的投资，要去信任人才、培训人才，也需要更多的外来务工人员，外来务工人员能够促进中国式工厂的发展。外来务工人员的角色是非常特别的，他们和本地居民不一样。他们的消费能力没有那么高，只是达到温饱，所以很多中国的城市不是以消费为主要动力。中国会越来越多地依赖全球市场，吸引更多外来投资促进当地的城市化进程，同时也会更多地进行细分，针对不同行业进行有目的的吸引。政府也会结合当地企业，不仅是卖地，也可能会通过卖地形成一个金融模式。各地政府之间也是互相竞争的，所以它们有更多的政策能够吸引人才、吸引企业，这样就能够有更多的资金流。当地政府金融载体期望有一些大项目、大园区，能够有更多收入，为现在的土地财务模式加分。

但是新兴城市有不同的治理模式，它们治理模式是需要酌情考量的，因为它也是全球空间混合式发展的一部分。一些新的中国城市的模式，其实是符合全球空间混合模式的，但是它们日益会显现出来一些问题，例如中国生产能力过剩。随着中美贸易战的升级，中国不只是依赖世界的市场刺激城市化的进程，必须要有自己的空间发展策略。我们可能也需要新的过程，同时还要有相应的政策刺激城市化的进程。

对于新兴城市的发展，上述只是其中一部分。这些新兴城市的一些区域首先是一个城市群的概念，人口密度很高，例如京津冀、长江三角洲和珠江三角洲，它们的概念就是一个集群。这些城市网络、枢纽和相应的设施能够促进区域整体的经济发展，这也是新兴城市发展的新模式。从理论上来说，这种应该是国家的转型或者一个国家在区域治理上的扩张，这个城市的扩张专注于保护它们的城市区域，这叫做城市空间选择（表1）。中国在加入WTO、全球化之后，随着经济活动跨越了城市边界，带来了城市新的空间，这是经济聚合。与此同时，中国的城市也面临着城市间非常激烈的竞争，在环境保护还有基础设施建设上面临一系列的挑战，所以城市的重新规划必须被理解成一个项目，并且要从个体相互竞争的城市到区域合作或者到区域规划。比如长江三角洲就从原先从上到下的城市规划到了从下而上的城市合作，所以我们就看到了城市区域形体的出现。现在经济聚合和

---

1 本文摘自作者在"全球化进程中的中国城市"国际研讨会上的演讲。

机构治理方面都发生了变化，有了比较协调式的经济活动，昆山的发展就是一个很好的城市区域发展例证。

表1 通过制度框架（城市空间选择）在中国出现的城市区域治理

历 史 形 态	国家空间选择性形式	城市区域性管理形式	主要矛盾和冲突
社会主义探索（1949—1978年）	作为总体治理的国家规模	通过计划经济中的层级计划协调实现的管理主义	城乡二元
早期市场改革（1979—2001年）	新兴地区，大城市的主导地位	城市企业主义规划控制权下放	激烈的城际竞争不协调，冗余的发展
后WTO市场社会（2001年至今）	向城市区域扩张	行政兼并空间规划，区域性制度	缺乏区域认同感，国家强制调整规模

上海城市面积7 000多km²，所以上海本身就是一个城市区域，而且上海的影响力超越了本身，江苏省、浙江省都受到上海的影响。昆山（图1）和上海非常近，昆山的花桥镇能接收到上海的移动信号。昆山在1984年的时候非常落后，当时政府支持建立了一个经济区和科技发展中心。昆山的发展就是利用了上海的科技发展，在ICT领域吸引了很多来自中国台湾的投资。但是昆山和长江三角洲很多城市一样，它和上海也是竞争关系。城市间的竞争导致城市区域建立的两个过程：第一个是自上而下的，是中国政府干预式的一种区域发展；第二个是自下而上的，也就是在城市和政府之间形成了一种合作。这种过程不仅是经济发展的过程，也是政治发展的过程。这就是新的国家区域空间，也就是说国家试图在各方之间进行干预，比如上海地铁11号线延伸到了昆山，这是得到了上层领导支持的。

京津冀地区受政治影响比较大，因为北京是中国的首都，有很多政策组织部门和国企总部。政府试图疏解城市功能，希望把北京打造成一个城市区域，就是延伸到城市本身之外，所以它的扩散就是把很

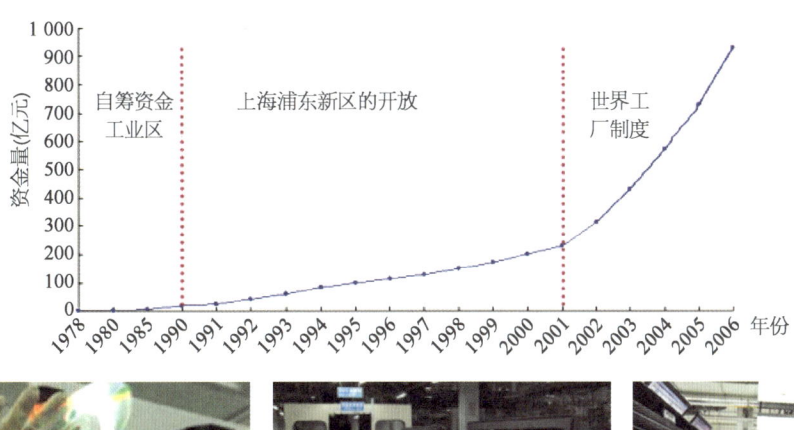

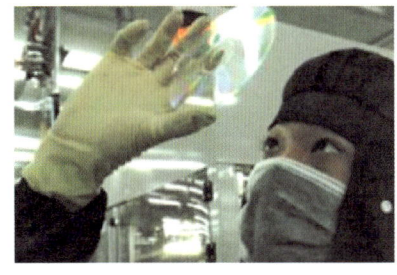

图1 长江三角洲新兴城市地区——昆山

多工厂搬到城外,目标是限制北京的总人口数,以及把京津冀地区打造成分散的地区,把不重要的功能都搬出北京。还有一点,要把北京打造成一个区域管理中心。

经济活动的聚集就称为经济集群,关于新兴的经济集群有很多研究,中国也推出了很多本地独一无二的创新。比如长三角地区在生物医药方面的聚集,就可以解释为什么生物医药发展得很好。因为公司本身无法面对这个问题的复杂性,所以必须要进行聚集,让各个公司进行合作,解决生物医药方面的问题。因此,对生物医药企业而言,经济聚合是一个很好的举措。最早虽然上海在生物科技方面发展得并不是很好,但是在上海张江和浦东其他区域建造了相应的产业园,这极大地推动了区域的创新发展和经济发展。另外,工业、大学和政府之间进行合作,它们彼此之间相互影响。

城市发展可以带来很多见解,可以推动城市的创新。生物科技产业园的建立,尤其是在上海张江,是可以推动现代城市发展的。必须要把城市看作一个聚合体,它能够聚合多种力量,可能这些力量本身看不到它们之间的这种联系,但是有了城市的推动就能够看到了。在整个城市发展的过程中,它们能够很好地利用这些力量,生物医药方面的发展和张江生物医药产业园是有很大联系的,中国政府在其中发挥了非常重要的作用。

上海作为一个经济大城市,其地位举足轻重。上海有很多研发中心及一系列外包的研发中心,这些研发中心是非常重要的,它们也能够推动经济活动的发展。从新兴市场来看,经济集群的发展是城市的一部分。现在中央政府也在督促上海成为新的科创中心,上海张江高科技园区就是建立在上海张江科技产业园的基础之上(图2)。上海必须要推动创新,比如集聚创新力的城市治理和土地治理,这两个因素对张江发展起到了非常重要的作用。

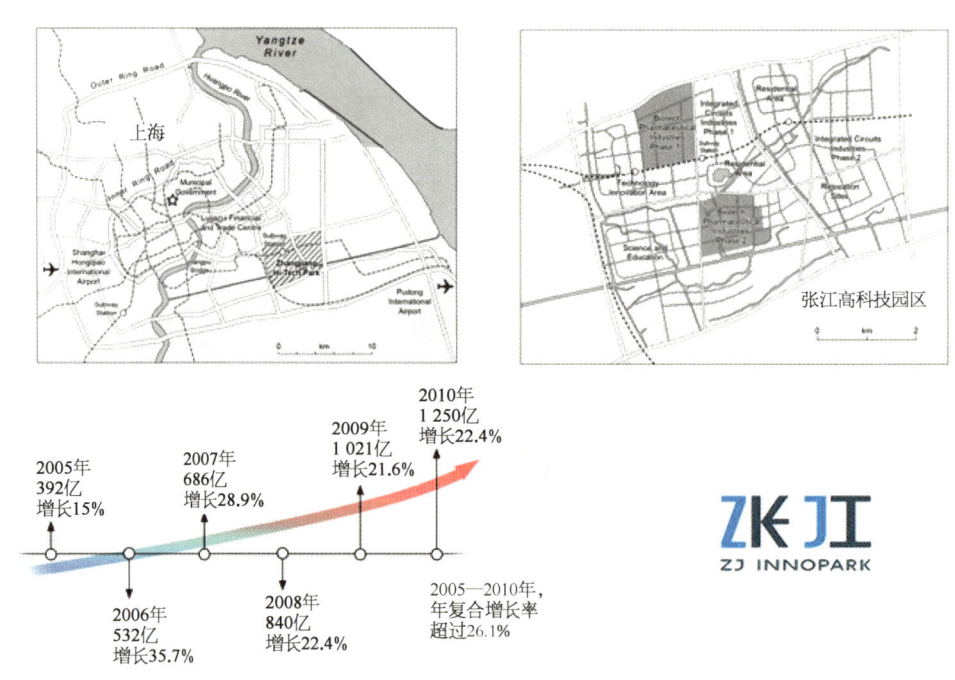

图2　上海张江高科技园区的生物技术集群

上海张江高科技园区开发股份有限公司是一个上市公司,而且它也在做投资,支持一系列新创项目和孵化器,支持了生物医药产业的发展。张江有一系列极具潜力的生物医药企业,有着非常复杂的金融运营。它可以得到政府的土地资源,并以银行借贷来推动新创公司的发展。张江的计划是把张江从一个工业开发区转化为城市化的科技园区,这项计划在2017年得到了中国政府的支持。这个区域的面积从

25 km² 增加到 95 km²，上海张江已被列为国家自主创新示范区，这里有大型的科学设施，由中央政府出资建设。

上海临港新城（图3）占地 322 km²，其设计和规划是以英国花园城市为蓝本。它与上海其他地区通过地铁相连，但是距离比较远。临港新区外来务工人员扮演着非常重要的角色，如果为员工建立居住区可能存在很多困难，但通过将很多老小区就进行改建（图4）就可以解决外来务工人员租住问题。

图3　临港新城

图4　市场改建宿舍

中国的城市发展其实有不同的驱动力，城乡发展更加复杂。中国城市其实并不是代表新兴城市化的模式，它还包括全球城市化的一些元素。通过中国新兴城市的发展也能看到新模式综合性结构的呈现，在这个过程中中国有自己的特色。新城有整体的规划，同时政策也起到非常重要的作用，但它并不是政府政策的直接结果，这些新城的发展必须通过市场的运作去达成。在这些地区，公司的发展一定是它的推动力，从这个角度来讲，中国的这些新城存在一些比较复杂的当代城市进程化中各种影响的互相作用关系。

Chapter 03

城市治理与创新发展

Urban Governance and
Innovative Development

第三章

城市精细化管理的实践与思考[1]

陈高宏
上海交通大学中国城市治理研究院副院长

浦东新区成立后不久，1993年我到浦东新区工作，办公地点就在黄浦江畔，当时浦东是以农村化为主的地区，渐渐把一片片农田建成了现代化的新城区。

1. 理解精细化管理的重要意义

精细化管理是城市化的前进方向。浦东开发建设到建管并举，现在又提精细化管理，这恰恰是城市化管理逐步提升的阶段。精细化管理不是一般的城市管理，需要量化管理对象，比如公园厕所中女性厕位与男性厕位的比例。量化管理要细化管理单元，提出15分钟生活圈，要优化管理流程，要精化管理作业，要智化管理手段，大量运用智能化的手段，柔化管理体验。一句话，城市化越是发展到高水平，精细化的问题越要涌现出来。

新时代的现实命题。新时代人民群众对于美好生活的向往是党的十九大提出的奋斗目标，人民群众对于社会管理、公共服务提出更高的要求，老百姓的需求清单越来越细，垃圾分类、住房、教育及环境问题都在细节上表现出来。

精细化管理是一流城市的卓越标志。一座城市给别人的观感是城市的每一个接触点，末端代表精细化管理水平，细节恰恰是最困难的地方。上海作为国际大都市，加强城市精细化管理很有必要。

2. 明确精细化管理的基本要求

精细化管理的导向是以人为本。"建筑可以阅读，街区适合漫步，城市始终有温度"，也就是说一个城市的精细化不是说专家评价它有多漂亮，而是要以在此处居住和到经此地的人的感受作为精细化管理的评价标准。比如浦东新区的道路有的宽、有的窄，路网疏密不同，人的感受度也不一样，这些都值得研究。一大片绿地很漂亮，但是走不进去，这些问题都牵扯到精细化管理要以人的感受为主。

精细化管理的主体是多元协同。精细化靠政府一家包揽、独打天下肯定是不行的，必须调动社会和企业方方面面来参与，大家共同形成治理的合力。有时经常会发现一个问题，政府部门在干着、累着，但是市民如果没有参与其中，他的感受度是不一样。实际上先有参与度才有感受度。

精细化管理的标准是量化专业。比如每一个广告牌何时建的、哪家单位建的，这些都要一个一个细化到位；比如家里的煤气管道什么时间应该检查更换，下水道盖板和路面是什么关系、高差多少，这些都是非常细的东西。精细化对于很多的常见工作就是模块化、流程化，如此，大量常见的工作就有常规的解决办法了。

---

[1] 本文摘自作者在"沪新城市治理高端对话"上的演讲。

精细化管理的依据是法治规范。现代城市一定是法治城市，因为只有法治才能包容社会管理和城市管理所面对的多元利益复杂性，这种复杂性只有法治才能包容，才能提供国家转型社会的确定性，才能奠定政府执政的稳定性。所以法治规范是精细化，上海放在首位的就是法治化的概念。最近报纸上也刊登了不少消息，上海要建成国际大都市，那么首先要建成法治城市，法治城市的工作方式要转变，很多事情要先规划、思考再去做。上海的垃圾分类很成功，就是用了很长时间在立法的条例上做了反复的推敲，事先推敲得透彻。其中，上海交通大学城市治理研究院也向上海市人民政府提了很多建议，教授们也将新加坡垃圾分类的经验和日本垃圾治理经验都囊括其中了，这是前期做的充分的研究。

精细化管理的机制是长效常态。管理要做到润物细无声，戏剧性地突然爆出一个大政策，这种半夜鸡叫、忽冷忽热的方式绝不是精细化的做法，精细化管理要以机制性来回应老百姓的需求。所以保证常态性对治理的空间进行整合，这个问题需要好好研究。

精细化管理的手段是科学智能。智能化已经为大家所熟知，精细化管理一定要有科学化手段支撑，否则，解决一个问题产生了两个问题，解决了今天的问题产生了后天的问题，这绝不是精细化管理的方式。总结起来就是做任何事情，横看一个面，要考虑在面上能不能推广，点上有好但不能推广的不能算精细化管理；纵看一条线，考虑未来可否延续。这些东西都要放在结构中去分析、思考才有意义。

3. 把握精细化管理的辩证关系

精细化管理对干部素质、对体制系统设计的要求更高，本来隐藏的问题全暴露出来了，把灰色地带挤压出来了，这对干部的平衡能力、把握能力又提出了更高的要求。

标准化与个性化。大家强调最高的标准、最全的事项、最严的要求。我们提了很多的标准，但是标准化能不能包容各基层单位的个性化？如果底下干部没有积极性，标准化又能起到什么作用？标准化一定是包含个性化的标准化，让下属部门有一定的弹性，有一定的自由裁量权，有一定的现场变通性。什么东西都统一了，就会扼杀了下属部门的积极性。首先需要考虑是否需要标准化，再考虑是否到了标准化的成熟阶段。新加坡在有些方面把标准化和弹性化结合在一起，这值得我们学习。比如买房子，有的老年人只想买20年的产权房，那么就把产权年限设置为20年，不同的用房有不同的目标对象。我们一位教授写一份决策，建议推出物业管理薪酬制，多管齐下推动物业管理，让其各自选择薪酬制度、包干制度还是成立业主委员会，这是把标准化和个性化融合在一起了。

分类细化与统筹谋划。精细化管理分得越来越细，边界越来越多，干活越来越难。一方面要细致地明确责任，划清问责；另一方面要加大统筹的力度，如果统筹没有跟上去，越细越扯皮。每一个部门都是有边界的，但是管理对象是无边界的，任何一件小事比如垃圾、绿化、停车、违章建筑等，都是跨边界的。一件事情一旦跨了边界之后往往会使得部门的协调任务大大增加，所以越细化越要统筹规划，比如河长制就是跨部门统筹。越细化越要加强统筹制度，这是互相矛盾的平衡。

管理力度与人文温度。我觉得前些年的城市管理做得很好，但是同时也要考虑市民日常的生活。一个城市有管理的要求，同时还要有点烟火味，现在徐汇区开设夜市就挺好的。精细化不是单一价值，是很多价值互相权衡的结果。《美国大城市的死与生》这本书写道：一个城市应该是混合型的、多元化的、原生的，比如城市有些很小叫街道眼的店面，对于城市的安全和构建社区很有意义，一个社会的人文温度要体现在精细化管理中。

社会秩序与社会活力。比尔·盖茨是在车库里面开始创业的，但是在国内要搞车库创业基本上是干不下去的。怎么给城市创业留下一点空间？那可能是灰色的空间，但是这个空间很重要。因为城市不仅要秩序，还要有活力支撑。政府更多地关注秩序，对市场没有身家性命之忧，但推动社会活力要有秩序。

确定性与复杂性。当下中国处在急剧转型的时代，由静态社会到动态社会，由封闭社会到开放社会，由工业社会到信息化社会，这是一个多么巨大的转型，这个转型会带来什么呢？它会带来社会的振荡和不可预期，因为它始终处在变化当中。因此我们在公共决策时就不要老想着追求确定性，要考虑事情的复杂性。在讲求精细化的同时要考虑事情是很复杂的，要预留足够的弹性，有一定的伸缩性、柔软性、开放性和包容性，在精细化管理的同时取得更多价值的平衡。

新加坡的公共政策与城市治理[1]

拉梅什（M.Ramesh）
新加坡国立大学李光耀公共政策学院教授

新加坡是一个人口密度高的小国，土地面积约725.1 km^2，总人口570万，全部为城市人口，是世界上人均收入排名第三的国家，2018年居民人均收入100 345美元，人民行动党自1959年开始执政。

对于新加坡而言，聪明的城市仍然需要聪明的政府。在过去的15～20年有一种说法是政府已经成为现代生活的附庸和外围，公民社会、草根组织可以代替政府完成所有21世纪的城市管理，这显然也包括了新加坡政府本身的一些态度。新加坡政府果真发挥整个市场更大的作用了吗？政府真的被边缘化了吗？

自20世纪80年代初以来，新加坡政府一直是国家技术能力提升的推动力。"智慧国家/城市倡议"于2014年启动，比先前的努力更具雄心和全面性，寻求政府、经济和社会的"数字化转型"。智慧国家有两大目标：改善人民生活，创造新的经济机会；应对快速城市化技术变化引发的更广泛的社会经济压力。

推动技术的发展对新加坡来说不是新鲜事。1981年开始政府就非常果断地发展计算机项目、技术发展项目等；在20世纪80～90年代，大部分国家在打造计算机硬件，新加坡政府一直具有先进的思想，不仅仅是在计算机化、系统化项目上；在之后的20年中又有新的进展，最近一次是2014年推出智慧国家项目（也称"智慧城市项目"），它雄心勃勃且非常全面。智慧城市最大限度地利用信息技术加速国家或城市的转型，而且是跨部门地提供转型机会，政府、经济、社会都能够借助技术的力量一揽子转型。很多国家提出智慧城市的概念，新加坡认为政府、经济、社会应该齐头并进智能化（图1）。

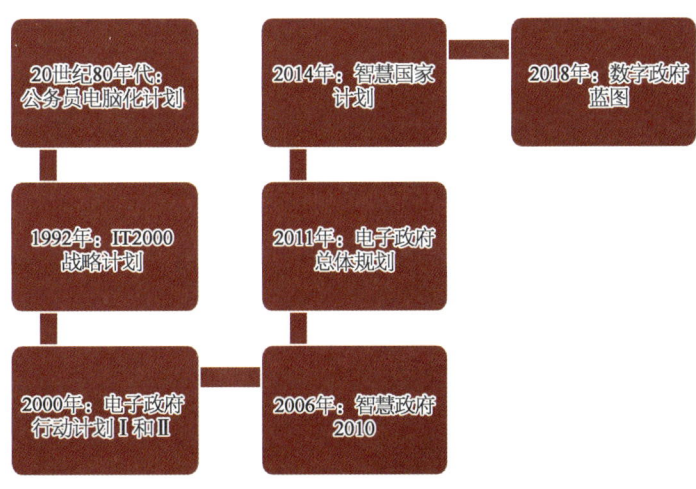

图1　电子政务计划时间示意图

1　本文摘自作者在"沪新城市治理高端对话"上的演讲。

新加坡经济增长非常快，现在经济发展机会似乎不如20世纪80～90年代那么多，当时房地产开发好房子房价马上就涨了，这些机会一去不复返，现在政府要思考如何为新一代打造经济增长点，智慧城市就是很好的发展机遇，是推出智慧城市和智慧国家的背景。过去10～15年间，新加坡国民对很多城市设施表示不满，如交通设施等，这对2010年的选举造成了一定影响。新加坡的经济增长主要是由本土的大公司和大公司主导的跨国企业带动，如何在当代社会创造机会给那些比较小型初创的本地企业？政府正在努力并鼓励中小型企业的发展，可能智慧城市是一个让中小企业得以发展的契机。新加坡在医疗行业、数字政务方面做得较好，但仍有改进的空间。

"智慧国家计划"侧重于六个关键领域：运输、城市生活、初创企业和企业、健康、数字政府服务、国家战略项目。智慧国家宣布致力于促进社区和商业伙伴关系，努力让非国家行为者发挥更大作用。

随着时间的推移，智慧国家项目开始强调：经济发展，对优先项目的有力财政承诺，政府领导和能力增强，"发展状态"推动所需部门发展的迹象。政府提供实体和监管基础设施，但也要挑选未来的赢家，并通过"国家项目"对其进行大笔投资：国家数字身份、电子支付、智能国家传感器平台、智能城市移动、生活时刻。

通过试验和研究合作促进智能解决方案。培养实验文化和持续创新：通过开放数据门户和智慧国家平台共享数据研发和投资；"技术和生活解决方案"试点实验室；发展产业和创业生态系统；网络安全和数据隐私。建立计算能力：各级教育方案；升级课程（如未来技能）；为数据科学家和工程师与政府合作而设立的智慧国家研究金计划（表1）。

表1 政策工具与领导机构

政 策 工 具	领 导 机 构
测试床和实验，例如裕廊湖区的自驾车辆路检	新加坡市建局、新加坡科技研究局
开放数据和智慧国家平台	智慧国家计划办公室
对研发的投资，例如国家研究基金会（NRF）对人工智能的投资	国家研究办公室
实验室，例如SMRT-NTU智能城市铁路企业实验室	大学和研究机构
创业加速器，例如联合资助初创企业加速器	新加坡标新局（SPRING Singapore）
网络安全，例如新加坡网络安全局	新加坡网络安全局（CSA）
监管改革，例如金融科技监管沙盒	新加坡金融管理局（MAS）
人才和能力建设，例如通过未来技能计划进行通信技术培训	新加坡未来技能

智慧国家倡议的治理——新加坡的小而单一的政府结构使其能够在纵向和横向上推行连贯一致的政策。多年来，政府加强了其指导作用。2017年成立了智慧国家及数字政府工作小组（Smart Nation and Digital Government Group，SNDGG），下设智慧国家和数字政府办公室（Smart Nation and Digital Government Office，SNDGO）和新加坡政府科技局（GovTech）法定执行机构。前者具有战略和政策作用，后者更侧重于执行各项项目计划。由新加坡副总理兼国家安全统筹部长张志贤担任主席的部长级委员会掌管，目的为加强政府各方协同运作，包括策划、集中资源、跨部门协调合作及确保从策划至执行紧密进行，以便更有效推动智慧国家战略的实施。

新加坡和其他国家相比，政府其实扮演了非常积极主动的作用，有些人认为当经济比较发达的时候政府应该后退一步，让私营部门来接手，这值得商榷。政府提供技术和监管方面的基础设施，这会使得私营部门还有社区能够发挥更好的作用,政府起搭台作用。在很多领域,新加坡和其他国家在10年以后谁会获得最大的成功,是政府来选还是让市场自己来选呢?政府有的时候必须要做出决定,我要往哪个领域投入资金,同时也必须要承担一些风险。

建设可持续发展的镇区

林抒颖
新加坡建屋发展局研究与规划司城市设计处处长

让我们先来看看新加坡公共住房的概观。图1显示新加坡建屋局24个主要市镇和3个较小的组屋区。每个市镇及组屋区都由地铁或快速公路连接起来,交通十分方便。根据新加坡统计局的资料,新加坡2019年的总人口为570万。在这个只有725.1 km²的国家,人口密度为7 866人/km²,平均每户家庭大约有3.16个人。

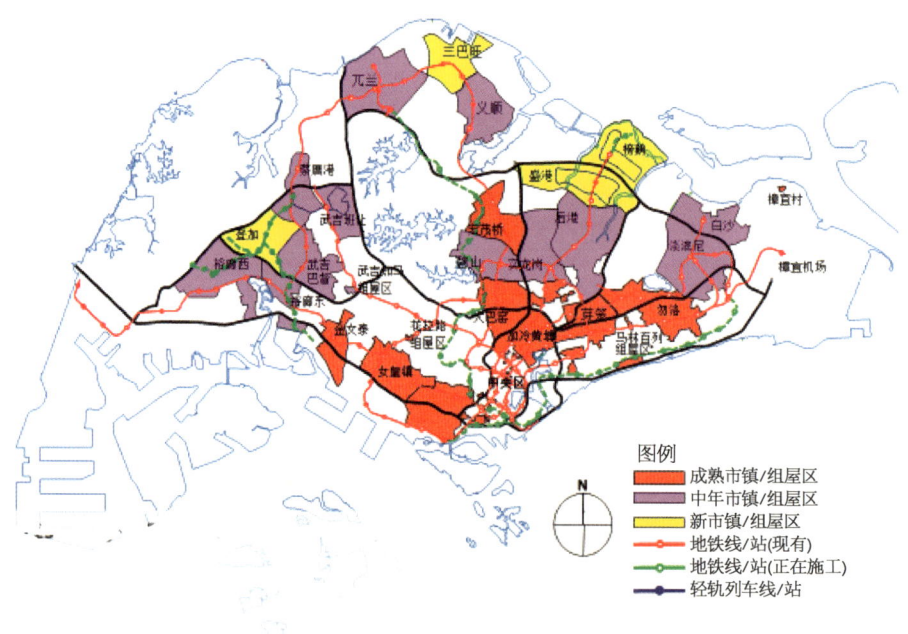

图1　新加坡24个市镇及3个组屋区

从英国殖民地政府取得自治权之后,新加坡面对许多社会经济问题,例如人口快速增长,市区内住屋拥挤生活环境差,以及住屋严重短缺、失业,等等。为了解决屋荒的问题,新加坡政府在1960年成立了新加坡建屋发展局(Housing & Development Board,简称"建屋局")。公共住房的演变就从那个时候开始(图2)。从20世纪60年代至今的这几十年里,住屋的规划与设计起了很大质与量的变化。目前,建屋局已经完成超过100万套公共房屋,约有82%的新加坡人口居住在公共房屋,拥屋率为94%。这些成

1　本文摘自作者在"沪新城市治理高端对话"上的演讲。

建屋发展局成立于1960年

- 恶劣的生活环境
- 快速增长的人口
- 严重短缺的住屋

公共住房的演变

   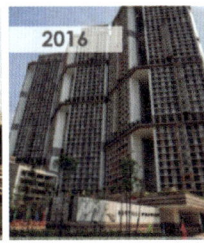

今天的公共组屋

- 超过100万套
- 82%居住人口
- 94%拥屋率

图2　公共住房的演变

就来之不易，其中因素之一是建屋局所采用的综合性市镇规划。

综合性市镇规划有五大原则：① 自给自足的规划（图3）；② 邻区概念；③ 层次性结构；④ 综合交通网络；⑤ "棋盘式"的土地使用概念。我们采取了自给自足的规划原则来创造一个优质的生活、工作、休闲和学习环境。在镇内，除了规划公共及私人住宅区，我们也提供多样化的设施和设备，包括商业用途以提供就业机会，休闲设施例如购物中心、体育与娱乐场所、公园，以及教育用途例如学校。

图3　综合性市镇规划原则：自给自足的规划

现在让我们用榜鹅市镇（Punggol）来说明这五个原则。在规划榜鹅市镇时，我们使用了“榜鹅21”小区规划概念，这与建屋局早期的邻区规划概念有些不一样。在榜鹅，每个小区有约2 000 ～ 3 000套房屋和一个小区公园，小区设施也包括小区购物中心、学校等（图4、图5）。小区规划概念尝试将较小数目的住房单位组成在一起，希望促进邻里之间的互动并增进社区凝聚力。

(a) 小区公园位于学校旁　　(b) 小区公园位于水道边

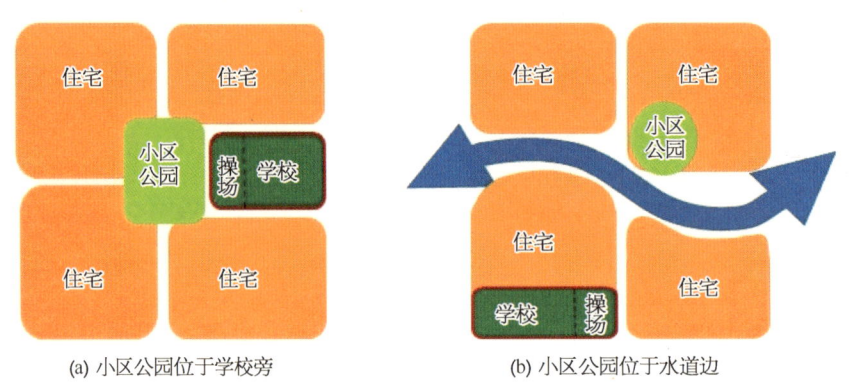

图4 “榜鹅21”小区结构

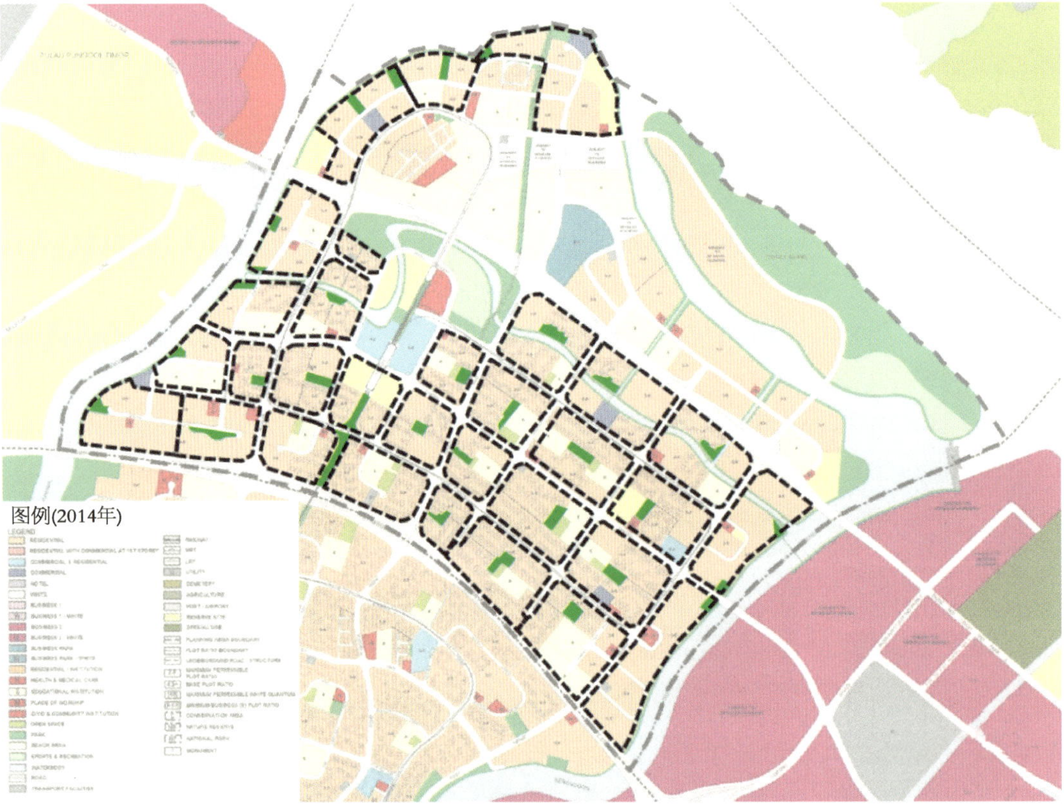

图5 “榜鹅21”规划平面图

一个综合性的交通网络能方便居民到达镇内的设施，以及进出市镇。在榜鹅，公交总站、榜鹅地铁站及轻轨列车总站都互相连接，使通勤更加舒畅。镇内的主要公路和快速公路连通，人们出入市镇便捷。

如图6所示，红圈显示地铁站的覆盖地，蓝圈显示轻轨列车站。榜鹅的住宅距离都在200～400 m半径的覆盖地内，方便居民步行出行。

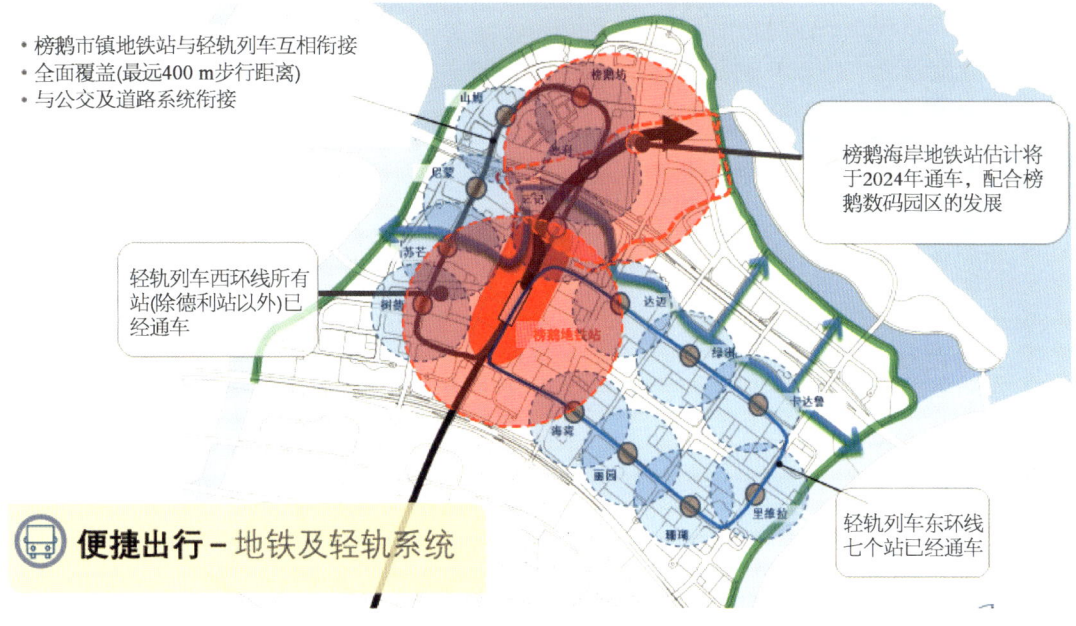

图6　地铁及轻轨系统网络示意图

除此之外，镇内也有一套自行车网络和相对的设备，以便鼓励居民选择较环保并活跃的生活方式（图7）。自行车网络与榜鹅水道两岸的滨水步道和公园环道衔接，居民可以沿着镇中央的公园或榜鹅历史径道和步行网络直接走到海岸，也可以轻便地骑自行车或步行到镇内不同的休闲设施（图8、图9）。

图7　自行车道网络示意图

059

图8 充满绿意的榜鹅

图9 充满绿意的榜鹅

有层次性的结构能够让市镇内的设施显得有秩序及井井有条。例如在公园的规划方面,我们有市镇公园、小区公园、邻里园景等(图10)。商业用地的规划也同样体现了有层次性的结构,比如市镇中心的商业设施会比小区的大些。

图10 公园——市镇公园、小区公园及邻里园景

在每个镇内，高层住宅项目之间散布着底层项目，例如学校、公园和社区建筑。我们以此"棋盘式"概念来引导个别市镇的规划蓝图（图11）。建筑物以高低楼相辅相成，有助提供视觉和空间上的缓解，创造一个多姿多彩的宜居市镇。

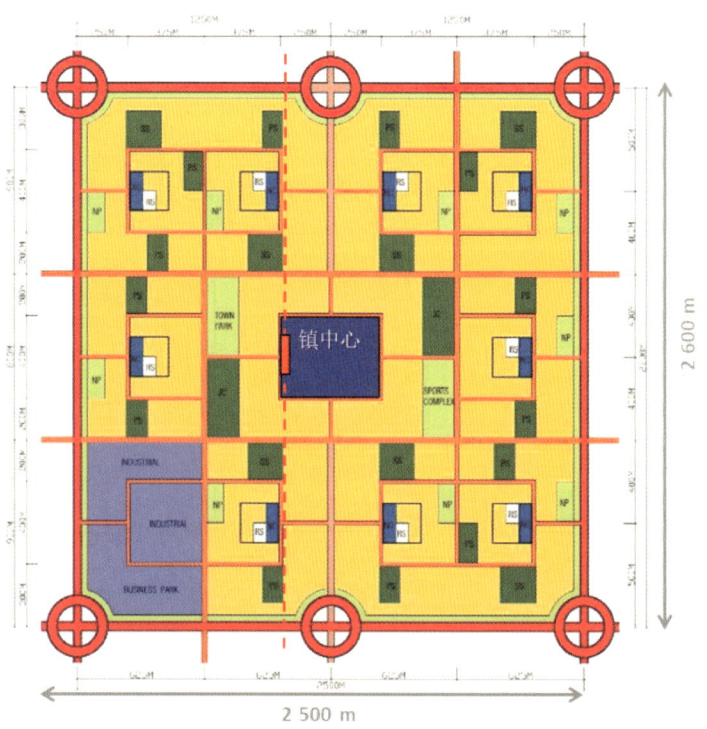

图11 "棋盘式"的土地使用概念

不同层次的规划也有可持续性的发展架构，榜鹅作为生态城，2010年创建了可持续性的发展框架，主要探讨环境、社会和经济方面的内容，这个可持续性的发展框架提供了10个需要达到的目标（图12）。

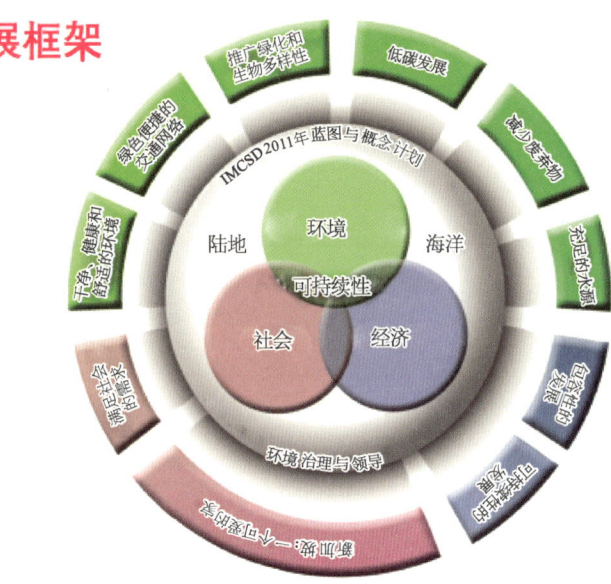

图12　可持续发展框架战略指标

除了规划新镇外，建屋局还有各样的组屋区更新计划。更新旧组屋区的目的是提升居住环境及设施，以满足居民的需求、维持家庭与社区的凝聚力、保持旧组屋区的实用性和可持续宜居性，以注入新活力及媲美新镇。例如在选择性整体重建计划下，建屋局会为受计划影响的居民提供替代房屋，让他们搬进新房屋后，才把旧的房屋拆掉重建高密度的住宅，充分利用有限的土地。另外，市镇中心更新计划使镇中心更加有生气活力。20世纪90年代之前设计的组屋，由于资金有限，电梯只直达某些层楼。由于人口老化，政府推行了电梯翻新计划，确保每一层的居民能乘坐直达电梯上下，方便居民上下楼。这些项目，政府负担大部分的费用，居民和市镇理事会各支付少许费用。近几年来推行的"组屋更新计划"（图13）及"再创我们的家园"计划也为旧组屋和不同的市镇注入新的生命。

图13　组屋区更新计划

这一系列成功的因素有好几点：第一点是不只有政府在财政上给予建屋局强力支持，在政策措施和与各政府机构协调方面也都有很大的支持；第二点是一开始推出的"居者有其屋计划"，鼓励人民拥有自己的组屋，建立归属感，能安居乐业；第三点是要以全面和前瞻性的方式规划市镇；第四点是通过各项翻新计划，我们能够应对日益变化的需求和期望，不断地更新居民的居住环境，创造可持续性的家园。

创新的瑞士地下物流系统

丹尼尔·维纳（Daniel Wiener）
瑞士ECOS可持续发展智库董事会主席
全球基础设施巴塞尔基金会创始人、总裁

可持续和有弹性的基础设施是减少人类活动对环境和社会威胁的关键因素。瑞士地下物流（Cargo Sous Terrain，CST）系统采用SuRe可持续基础设施评估标准。在设计阶段，首先会提出问题进行交流，互相提问，每一个提出的问题需要有相应的人来回答并且提出解决方案，再来比较方案的可行性以及优缺点，以及是否符合我们的基本要求，这样的体系非常系统化，可以纠正一些问题。Sure标准能够有效推进工作，同时可以评估最初的设计是否符合标准，是否符合既定可持续和有弹性的目标。

1. 创新的CST系统

（1）CST系统发展背景

不断增长的城市人口和经济规模在创造财富的同时，也引发了一系列的负面问题，例如交通拥堵、空气污染等。智慧城市的建设重点之一是交通流量的合理组织，进而提升社会生产力，这是建设CST系统的初衷。CST系统在满足以上需求的同时，能够更高效地组织物流活动，因此能够进一步提升城市居民的生活质量。CST系统是欧洲技术最先进的地下物流系统，能够更好地促进经济发展，满足人们不断提升生活质量的需求。欧洲建设CST系统时使用私人资金，它由用户和市场参与者共同开发，且由私营部门提供资金。因此，CST系统的基础设施建设在经济上需要有一定的回报性和可生存性，这一点在CST项目的设计中至关重要。

CST系统也考虑到全球有更多的城市需要智慧城市的解决方案，包括中国超过一千万人口的大城市，如上海、北京、深圳、广州等。尤其是面对不断增长的城市人口，CST系统提供的解决方案也可提供改革的新思路，促进城市发展（图1）。

（2）CST系统介绍

总体而言，CST系统（图2）是一个可以减轻交通网络和环境负担的、具有科技颠覆性的物流系统。为满足日益增长的经济需求，我们选择扩充城市的交通网络容量，但无论扩充的规模如何，总会在一定的时间内存在某些路段交通拥堵问题。而CST系统为货物运输提供了另一种选择：该系统是全自动的地下运输系统，能够避免交通拥堵，将货物可靠地转移到目的地。CST系统的第一阶段计划于2030年投入运营，后续将扩展建立一个覆盖全瑞士的网络。

具体而言，第一阶段将瑞士哈金根物流中心与苏黎世郊区连接起来，包括几个位于关键战略位置的车站。物流中心可以一周7天，每天24小时从地下运输系统收集和运输运货托盘和集装箱。地下物流使用100%的可再生能源，每个物流中心的太阳能电池板可满足用电总需求。在6 m宽的隧道内，无人运输车搭载货物以30 km/h的恒定速度行驶，实现自动运输；无人运输车通过轨道可以连接到其他运输单元并

---

1 本文摘自作者在"全球城市地下空间开发利用上海峰会暨2019第七届中国（上海）地下空间开发大会"上的演讲。

进出交通流，不影响任何其他运输单元运行。隧道的下部空间放置电缆和管道，而隧道上部空间装载高架输送机系统，并以两倍的速度运输小型运输单位。

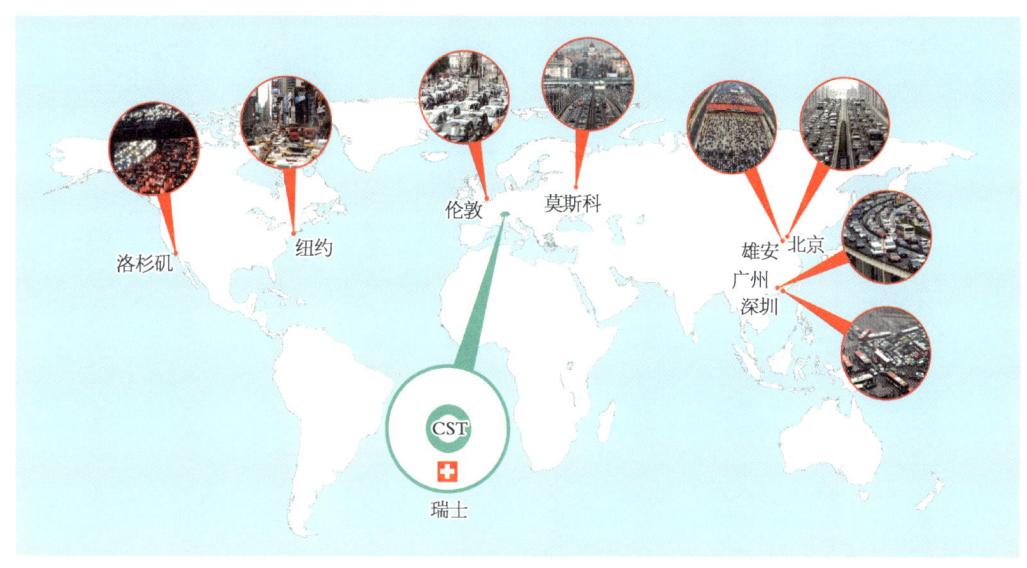

图1　智慧城市的全球需求

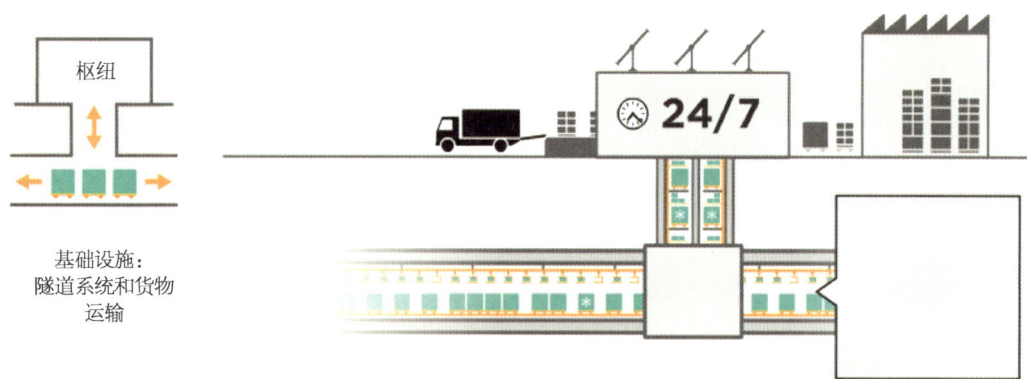

> 系统全天候工作
> 在枢纽处的全自动处理和转运
> 货物的预先分类是有效的地方分销的基础

图2　CST系统

城市当地的交通高效运行需要智能化的城市物流。目前分散的物流组织意味着大部分货物是由个别公司送出，通常需要额外的行程来收集货物和回收容器。地下物流系统保证了货物在城市内的高效协调分配，货物可以根据其具体目的地进行分拣和装车。同时结合恒定的运输速度，可保证货物的到达时间，实现无缝的本地配送。未来无人运输车将遵循优化的路线和时间表运营，实现环境友好的目标。小型运输单位将实现持续运送，同时将逆向物流纳入路线。重型卡车将避免进入城市内部交通，以减轻道路网络负担，减少环境污染。城市物流可逐步形成一个从源头到目的地的可持续的综合物流系统。

CST计划得到了政策的支持，我们在货运服务方面和智能化方面经过多方探讨，比较了不同方案，推进方案进一步优化，最后采取了最佳策略。

图3简单介绍了CST系统是如何运作的，现有方案中设置多个物流中心，物流中心可与不同运输方式进行接驳，包括航空、水运、公路、铁路等，根据用户的不同需求来选择运输方式，可使运输变得更加高效。

CST系统的配送中心可以一天24小时持续运营，具有高度自动化水平，可服务整个城市的智慧物流运输。CST配送中心可以非常精确地将货物运送到商铺，整个运输的过程无缝连接，可以极大减少能源的消耗，同时可以对一些能源进行重新收集和再次利用。基于瑞士及周边城市国家的调研，CST配送中心可以将整个城市范围内的运输效率提升30%，尾气和噪声的排放可以减少约50%（图4）。

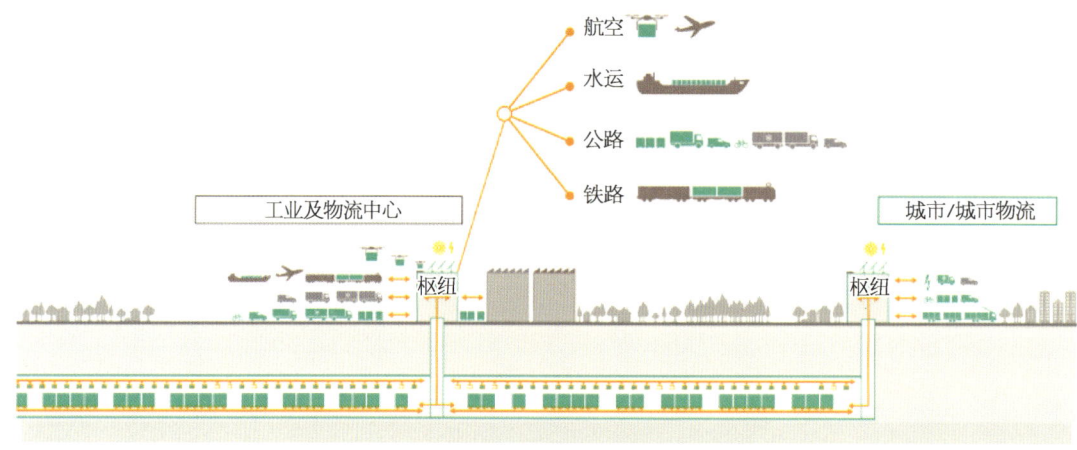

图3　CST物流中心

› 高效的本地货物配送
› 废物处理、回收
› 将城市中的送货车辆减少30%，尾气和噪声排放减少50%

图4　CST末端配送

（3）CST系统的建设及运营

现阶段CST系统的重点工作是打通各个部门，有主次之分地将研发部门、市场部门、IT部门、能源管理部门连接起来，有步骤有重点地推进CST项目规划。同时希望能够最终解决最后一公里的运送难题，使得整个物流系统和部分流程都得到优化，达到最佳的效率。CST系统不仅不会对地面交通运输造成影响，同时也可以分担大量运输压力。在落地执行过程中，CST系统会和客户保持持续沟通，进行后续维护（图5）。

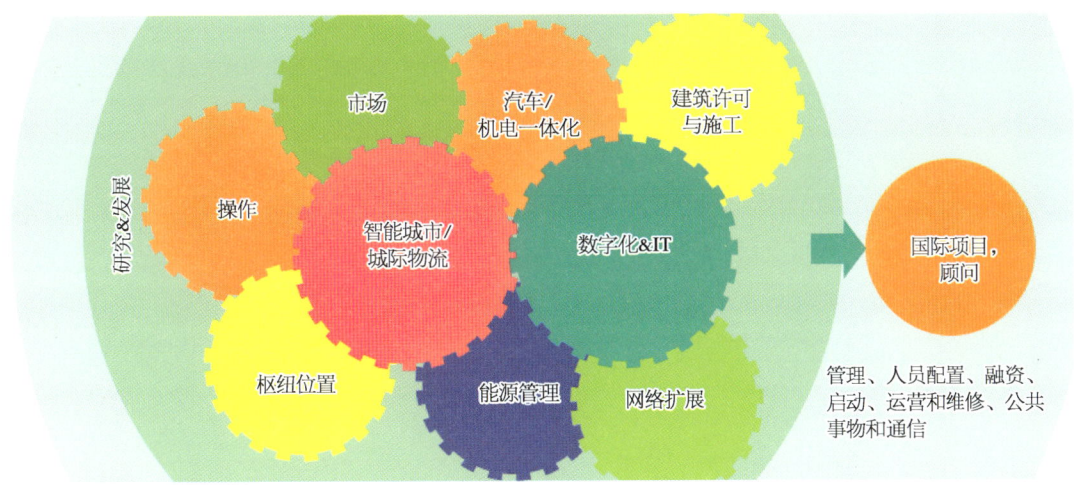

图5 CST部门组成

CST系统发展愿景不仅仅局限于货物运输。例如能源回收方面,CST可将过程中所节省的能源进行收集,应用到其他领域来支持可持续发展。若发现其他领域需要电力能源,我们可以将CST系统收集起来的能源进行及时输送,而且可以进行重复利用。CST系统将来可以循环利用能源,增加系统附加价值。

CST系统和中国政府也有良好的合作,它是一个国际化的系统。这个系统的主要特色是智能平台,平台可使系统内完全自动化互联互通,可实现每个包裹的状态监测,并且使整个流程可追溯。也就是说,从运输的一开始,整个过程都可以清楚地显示在数据平台上,实现实时操控,大数据的平台能够帮助我们进一步进行风险控制,现有的基础设施当中缺乏管理的部分也可以以此弥补。因为大部分的基础设施是24小时持续工作,所以维护的工作非常重要,只有能够进行不间断的自动化维护才可以实现良好的风险控制,因此我们也希望能够把客户的系统变成一个智能的、可以进行自我管理的物流系统。每天我们都会收到用户反馈,这些反馈如果能够及时结合我们的物流运输数据,就可以对系统进行实时修正。

CST系统采用了物联网的概念,每个包裹上面放置一个二维码或智能标签。此外可以提供一些定制化服务,比如在整个运输过程中对一些生鲜食品进行温度控制。同时基于动态定价系统,系统可做到价格变动以及预定发货,实现动态定价,并解决预定定价问题。系统还可提供可预测的物流配送服务,如预测明天天气可能下雨,运送服务将推迟几小时。CST整套系统均有完整的专利,我们可以根据不同地区的国家和要求来获得相应的证书。

2. 采用SuRe可持续基础设施评估标准对CST项目进行评价和优化

将地下物流系统纳入现有的基础设施当中,将遇到诸多挑战。基于联合国的可持续性发展目标,在经济增长方面,全球不同城市存在较大的不平等,并且叠加了气候变化等因素,使得某些城市间的差距很难弥补。因此,我们需要建造可持续且富有弹性的基础设施来减少后续的问题。ECOS经常会在全球范围内开展与全球化议题相关的可持续发展和环境变化的会议,会议通常将纳入一些新的话题,例如如何创新基础设施,如何进一步提高智能化水平等。巴塞尔基金会主席也大力支持这一点,并且带领了相关人员制定了明确的标准,提出了可持续性和弹性的概念,并吸引投资者来参与CST项目。可持续和有弹性的基础设施是减少人类活动对环境和社会威胁的关键因素,我们需要加快对可持续和有弹性的基础设施的投资。

SuRe可持续基础设施评估标准包括:土地使用与景观、自然资源、环境保护、生物多样性和生态系统、气候、经济发展、社区影响、客户满意度、兼容并包、劳工权利和工作条件、人权、管理和监督、可持续发展和弹性管理、利益相关者参与、反腐败和透明度等指标。可持续基础设施评估标准是我们在设计阶段做的一些工作。基于上面制定的一些制度，在设计阶段我们首先会提出问题进行交流，互相提问，每一个提出的问题需要有相应的人来回答并且提出解决方案，再来比较方案的可行性及优缺点，以及是不是符合我们的基本要求，这样的体系非常系统化，可以纠正一些问题。比如标准中包括土地资源的利用、地上地下空间的管理、对于气候变化的应对、对于社区居民生活的影响，还有施工过程当中工作情况的描述是否符合长远的预期，甚至有些反垄断的条约。标准能够有效推进工作，同时可以评估最初的设计是否符合标准，是否符合既定目标。

图6是基于SuRe可持续和弹性基础设施标准，使用GIB可持续性和弹性验证工具验证CST项目的结果。

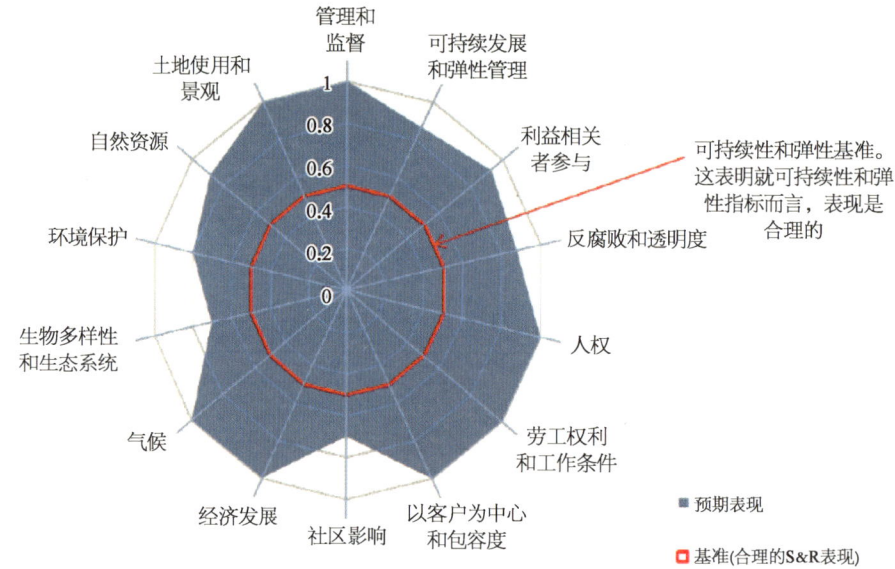

图6　SuRe可持续和弹性基础设施标准

3. 关于全球基础设施巴塞尔基金会

全球基础设施巴塞尔基金会设于瑞士巴塞尔，致力于通过可持续的基础设施设计和全球融资来促进可持续和弹性的基础设施建设，包括最终标准的制定及框架的制定，实现全球化合作。对于CST而言，巴塞尔基金会是一个非常好的框架以及组织体系，能够帮助CST研究可持续和弹性发展，为其他后续建设提供一些参考作用。现阶段，中国同样拥有优质的基础设施，期待CST项目可以实现更优质、更加可持续、更有弹性的发展。

巴塞尔基金会在资金的投入、产出以及风险方面均有非常完善的运作体系。巴塞尔基金会基于过去提出的倡议、法律和政策框架，以自然环境为最终的引导点，构建更好的未来环境，期望未来可以加快形成可持续、弹性的基础设施投资体系。欢迎加入巴塞尔基金会，与我们一同发展。

全地下式生活垃圾转运与
处置设施方面实践与展望

王艳明
上海市政工程设计研究总院（集团）有限公司副总工程师

1. 我国城市生活垃圾转运处置设施现状分析

随着生活水平提高和经济发展，城市垃圾目前逐渐以焚烧、资源化，以及堆肥多元化的方式处理。近20多年随着环保意识的加强，环卫设施、环境友好及建设标准有很大的飞跃。总体而言，国内生活垃圾处理主要还是以焚烧、填埋多元化组合方式为主。填埋方式约占57%，焚烧量比例呈逐年上升，约占40%，其他方式占3%左右（图1）。

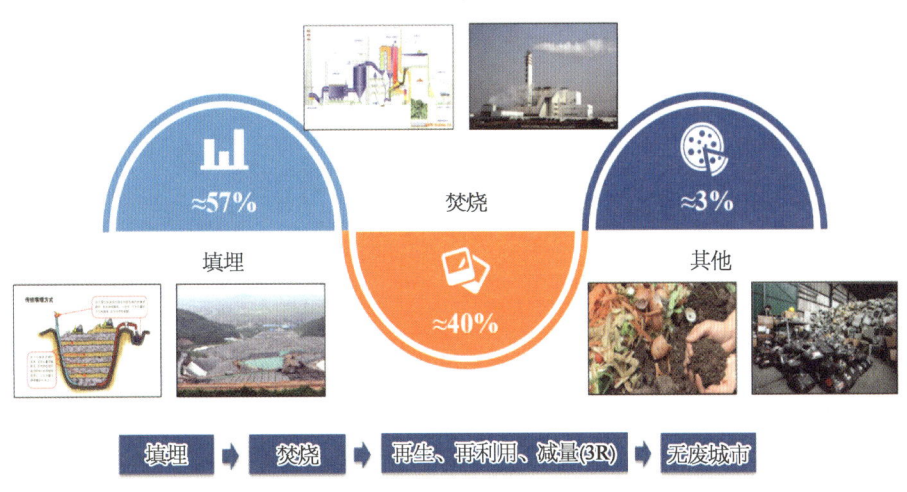

图1 生活垃圾处置

由于国内发展不平衡，各个地区垃圾处理方式差异很大。沿海发达城市如上海，土地资源宝贵，经济条件相对较好，生活垃圾焚烧处置所占比重可达80%左右。西部落后地区以垃圾填埋为主、焚烧为辅。

2. 城市生活垃圾转运处置设施存在的问题

在我们生活的城市中，常会遇到垃圾收集车辆从身边经过，大家不怎么喜欢。虽然生活垃圾设施是每个人必需的，但是每个人都不希望设置在自家的周边。

垃圾中转和生活垃圾处置一样，发展路径轨迹差不多。20世纪80年代一些大城市已经出现了封闭式压缩转运方式，初期转运规模比较小，难以满足特大型城市生活垃圾转运需求。在2000年左右，上海率

---

1 本文摘自作者在"全球城市地下空间开发利用上海峰会暨2019第七届中国（上海）地下空间开发大会"上的演讲。

先开始采用这种特大型垃圾转运方式。特大型垃圾转运方式基本上都是由垃圾压缩和集装箱转运,满足长距离大规模转运,大型垃圾转运站都是上千吨级。上海垃圾转运系统利用水运,通过大型垃圾集装箱转运,运到距市中心大概30～40 km以外处置基地。其效率非常高,而且具有优越的经济性,一些后发城市由此借鉴经验。我国固体废物处理量逐年增加,近年来平均增长率在6%左右,转运方式也由开放式发展到完全封闭式压缩。但一些城市转运处置能力不足,旧设施需更新,城市环境也需改善。

3. 成功案例

生活垃圾邻避效应非常明显,环卫设施落地非常困难。借鉴国际成功案例,看看他们如何解决此类问题。

法国Issy-Ies-Moulineaux垃圾焚烧厂,位于巴黎西南部,靠近塞纳河和埃菲尔铁塔,距离微软研发中心只有一堵墙,绿化率不小于50%,垃圾运输依靠内河和铁路运输。其特点在于:地下排放低于欧盟标准。它把所有焚烧设施建在地面以下,地面部分是办公楼和公园,从视觉上已经有一些亲民了。它制定严格的排放标准,受到当地老百姓和各方面支持,这是一个比较成功的案例。建筑造型设计也显得比较独特,当地人比较支持这个项目,认为它是一座图书馆,不把它看作是一座垃圾焚烧发电厂(图2)。

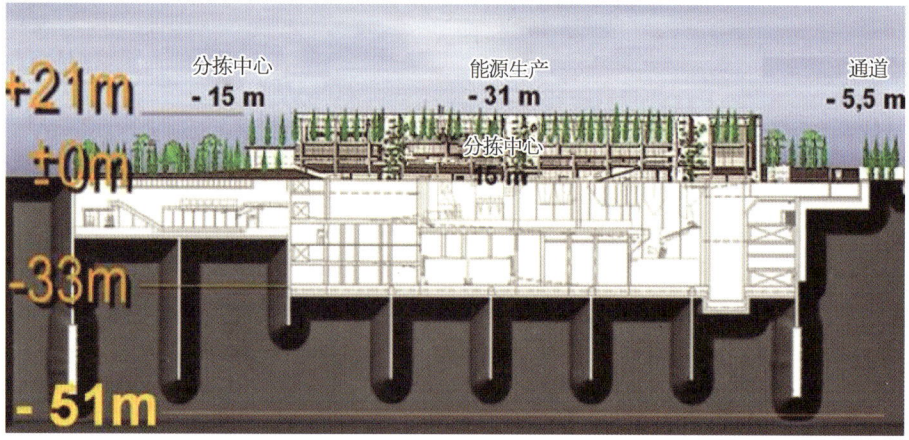

图2　法国垃圾焚烧厂

丹麦阿玛格巴克克垃圾焚烧厂，位于哥本哈根东部，靠近俄勒逊，交通主要依靠公路运输和海运，屋顶建有1 500 m滑雪场，特点是资源共享与绿色。利用建筑屋顶建造了一个滑雪场，而且景观设计极佳。由于滑雪场给当地旅游等方面带来一定机遇，这个项目被美国《时代》杂志评为2011年50项最优工程项目设计之一。这个成功案例之处在于能够跟周边居民有机共享，也得到周边居民的支持（图3）。

图3　丹麦阿玛格巴克克垃圾焚烧厂

韩国东门环境资源中心，位于首尔市中心，毗邻东大门区区政府，地面是城市公园，交通依靠公路运输，特点是垃圾处理设施全部位于地下，包括垃圾的转运与有机垃圾处理的设施。地下工艺设施部分集约化布置，节约用地。它的地面以上设计成开放性公园，结合地铁线布置，出行也比较方便，有效解决"不在我家后院"问题（图4）。

国内也在探索此类项目。福州大丰垃圾压缩转运站，位于福州市鼓楼区，地面为城市绿地，交通依靠公路运输，特色是地下换乘及地面公园，地下为垃圾物流中心，所有转运和车流都在地下，为国内第一座全地下式的垃圾转运设施，是一个比较成功的案例（图5）。

4. 城市生活垃圾地下转运处置设施的实践

垃圾转运对于上海这种特大型城市，其重要性不言而喻，地下埋有设施部分，地面作为景观，会让老百姓感到亲近。即便如此，上海老百姓对于环境和生活质量的要求还在不断地提高，高标准建设、高

图4 韩国东门环境资源中心

图5 中国福州大丰垃圾压缩转运站

标准营运的地面式和半地下式设施满足不了大家对于环境和质量的需求，必须向全地下式发展。如图6中的长宁区地面式垃圾转运站，其规模特别大，转运能力可达3 000 t/天。

总结国内外案例经验，有一些共通的设计准则。在建筑设计上，去工业化建筑，满足百姓、政府需求的地下环卫设施，不仅要有现代的理念，而且要有一定的文化元素，富有生命力。在工艺的设计上，生态环保、环境友好型、集约化布置，环保是底线，尽可能做到生态友好，以人为本，少占用空间。在景观设计上，遵循开放、共享、和谐。

针对环卫设施特点，有三点影响因素很重要：垃圾车物流、景观设计和立面设计。其中，垃圾车物流不同于车站物流，它的物流主要是空载和满载垃圾车辆物流。物流分析很重要，出入口设置也很重要（图7）。在设计手段上运用BIM技术可实现三维动态浏览，便于建设方、管理部门和相关方进行交流以获得最优方案。

图6 中国上海各区垃圾转运处置设施

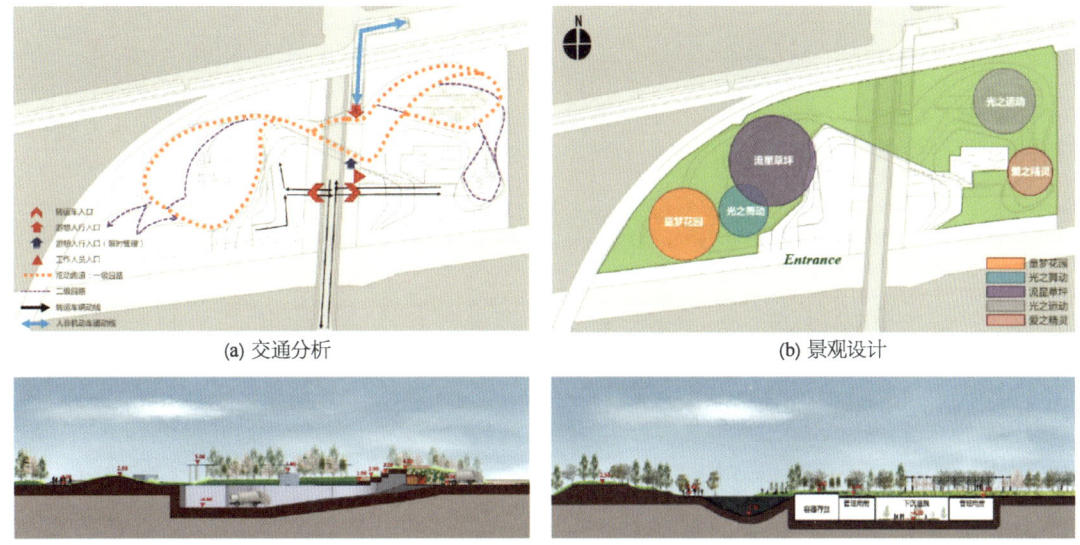

图7 影响因素

5. 未来展望

随着老百姓的环保意识增强,垃圾分类政策的实施、无废城市的建设将会深入推进,地下式转运设施将由地面公园、严格的排放标准、地下处置设施相结合发展。对于新建的全地下环卫设施,执行的标准非常高,在物流对周边影响以及消防、除臭方面有更高的要求。另外,需要重视地面层的景观和周边环境协调的整体规划。

对于高档住宅区、商务中心、行政中心,还有大型场馆采用综合管道系统,并结合综合管廊统一布置。随着无废城市和高标准建设、高质量要求的落实,未来气动管道废物收集系统、地下转运和处置设施有很大推广空间。

结合垃圾分类和无废城市建设,每个城市都在实施两网融合——环卫、传统回收物流相结合,传统设施已经满足不了新的问题。比如有机垃圾的处理是个新问题,同时对于大型地下物流回收和后续产业链都提出了一些新的需求。

第四章

Chapter 04

城市地下空间与开发利用

Urban Underground Space and Its Development and Utilization

全球城市地下空间开发利用进程与 ACUUS 关于全球城市可持续发展战略构想的演变[1]

季米特里斯·卡利安帕科斯（Dimitris Kaliampakos）
国际地下空间联合研究中心主席

全球可持续战略愿景的演变，同时也给大家带来运用中的、在城市空间开发基础上的演变。国际地下空间联合研究中心（Associated Research Centers for the Urban Underground Space，ACUUS）是国际化的组织，在加拿大创立，愿景是更有效、更有系统性地利用地下空间。

ACUUS 实质是一个国际智库，"地下化"的核心理念——系统性地利用地下空间是一种解决办法，也许是最后一种办法，它可以提高现代城市的生活质量和竞争力。ACUUS 是一个国际中心，包括岩土工程工程师、土地利用规划师、决策者、非政府组织聚集的国际中心，目的是设计一个更美好的未来，特别是为城市设计一个更美好的未来。ACUUS 支持充分利用地下空间的土地利用综合规划，但目前的政策仍然忽视这一点。我们都知道，没有地下，地表就无法持续，反之亦然。

从 1983 年的悉尼开始，秉持开放思维，ACUUS 还在欧洲、亚洲、北美洲和南美洲地区召开国际会议（表 1）。

表 1　ACUUS 历届国际会议

届 数	年 份	地 点	会 议 议 题
1	1983	悉尼（澳大利亚）	具有防护功能的节能建筑
2	1986	明尼阿波利斯（美国）	岩土工程设计进展（土工掩体）
3	1988	上海（中国）	地下空间利用的新发展
4	1991	东京（日本）	城市地下空间利用
5	1992	代尔夫特（新西兰）	地下空间和地下防护结构
6	1995	巴黎（法国）	地下空间与地下规划
7	1997	蒙特利尔（加拿大）	地下空间：未来的室内城市
8	1999	西安（中国）	世纪之交的议程与展望
9	2002	都灵（意大利）	地下空间：城市的资源
10	2005	莫斯科（俄罗斯）	地下空间：经济与环境
11	2007	雅典（希腊）	地下空间：扩展边界

1　摘自作者在"全球城市地下空间开发利用上海峰会暨 2019 第七届中国（上海）地下空间开发大会"上的演讲。

(续表)

届数	年份	地点	会议议题
12	2009	深圳（中国）	利用城市地下空间：构建和谐可持续的城市环境
13	2012	新加坡	地下空间开发——机遇与挑战
14	2014	首尔（韩国）	地下空间：规划、管理和设计挑战
15	2016	圣彼得堡（俄罗斯）	地下城市化是可持续发展的前提
16	2018	香港（中国）	紧凑型大城市的集成地下解决方案
17	2020	赫尔辛基（芬兰）	深刻的启示

ACUUS核心思想的演变：我们不再关注地下与地表的对比，而是采取了更为全面的方法。ACUUS始终关注时代的重大问题。它的主要优势来自它总是能及时应对世界城市地区的重要挑战。2014年的首尔峰会，ACUUS跟随全球最新的思考和想法，关注全球主要的特大城市中出现严重的环境问题（表2）。环境变化和城市的开发过程进展都是息息相关的。

表2 特大城市中主要环境问题

环境挑战	受访者提及的比例
空气污染	26%
交通问题	15%
一般污染	14%
废物污染	13%
固体废物	9%

对于特大城市，严重的交通拥堵问题会导致城市空气污染和生活质量下降的问题，也会给人们经济生活带来非常高昂的成本，较高的经济成本也是直接问题所导致的。根据过去所出现的严重交通拥堵问题，英国工业联合会（CBI）估计，英国每年的交通拥堵造成的损失为200亿英镑。地下轨道交通系统是唯一可行的解决方案，有超过11 000 km的地铁线路已经投入运营，为全球150个城市提供有价值的服务；目前有超过1 000 km的地铁隧道在建。比如上海的轨道交通网络让人印象深刻，已成为世界第四大地铁系统，年运送25亿人次。

2016年ACUUS峰会在圣彼得堡（图1）举办，圣彼得堡被誉为"北方威尼斯"，自然风光非常优美，历史悠久，是一座城市博物馆，因此做好城市规划同时建筑环境的保护至关重要。如果不熟悉地下空间利用是没有办法更好地进行地上空间和地下空间集成建设的。

在城市拥堵及对于地下空间利用不熟悉等问题的基础上，圣彼得堡花园城市也出现了气候恶劣、购买需求不断攀升的问题。任何一个城市都是一个巨大的废物产生者，如表3中的数据，一个拥有1 000万居民的特大城市每天产生6 000～14 000 t垃圾。全球城市每年产生的城市垃圾总量接近每天20亿t，同时也会导致我们环境出现问题以及公共设施建设出现问题。运用自动真空压缩技术和管道组成的收集系统（图2），可以在历史古城应用（图3），如自动真空收集系统在西班牙帕尔马城这样的古城中运用。

图1　圣彼得堡

表3　不同城市每天的垃圾产生量

城　市	人　口	城市垃圾量
高收入发达国家城市	1亿	每天约140万吨（人均1.4 kg/d）
平均收入发展中国家城市	3亿（约30%的城市人口生活在棚户区）	每天约240万吨（人均0.8 kg/d）
低收入发展中国家城市	2.4亿（约65%的城市人口生活在棚户区）	每天约140万吨（人均0.6 kg/d）

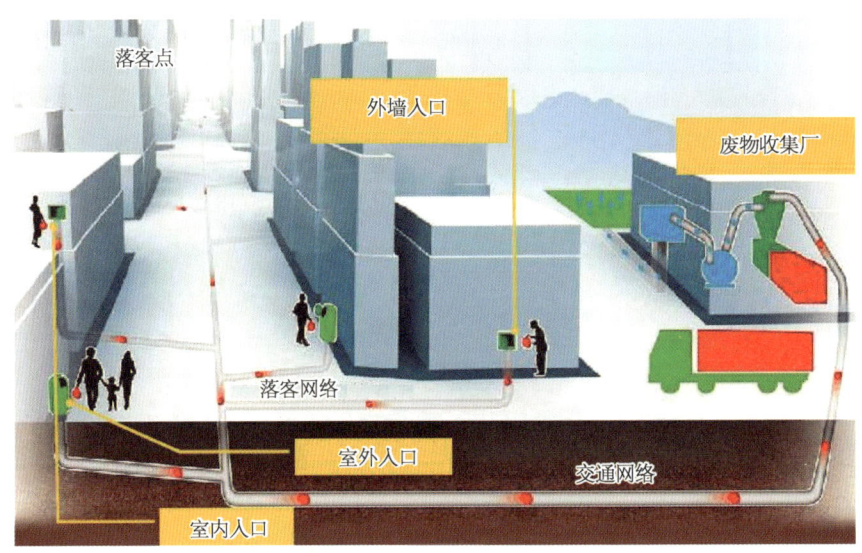

图2　自动真空收集系统

自动真空收集系统和能源系统更好地结合起来，这样集成的真空垃圾收集系统和能源系统能更好地为城市居民提供更好的公共设施，也能保护环境降低污染的可能性（图4）。作为践行《新城市议程》的一部分，ACUUS也想为全体世界公民提供基本服务。

气候变化是不可避免的问题。图5是2016年在美国首都拍到的，可以看到图中有些设施有很多积水没有被排放出去。这是由于最初设计的时候就没有做好防水，由于气候的变化导致洪水的增发而使得一些积水产生。这是后面修缮当中比较难以解决的事情，因为海平面正在不断上升，很多沿海城市因为经济发达所以实际居住了很多人，那么当地的基础设施需要根据时代发展进行不断迭代，才能够防止海平面上升而淹没这些城市。

图3　帕尔马城

图4　自动真空收集系统和能源系统

图5　积水

20多年前,由于气候变化导致了海平面的升高,日本东京建造了一个具有多功能的隧道系统。同样在马来西亚也是如此,图6可以看到其结构图,有无暴风雨、多数暴风雨和大暴风雨三种不同模式,根据紧急情况的灾难程度让它切换不同模式,所以是非常智能的。我们在设计峰会上谈到未来的设计理念一定是通过设计来解决全球性社会问题,并且纳入地下空间的开发和设计。

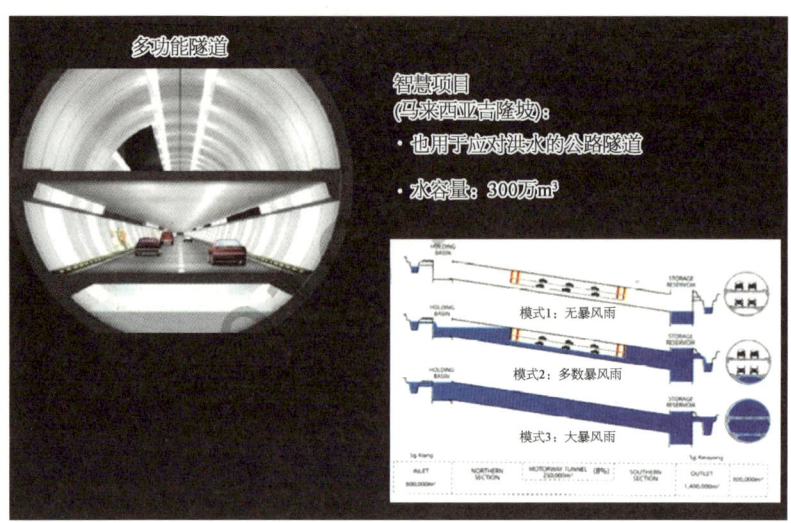

图6　多功能隧道系统

城市地铁每年都会运输乘客超过70亿人次,地铁站拥挤是各大城市都存在的现实问题。地铁车站设计的新趋势随着情况的变化,需要对所有的法规和标准做出一些调整,如图7斯德哥尔摩的地铁设计,因为历史上地质情况也许是适宜这种设计的,但是随着地质情况的变化随时需要做出一些调整,需要有一个灵活的策略应用到整个公共交通设施的设计当中。

图7　斯德哥尔摩的地铁设计

站点设计是一个非常现代化的多元设计,很有创意,将一个平凡的地铁站变成一个网红打卡点,或者当成一个音乐演奏的场地,很多的歌唱艺人在这里举行活动,相似的场景还有很多(图8)。地下空间可以作为现代公共空间的新兴意义。

图8 艺人在地铁站演奏

2018年ACUUS在中国香港举办了一个世界的论坛，关于地下空间的集约化设计，如何把新兴科技应用到未来的地下空间设计，比如上海地铁用刷脸支付宝付款提高通行的效率。地下的智慧城市建设是一个热门的概念，如监测不同地区的空气质量变化、侦测热度的分配、分析人流的动向来实时调度相应的通风系统和温度设备（图9）。

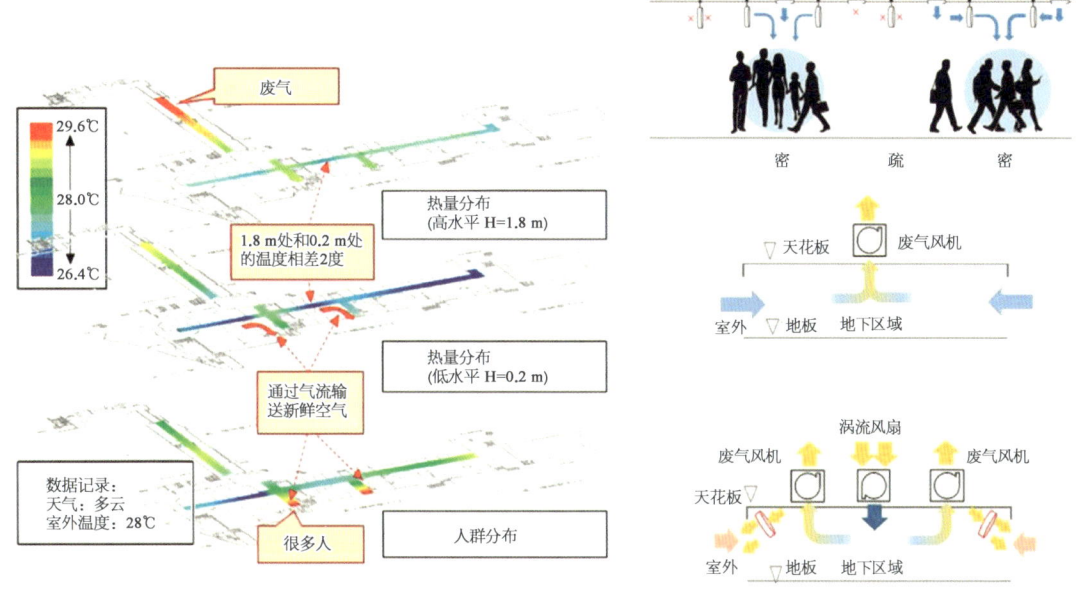

图9 地下智慧空间

在21世纪，城市尤其是特大城市只有重视地下空间的利用和开发才能真正地实现可持续发展。作为行业先行者，ACUUS认为自己有责任带领大众一起推进可持续发展，只有进一步提升各项地下空间发展技术，才能从安全和经济的方面提升我们整个社会的福祉。

城市地下空间建设《上海宣言》

雅克·贝斯纳（Jacques Besner）
国际地下空间联合研究中心联合创始人、总经理

全球城市的发展进程不同，但其发展规律却具有相似性。目前中国城市地下空间建设中所遇到的问题，是一些发达国家城市建设中曾经遇到的问题，也是未来其他发展中国家即将面临的问题。在2019年10月"全球城市地下空间开发利用上海峰会"上提出的地下空间建设《上海宣言》，是针对新时期全球城市发展问题提出的纲领性文件。地下空间建设《上海宣言》在总结全球地下空间开发利用优秀实践和经验基础上，侧重从城市可持续发展、提高城市韧性的角度提出开发利用地下空间的科学理念。

1. 从1991年《东京宣言》到2019年《上海宣言》

30年来，世界发生了巨大的变化，科技和怎样规划城市的方式也发生了变化。我们必须创新和合作，重新思考和设计我们使用地下空间的方式，以克服对城市空间和设施日益增加的压力。必须打破成规、改善合作，以确保我们找到解决迅速城市化和环境变化带来的日益增长的挑战的办法。

世界城市日是一个讨论城市化，包括地下空间，如何实现全球可持续发展的机会，特别是在上海2010年世博会的主题"城市，让生活更美好"和今年次主题"改变世界：改革创新，为子孙后代更好的生活"背景下，《上海宣言》是ACUUS与联合国人居署合作的第一步，也是执行与上海市签署的关于发布白皮书的新合作协议的重要声明。

建设更好的城市、改善生活，有3个"核心概念"支持这一宣言：

（1）绿色发展是城市地下空间对全球城市的重要贡献，通过释放更多的地表土地利用，在地下实施基本的城市服务。

（2）创新正在推动地下基础设施走向韧性和安全。

（3）在对话和协作平台内，城市决策者之间的联系是实现可持续转型的助推器。

2. 城市地下空间建设《上海宣言》

在城市地下空间对全球特大城市贡献被共同认可基础上，参加2019年FUUS大会的宣言签署人达成以下共识，并公开宣布以下6项声明为"上海宣言"。

（1）更好的土地利用

利用城市地下空间节约土地资源，提高土地利用效率；鼓励发展地下配套设施，储备宝贵的、不可逆转的城市地下空间资源，充分利用绿地下可利用的地下空间；将地下空间纳入混合用地模式，促进功能整合，提高设施运行效率；推进多学科规划设计协同，加大综合地下基础设施建设力度。

---

1 本文摘自作者在"全球城市地下空间开发利用上海峰会暨2019第七届中国（上海）地下空间开发大会"上的演讲。

（2）更好的连接性

利用地下空间缓解城市交通的压力：加强以地铁为骨干的城市交通体系建设；科学合理地建设地下道路，促进道路交通的健康利用；优化中心商务区立体交通枢纽规划设计，形成高效的交通等级网络；推进中心城市地下物流体系建设，平衡大城市港区和中心区基础设施服务，促进经济增长，应对互联网技术带动的新兴业务带来的货运增长的巨大压力。

（3）社会经济活力增强

改善地块步行连通性，增强城市地下商业活力：加强中心商务区地下步行系统的合理建设，鼓励集中使用设施互联互通；改善地下建筑的室内环境条件和建筑质量，建设有吸引力的商业和公共地下空间。

（4）更好的韧性

利用地下空间提高城市韧性及增强城市综合防灾能力：扩大地下基础设施容量，利用地下专用综合管廊，提高市政公用设施和生命线系统的维护效率和安全性；加强城市地下仓储建设，增强城市抗灾能力和战略防御能力；规划综合利用地下人防设施，并开始规划地下避难场所，提高城市综合防灾和应急疏散能力。

（5）更好的生态

利用城市地下空间保护城市生态环境提高土地价值：以地下快速路取代地上、高架高速路，改善地面景观和市民的步行环境；推进市政公用设施"地下化"，提高城市土地价值和绿地面积。

（6）更好的能源效率

减少环境污染，节约城市地下能源消耗：增加地下交通比例，减少地表汽车尾气排放，为地下道路隧道汽车尾气的收集和处理提供设施；鼓励地热泵利用地热能，降低能源消耗，减轻城市热岛效应对大气污染的影响。

利用地下空间，助力发展绿色建筑与绿色城市

钱七虎
中国工程院院士、陆军工程大学教授

1. 绿色发展的紧迫性

我们为什么要开发利用地下空间？我认为是由于地球正迫切地需要绿色发展，尤其是在资源和环境两个方面。我想谈一谈我们正面临的最紧迫的问题，也就是关系到人类生存命运的问题。

我们必须知道气候变化对人类具有多么大的破坏性。2018年联合国气候变化专门委员会发布了一个报告，称如果温室气体减排不利，北极的融冰将致使21世纪末海平面上升最少60 cm，比委员会2013年发布的报告高出10 cm。海平面的上升将导致全球2.8亿人流离失所，上海、纽约等大城市将面临灾难性的洪水。由于气温升高，全球的冰川退缩，山区的冰川在21世纪末将至少融化五分之一，阿尔卑斯山的冰川很可能会消失，北极20%的永冻土易受突然解冻的影响。由于气温升高，厄尔尼诺现象和拉尼娜现象导致全球气候变化极端异常，自然灾害频发。随着海洋吸收二氧化碳的增加，海水酸性越来越强，到21世纪末，海洋动物总量将减少13%，海洋渔业的捕获量将减少24%。这些都危及人类的生存空间，所以地下空间开发非常紧迫，也非常必要。

世界上的有识之士已经意识到这些风险，认为世界正在迎接绿色发展的时代。绿色发展时代的标志是什么呢？一些欧美国家，例如丹麦，要求在2030年停止使用燃料汽车。很多国家提出零碳排放，也就是实现碳排放为零的绿色建设和绿色城市。我国也发布了技术路线时间表和路线图，要求停止使用和销售化学燃料汽车，其中海南省是第一个发布的省份。

在中国，绿色发展思想已经成为习近平新时代中国特色社会主义思想的主要组成部分。大家能很明显地感觉到，自十八大以来，中央把生态文明建设和绿色发展提到了一个新的战略高度，绿色已成为中国国家建设发展的五大理念之一。同时，中国的绿色发展正在进入世界绿色发展的先进行列。举三个例子：第一，在联合国发布的世界新增绿色植被中中国占了四分之一，美国宇航局监测也显示中国是全球绿色增长的贡献者；第二，我国的可再生能源的开发，包括太阳能、风能等，已处于世界前列，中国是世界最大的太阳能电池板、风力涡轮机、电池和电动汽车的生产国、出口国和安装国；第三，我国清洁能源利用在全球清洁能源使用中占主要部分，例如自2015年，中国地源热泵装机容量、利用的热量就居世界第一，到2020年，我们地源热泵装机容量占全球总量50%左右。所以中国绿色发展正在进入世界绿色发展的先进行列，必将引领世界绿色发展。

2. 绿色建筑与绿色城市概念的理解

为什么绿色发展的重点在城市？联合国统计显示，人类碳排放中城市占了80%多，所以城市绿色建设非常重要。什么是绿色建设？简单来说就是环保，就是节约能源、土地、水、材料和保护环境。什么

---

1 本文摘自作者在"全球城市地下空间开发利用上海峰会暨2019第七届中国（上海）地下空间开发大会"上的演讲。

叫绿色城市呢？绿色城市一方面是指绿色建筑规模化的必然结果，另一方面要加上其他的城市要素。所以，简单地用一个公式来说，绿色城市就是绿色建设加上绿色城市基础设施，再加上绿色的城市自然环境，也就是蓝天、绿水、青山、净土，最后加上绿色的社会环境，包括极低的犯罪率、人与人的和谐关系等。建设绿色城市的最终目标是促进城市可持续发展，提高城市的宜居水平。

3. 地下空间在绿色城市发展中的重要作用

总体来说，地下空间的开发利用是发展绿色建设、绿色城市的一个主要途径和主要着力点。

（1）节约土地

绿色发展的紧迫性重点体现在资源的紧迫性上，而在中国，最重要的资源就是土地资源。中国节约土地的紧迫性和必要性体现在哪里呢？根据国务院的规定，中国的耕地红线是18亿亩，但是现有耕地是18.58亿亩，城市发展正面临无地可用的困境，所以要建设地下空间。

建设地下空间的潜力有多大？主要体现在两个方面：一个方面是紧密化和功能化已有建筑的土地，例如怎么建设小区的地下空间；另一方面是如何在绿地、公园、湖泊等没有建筑的地区下面建设地下空间。要把城市交通（地铁和轨道交通、地下快速路、越江和越海湾隧道等）转入地下，把其他一切可以转入地下的设施，特别是脏乱差、有毒的设施，例如停车场、污水处理厂、商场、餐饮等，尽可能地建于地下，提升土地利用效率，实现节约土地的要求。

据《中国城市地下空间发展蓝皮书（2018）》中的数据显示（图1），上海近五年地下空间开发增速有所降低，而深圳则实现了突破。蓝皮书中提到，2018年北京地下空间开发规模为9 600万 m^2，上海9 400万 m^2，深圳5 200万 m^2。但是刚才有专家在演讲中说上海如今已经突破1亿 m^2 了，深圳也已经达到6 000多万 m^2 了，说明近几年的增长速度是非常快的。所以，中国利用地下空间来节约土地的潜力是非常大的。

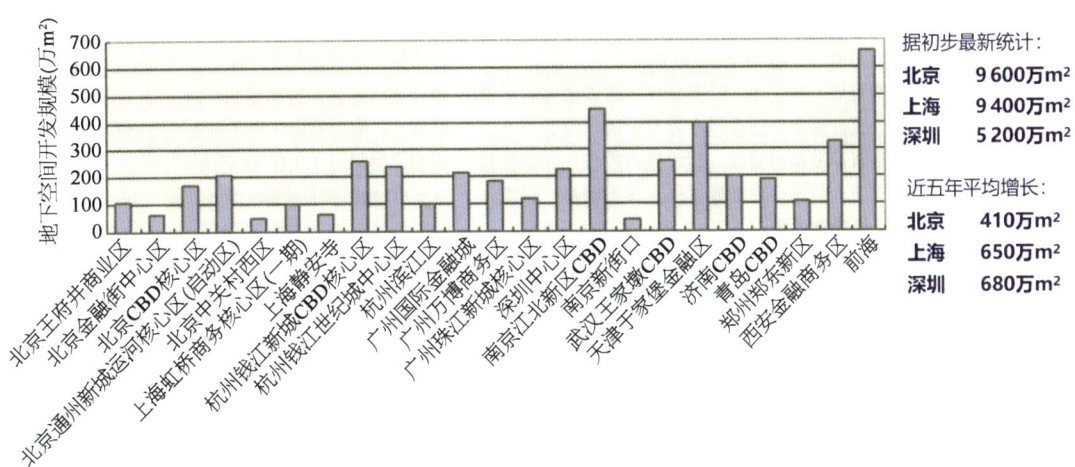

图1　中国部分重点城市片区地下空间开发规模

（2）利用地热能

从能源的角度而言，可以从多方面节约能源，这里主要跟大家介绍一下中国利用地热能的情况。地热能的利用主要分成三个方面：地温能、浅中层地热能和深层地热能。

第一，地温能。地温能指的是比地层中温度小于25℃的地层热能。地面上的温度会随着春夏秋冬四季变化而变化，但到达地下一定深度时，地下温度会保持在一个稳定值上，通俗来讲就是地下冬暖夏凉。

举一个上海自然博物馆的例子，上海自然博物馆利用地源热泵系统承担部分夏季冷负荷和冬季热负荷，夏季的土壤换热器最大换热负荷为1 639 kW，冬季为1 178 kW。此外，上海自然博物馆还采用了地下结构内埋管热交换系统，每年可节省111.7 t标准煤，减排CO_2 195.5 t。而博物馆的建设成本在近两年便可收回。

最新的一个例子是北京大兴国际机场的地源热泵工程，其中1号能源站已于今年8月份启用，标志着国内最大的多能互补地源热泵系统工程启动运作。该系统每年提取浅层地温能56.56万GJ，实现大兴机场250万m^2运营场地的供热和制冷，节约天然气1 735.69 m^3，相当于节约21 078 t标准煤，减少碳排放1.58万t以上。有了这两个例子，希望全球致力于地下空间开发的专家将来能够想到地源热泵系统，并将其作为节省能源的首选解决方案。

中国现在地源热泵的使用处于什么水平？2017年底我国地源热泵装机能量达到2万MW，也就是2 000万kW，比三峡水电站的发电量还要多，可以实现供暖（制冷）面积5亿m^2，利用地热能可折合1900多万t标准煤。从2015年起，我国地源热泵装机总量世界第一，2015年占全球比重为23.61%，2020年上升到50%。所以，中国的地下空间开发利用总体规模、水平都是居于世界前列的。

第二，浅中层地热能，即温泉。以河北省为例，2015年河北省地热资源开采量突破了1.1亿m^3，地热供暖面积达6 300万m^2。其中，雄县正在推广地热供暖模式，如今地热供暖面积已占城区集中供暖面积的85%，每年可减少CO_2排放量12万t。

第三，深层地热能，也就是干热岩。我国陆域干热岩资源量是856万亿t标准煤。青海共和盆地3 705 m深钻获得236℃的高温干热岩体，其干热岩质量非常高。此外，我国成功在陕西省实现了一个开发先例，也就是将干热岩用于供热的商业应用——长安信息大厦2013年共计3.8万m^2应用干热岩供热，效果良好。如果按照2%的可开采资源量计算，我国可开采量为17万亿t标准煤，相当于2016年全国能源消费量（43.6亿t）的近4 000倍。这意味着，中国如果成功开发干热岩，我们的能源将用之不尽。当然，目前我国还没有进行大规模开发，仍在加紧研究开发技术。因为传统的开发技术是由美国研发的，成本太高，另外，传统的开发方式为EGS技术，即深钻孔水裂干热岩技术，但EGS技术采热量有限，成本过高，因此现在专家正在研究采用其他技术途径。

（3）节水

节水的方法之一是利用雨水。上海世博会期间进行过统计，世博轴自来水日用量是2 000 m^3，但可利用雨水（绿色雨水）时段里，自来水日用量可减少近一半，自来水替代率约为40%～45%，所以雨水的利用量还是很大的。此外，西沙群岛上修建了可采集雨水达14万t的地下贮水工程，收集的雨水经技术处理，已达到了国家饮用水卫生标准，从而结束了吃水靠大陆船运的历史；北京每年6—9月份降水中，可利用的雨水为2.3亿m^3，相当于城区全年用水量的五分之一多。

另一种节水方法为利用中水。据统计，北京2010年再生水利用量达6.8亿m^3，占总用水量的19%，但利用率仅为60%，"十二五"期间将全市再生水利用提高到10亿m^3以上，即利用率提高到75%。天津自2002年正式启动中水管网建设以来，已铺设超400 km的中水管道，已建成再生水厂8座，全年中水回用2 500万t左右。我最近参观了成都天府污水处理厂（图2），发现其污水处理工艺比国际上的一些污水处理厂更先进。它已放弃传统工艺，而是采用生物降解工艺，进行封闭式处理，在厂内一点臭味也闻不到，同时通过渗透来分离水和泥，最后获得可再利用的水，也就是中水。

（4）绿色城市基础设施

绿色城市基础设施是建设绿色城市的重点。过去我们采用粗放的发展方式，注重"面子"工程，建设高层建筑、大广场、宽马路等，这种发展模式造成城市"里子"（城市地下基础设施）建设出现短板的恶果，"城市病"丛生。由于现在要实施绿色发展模式，所以建设城市地下空间是"转变城市发展方式"、治理"城市病"和建设绿色城市的主要着力点。图3介绍了一些可持续发展的绿色基础设施项目，以及这些项目可解决的"城市病"。

图2 成都天府地下污水处理厂

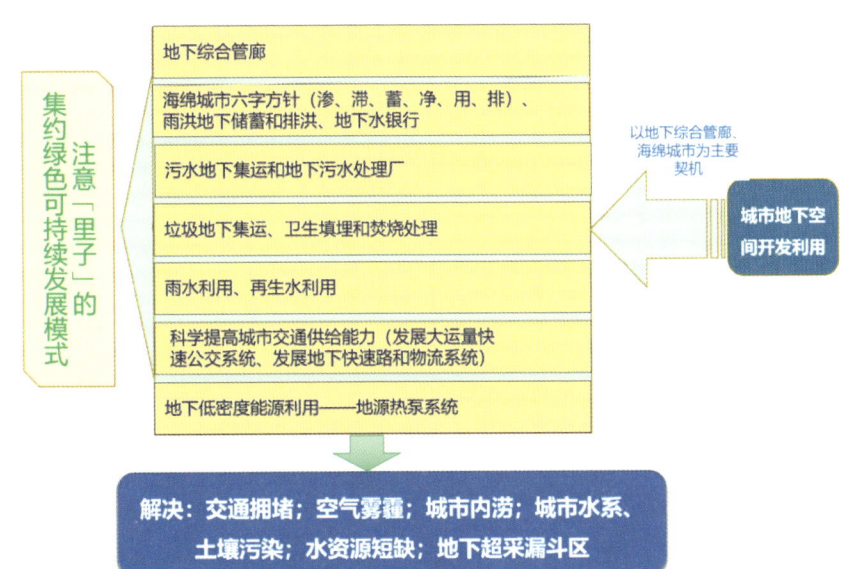

图3 可持续发展的绿色基础设施项目及其可解决的"城市病"

（5）绿色客运

交通是碳排放的主要原因，所以我们要发展占地少、低能耗、无污染的绿色交通。城市客运交通以地下轨道交通为主，轨道交通是电驱动的，没有污染，也不会造成碳排放。未来的城际交通的发展趋势则是发展时速600 km以上的地下高速磁悬浮，由于磁悬浮列车是在低真空的隧道里行驶，没有摩擦阻力，空气阻力也很小，因此能量消耗最低，当然也最绿色。

我非常同意，不能仅发展轨道交通，还要发展城市快速路，这是为什么呢？因为现在越来越多的家庭有了小汽车，人们上下班时可以乘坐公交交通，但是约会、旅游时还是希望开私家车，所以仅发展轨道交通尚不足以解决城市交通拥堵的问题。以日本为例，日本的地下轨道交通非常发达，虽然日本去年宣布不再建地铁了，但是日本地上交通拥堵问题仍未解决，地铁里的乘客也非常多，非常拥挤。可见轨道交通不能完全解决市民的出行问题，所以全球已开始进入建设地下快速路的阶段。

世界上有很多城市，如波士顿、东京、新加坡、马德里等，都在建地下快速路，国内也有很多城市在建设，上海就是比较积极的城市之一。特别要提到的是深圳前海地下路系统，这是一个"地下快速路+地下环路+地下车库"的三级地下车行系统，其中地下快速路解决过境交通，地下环路与地下车库互联互通可解决区域性到发交通问题。这一地下车行系统有效改善了前海地面交通环境，缓解了城市中心区和小街坊路网交通压力，是建设绿色交通的一个方案。

（6）未来的城市货运交通

现在，城市货运交通仍然是个大问题，因为货运交通是造成交通拥堵和城市污染的重要原因之一，所以世界上提出利用地下货运交通，也称地下物流系统。也就是说，所有的货物，无论是从城外运进来的货，还是从城内运出的货，都先通过各种运输手段运到城市边缘的物流园区，然后通过地下物流系统送到各个终端。整个运输过程以集装箱和货盘车为基本单元，以自动导向车为运输工具，电力驱动，绿色环保。

我想重点讲两个中国的地下物流系统：港城地下物流系统和城市地下立体智慧物流系统。

第一，为什么港城地下物流系统很重要？中国有很多排在世界前列的港口，比如上海港早在2012年就已经成为集装箱吞吐量世界第一的港口。但是远超规划的集装箱吞吐量也引起了交通拥堵、港口无序停靠、环境污染等问题，所以当务之急就是建设港城地下物流系统。

第二，为什么要建设城市内部的地下立体智慧物流？这是因为新零售推动城市物流爆发增长。中国2019年网上零售额比2018年增长了30%，超过1万亿美元，占全球网上零售总额的一半以上。此外，中国2014年快递包裹140亿件，2016年313亿件（全球是650亿件），2017年400亿件，2018年490亿件，可以说全球一半以上的快递包裹都是中国的。快递暴增促进了智慧物流，包括智慧化布局配送中心、数字化仓储、运输和配送系统和智慧化作业，如菜鸟全自动智慧仓储基地和菜鸟机器人。然而，智慧物流也有一些无法突破的瓶颈，即"最后一公里"快递员的地面配送，电子商务的地面配送加剧了城市交通拥堵和空气污染，使已经进入"拥堵时代"的中国无法承受，其中更为突出的是交通事故问题。据统计，2019年上半年，上海市共发生快递、外卖行业各类交通事故325起，造成5人死亡。

因此，我们需要将地面运输转移至地下，建设地下智慧物流系统。试想一下，这种地下物流系统一旦建成，系统末端配送可以与居民小区建筑运输管道物相连，最终发展成一个连接城市各居民楼或生活小区的地下管道物流运输网络，并达到高度智能化，人们购买任何商品都只需点一下鼠标，所购商品就像自来水一样通过地下管道很快地"流入"家中（小区的自动提货柜）。这就是我们所设想的未来绿色城市地下物流系统，并且这是可以实现的。世界上还没有国家成功建设这一地下物流系统，希望我们中国能率先实现。

（7）城市的绿色污水、雨洪蓄排系统

我们要建设雨污分流的深层隧道排水系统，在这方面新加坡值得我们学习。新加坡总面积仅为725.1 km^2，年平均降水量为2 400 mm左右。新加坡是全球少数几个采用雨污分流系统的国家之一。新加坡深层隧道充当的角色是将整个城市收集的污水输送至处理厂集中处理排放。我国上海、广州、武汉等城市也正在建设这种深层隧道排水系统。

（8）城市的绿色垃圾处理系统

在大力推广垃圾分类的基础上建设地下垃圾集运系统，实行垃圾焚烧，彻底解决困扰中国的垃圾围城现象，释放大批城市土地资源，改善城市环境。

4. 地下空间绿色建造与运营

中国正通过智慧城市的建设大力推动地下空间的绿色运营，包括智慧管理、智慧监测和智慧检修三个部分。图4展示的是江苏南通的一个地下智能立体车库，这种停车场占地少，机械化程度高，很好地体现了地下空间绿色建造与运营的理念。以乌镇智能停车系统为模式的城市智慧停车系统正在中国各地推广。

综合管廊的智慧检修包括给水、排水、燃气、电力管线等的自动监测：水漏不漏？何处漏？漏损以后管网的自动关闭以及机器人的自动维修。

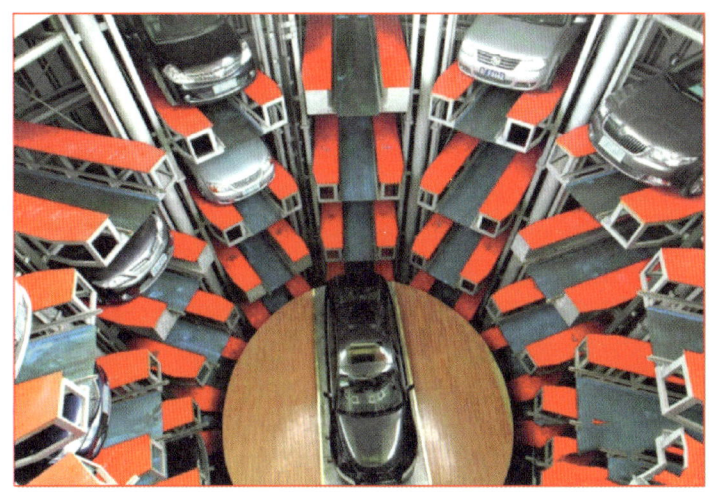

图4 地下智能立体车库

实现绿色城市的愿景需要时间，但我们不求快只求好。相信通过若干个五年规划持之以恒的努力，我们一定能将地上城市中的城市运输与交通系统逐步转移到城市地下去，不但将旅客交通与货物运输转入地下，还包括垃圾、污水等的传输都转入地下，使地上逐步乃至彻底摆脱与传统运输相联系的环境干扰，尤其是交通拥堵与PM2.5超标的困扰，从而将释放出的地上空间用于大片的自然植被和安全的步行，这不是科学幻想。《欧洲地下建设战略研究议程》就已经明确提出，其2030年的远景目标是"将地面交由市民自由使用，将基础设施放入地下"。相信我们中国也一定能够实现绿色发展和绿色城市建设。

中国城市地下空间利用与施工技术若干思考

陈湘生
中国工程院院士、深圳大学土木与交通工程学院院长、深圳大学未来地下城市研究院院长、
深圳市地铁集团有限公司技术委员会主任、煤炭科学研究总院北京建井研究院院长

人类从原始文明、农耕文明、工业文明到生态文明，一直不变的是对美好生活的追求。目前人类面临的挑战是人口剧增、土地资源紧张、交通拥堵、空气污染、环境恶化，而地下空间开发利用是解决上述问题最有效的途径，地下空间开发利用也是生态文明建设的重要组成部分，是人类社会和城市发展的趋势。1991年有《东京宣言》，今天我们提出《上海宣言》。

1. 地下空间开发现状

1982年开始，联合国将地下城建列为"潜在而丰富的自然资源"，特别是近50年来，以修地铁为龙头，对城市中心区进行了立体化再开发，基本上形成地上、地面和地下协调发展的城市空间，可以从根本上改善城市交通，进一步促进地下和地上立体空间整体商业的繁荣。

地下空间追溯到第一个通道，世界首座城市综合体——法国巴黎拉德芳斯应该是全球做得最好的。日本在这方面取得了非常好的进步，建成日本著名的汇集多条轨道交通的枢纽——涉谷枢纽和新宿枢纽。另外加拿大多伦多与地铁关联的地下生态步行道系统（PATH）经过20年建设，规模巨大。还有波士顿的中央大道改建规划，将地面的高架放地下，环境非常优美。

其实我国从远古时代至今，一直秉承天人合一、物我合一、善待他物即是善待自身的文化原则，讲的就是人与自然的和谐或者协同。我国自远古就开始进行地下空间开发利用——窑洞，"十三五"期间以轨道交通和综合管廊为主导的地下和市政设施，建设规模、水平、运维等环节已赶超世界。城市地下空间利用的形式包括：城市地下交通、城市地下综合体、综合管廊及城市地下市政设施。

（1）城市地下交通

城市地下交通包括城市地下轨道交通、城市地下道路和地下停车场。特别值得一提的，截至2018年底，开通城市地下轨道交通的城市有35个，开通里程5 761.4 km。典型案例是深圳地铁罗湖枢纽综合改造，通过人、车、物的管道运输建成第一代轨道交通枢纽；随后建成世界第二大地下高铁枢纽福田站37万m^2地下空间。还有世界第二大换乘城市——上海。城市地下道路优点很多，特别是上海的"三横三纵"，深圳也在建设"一横一纵"的地下快速通道。地下停车场目前分为四大类：垂直升降类、车位循环类、巷道堆垛类和升降横移类（图1、图2）。

（2）地下综合体

城市地下综合体是指将综合效益高，体现城市地下空间利用的集约化和高效化的商业、城市交通及其他公共服务等若干功能进行有机结合所形成的具有大型综合功能的地下空间设施，集交通、商业、娱乐、会展、文体、办公、市政、仓储、人防等功能于一体。在建与运营的城市地下综合体种类众多，规

---

1 本文摘自作者在"全球城市地下空间开发利用上海峰会暨2019第七届中国（上海）地下空间开发大会"上的演讲。

图1　成都锦城广场中国最大R+R停车场　　　　　图2　杭州井筒式停车场

模庞大，主要集中在东部沿海城市。特别值得一提的是，地下空间分会统计上海地下空间超过1.1亿m^2。2015年上海市发布了中国第一部城市地下综合体设计的地方规范《城市地下综合体设计规范》，上海在建设数量和规模方面领先全国。全国最早的地下空间开发利用是在深圳，2008年深圳市出台，并在2018年修订了《深圳市地下开发利用管理暂行办法》，近年来其地下空间建设规模发展迅速，在建与运营的有会展中心、前海、宝安中心等规模庞大的地下综合体。目前总的地下空间面积超过6 200万m^2，面积为上海的四分之一，北京的八分之一。

典型案例有珠江新城依托轨道交通建设地下综合体建筑，目前运营良好，即将验收的商业园区地下空间面积达40万m^2。武汉光谷，是集轨道交通、市政、地下公共空间于一体的超大型综合体工程。西安幸福林带，目前全球最大的地下空间综合体、全国最大的城市林带建设项目，林带地下空间综合开发总建筑面积约92万m^2。此外，还有地下商业街，如深圳连城新天地地铁商业街、北京西单商业街、上海的人民广场地下商业街都是依托早期人防工程或配套于地面大型商业建筑，做得非常好。

（3）地下综合管廊

在综合管廊的建设上，"惠民生、稳增长、调结构"三大属性的地下综合管廊堪称新型基建的典型。综合管廊智能化运维是非常重要的，因为国家的综合管廊是分割的，如果没有智能化管理，安全和维修都存在重大问题。综合管廊的运维主要取决于运维管理系统的信息化和智能化水平，包括环境与设备监控系统、安全防范系统、通信系统、预警与报警系统等部分组成，可实现对管廊的24小时智能化监控和设备系统运维。BIM技术使管廊运维走向可视智能化，有偿使用主要包括入廊费和日常维护费。总的来说，各地综合管廊的有偿使用尚在起步阶段，政策法规需进一步完善和落实。

（4）地下的市政实施

城市地下市政设施包括地下垃圾集运、地下水利工程、地下物流、地下低密度能源利用和地下大型储存库。根据陈志龙教授统计，目前国家在三大城市群城市地下空间发展形成了"三心三轴"结构。"三心"是指京津冀、长江三角洲、珠江三角洲三个发展核心，京津冀以人防政策等要求建设为主导，长三角由政府干预和市场力量共同作用，珠三角由市场力量主导和政府有效支持协同；"三轴"是指东部沿海发展轴、沿长江发展轴和京广线发展轴，中西部地区与东部、东北的地下空间发展水平差距随城镇加速进程趋于减小。

2. 地下空间开发关键技术创新

地下空间开发的核心问题在于：多场耦合的复杂地层中下穿既有建筑结构变形协调机理，多场耦合的复杂地层中新旧结构工后动态响应与稳定特征。在解决思路上，针对地下工程"水、软、变形难以预测"三大难题,采取多层次控制模式。先采取"微扰动"等技术将施工引起的地层位移和变形尽可能控制到逼近期望值,进而在地层与结构之间通过多种调控方法将建筑结构位移和变形矫正在安全值范围。在优化工程设计上,合理利用施工力学原理,减少扰动,提升自身承载力、增强稳定性。

（1）变形精细控制

对于隧道与既有建筑近接、下穿/上跨施工导致沉降隐患问题,采用盾构隧道下穿地铁运营隧道控制变形的精细技术、矿山法隧道下穿建筑群关键技术、异型盾构或矩形顶管机技术。盾构隧道下穿地铁运营隧道控制变形的精细技术包括:① 盾构土仓压力略高于地层压力的动态控制方法;② 基于时空效应的隧道围岩的群泵综合注浆加固地层并矫正隧道技术;③ 多步滚动逼近沉降最小的多参数准智能化控制技术,可实现施工变形最小的模糊逻辑准智能化逼近。借鉴孙钧院士的思路,建立了盾构施工变形的人工控制流程;④ "人-机-控-测-决"精细控制模式,较之以往盾构掘进"人-机-环"操控方法更为科学,沉降控制准度提高65%。例如在深圳地铁2号线,双曲线盾构隧道成功地下穿双曲线隧道盾构。完工后再多次对隧道间的地层进行综合注浆不断矫正,地铁轨面沉降差小于2 mm,攻克了国际首例此类下穿的精准控制技术难题（图3）。矿山法隧道下穿建筑群关键技术包括:① 重叠隧道矿山法下穿建筑群减少截桩技术;② 新型管幕下穿浅基建筑群支护技术。异型盾构或矩形顶管机技术包括:① 矩形顶管机技术可提高空间利用率20%以上,能够适应软土、砂、卵石、软岩地层,广泛应用于过街通道、综合管廊、地铁出入口、地下停车场等领域。② 类矩形盾构技术可以把双洞变为一个洞即一洞双线,减少对地下空间占用和扰动。③ 马蹄形盾构技术可以极大地节省开挖断面,提高断面利用率,同样能够适应软土、砂、卵石、软岩地层,广泛应用于铁路隧道、城市轨道交通隧道、综合管廊施工等领域。

 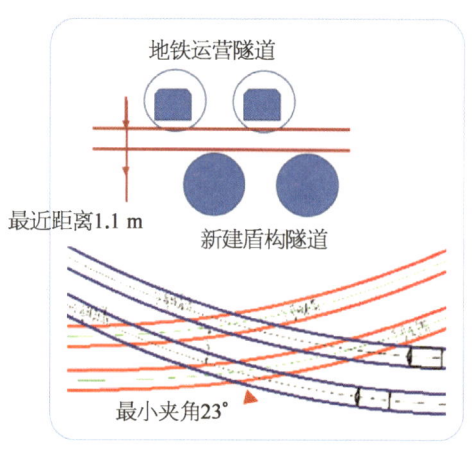

图3　深圳地铁2号线曲线双隧小夹角下穿运营隧道

（2）特殊地层施工

针对特殊富水地层难以加固,长距离盾构施工困难问题,采取富水、软基等特殊地层地下工程施工技术。通过人工制冷将地层内的水冻结成冰均匀加固地层,在开挖体周围形成整体强度极高的冻土保护体,是确保工程安全的最可靠技术,可提高地层整体力学性能。地铁隧道等工程大多需要水平方向加固,水平冻结成套技术已经成为该类风险防控的最有效技术。"钻孔和冻结管安装一次完成工艺"——冻结孔口止逆装置、冻结管取代钻杆;地铁盾构管片冷板冻结技术则解决了盲区的冻结难题。采用富水地层冻结技术的工程实例包括:国际上水平冻结最长140 m的广州地铁3号线折返线工程;冻结封水取代其他堵水方法,成功地解决了润扬大桥南锚锭基础排桩间止水难题;还成功应用于港珠澳大桥拱北曲线隧道

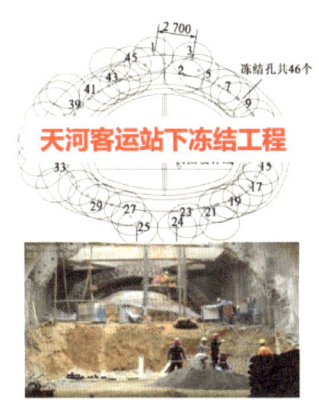 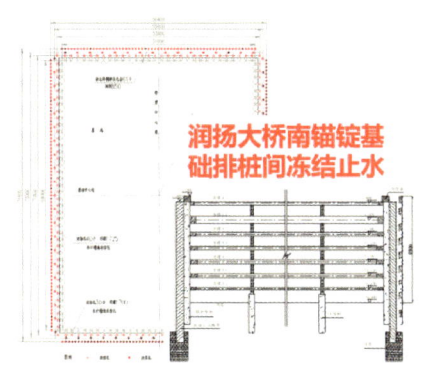 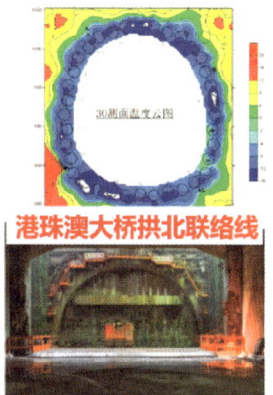

图4 富水地层冻结技术的工程实例

管幕间止水（图4）。

（3）综合施工技术

针对地铁沿线安保区大量的土地资源无法利用问题，采用跨地铁运营隧道地下空间利用综合技术，包括：① 地铁运营隧道被弱化围岩群泵综合注浆加固技术——对已扰动范围地层进行分层注多组分液浆，开挖时地铁运营隧道沉降可控。② 采用超前钢护筒旋挖钻机施工桩基，最大限度减少对地铁运营隧道围岩和隧道结构本身的影响。③ 采用竖井跳挖方式最大限度抑制地铁运营隧道结构的反弹上浮。④ 采用门式框反压结构。上覆地层地下空间竖井跳挖到底时，架设约束地铁运营隧道结构的反弹上浮。⑤ 采用科学合理结构。地下空间结构与隧道结构、二者竖向受力独立、变形相互隔离，确保上覆地层地下空间建设全过程和两种结构全寿命周期的安全稳定。⑥ 组合高精度三维激光隧道扫描仪全站仪对地铁运营隧道实时自动化精确监测。例如深圳采用跨地铁运营隧道地下空间利用综合技术打造地下四线换乘枢纽+地面错叠互通立交工程交通接驳设施（图5）。

图5 地下四线换乘枢纽+地面错叠互通立交工程

（4）绿色施工技术

针对繁华城区地下空间开发对绿色施工的严苛要求，采用地下空间绿色施工技术，即微扰动暗挖技术，包括：① 浅埋暗挖法的十八字方针"管超前、严注浆、短开挖、强支护、快封闭、勤量测"；② 矩形顶管暗挖用于地铁车站建设：分部暗挖，上下左右局部连通，整体受力转换，形成大型矩形断面结构。

（5）竖井机械化施工技术

竖井机械化施工技术广泛应用于设备工作井，地下车库、仓库，地下通风井，深邃管网竖井，大型建筑基础，地下空间进出通道，溢洪井等，其设备分类如图6所示。

图6 竖井机械化技术分类

3. 结论与建议

地下空间利用是落实党中央国务院关于建设美丽中国的重要支撑，特别是基于轨道交通枢纽和城市地下空间一揽子解决形成超大型的城市综合体，与周边原来割裂的建筑物地下空间无缝连接，激活成片地下大型综合商业空间，形成城市综合体乃至新型和大型社区，也是旧城改造升效能最大化、高效的生态区很好的载体。另外，地铁、地下、交通的建设跟地面公交结合可以解决大密度区人员流动，重塑城市空间，更好地为人民的生活提供便利。

地下空间开发要按需有序地推进，绿色高效地利用。特别是结构和地下空间的韧性，尤其是要关注运维、安全、智能管控，为实现世界的经济可持续、社会可持续、经济可持续奠定扎实的基础。

目前地下空间开发已经取得了比较好的进步，但是要在冻结技术管理进行加强，管理问题多过技术问题。施工机械方面取得巨大的进步，在智能化高精尖方面要进一步提升，其他工法要做到精细化，风险管理和智能化的道路还比较远，需要各位同仁的努力。对地下空间存在的十个问题还有我们提出了八项建议，希望大家可以提出更好的建议，有利于地下空间利用的先进性、绿色环保可持续。

地下空间的科学与技术问题，以及发展方向包括：① 城市地下环境系统演化与岩、土、水、气动态平衡；② 地下空间工程扰动下多场地层环境演变与致灾机理；③ 开挖扰动叠加效应和时空效应下多场、多尺度"地层-结构-环境"耦合理论；④ 城市地下结构群施工运维耦联效应与安全控制理论；⑤ 韧性地下结构全生命周期设计理论与安全评估方法；⑥ 复杂地层环境下地球物理精细探测、感知获取与资源评价技术；⑦ 地下工程群全寿命周期灾害耦联评估、控制、预警与决策智能化技术；⑧ 基于"智慧建造"的地下工程三维可视化勘察设计和施工技术（融入GIS/BIM/VR/AR）。

在此，也有一些感悟。扰动范围地质体的物理力学性质（空间约束体性质），尤其是施工力学和环境效应（空间约束场）、结构与地质体相互作用变形协调机理（时空观）、预测与控制（人与自然）、建成后的运维（地质体和建筑物是有生命的——需要不断体检、不断调养使之延年益寿）极为关键，需要在现有能力范围内（材料试验到结构试验研究、再到尽可能准确预判、再到全寿命周期呵护和保养）开展岩土与地下工程人工智能设计、智能学习、智能决策（状态评估、寿命预测、维修决策）以及灾害的智能管理的实验研究。在今年天津的全国岩土力学与工程大会上本人提出了《智能岩土工程初探》。地下空间结构全寿命周期的可靠性、可修复性和韧性是安全运维的核心。土地资源立体高效利用的地下空间建设与运维需要从静态走向动态和生态、从人工走向智能。

　　我在深圳大学土木与交通工程学院担任院长后，组建了未来地下城市研究院并兼任院长，同时组建申报了"滨海城市韧性基础设施教育部重点实验室"，期待各位学者大力支持。同时，也感谢所有的同事和前辈，还有境外专家等提供的帮助。

装配式建筑在地下空间开发的探索与应用[1]

农兴中
广州地铁设计研究院股份有限公司董事长、院长

1. 地下空间开发现状和发展趋势

（1）开发现状

截至2012年，国家整个地下空间面积约为6.3亿m^2，"十二五"期间每年平均增速20%以上，至2020年规划新开发4.7亿m^2。地下空间开发包括地下商城、地下停车场、轨道交通、矿井、防护工程等建筑空间。目前国内地下空间利用功能较为单一，地下轨道交通、人防设施等占据了地下空间开发的绝大多数。

交通是未来地下空间开发利用的重点，轨道交通建设将地下空间的内容和范围大大拓宽，从布置上分散、功能单一的孤立的地下建筑物发展成功能复杂的大型综合空间。截至2018年，中国地铁总运营里程将近6 000 km，占全球总里程的22.9%。另外，在建里程约6 000 km，还有约7 000 km在规划中。

（2）开发模式

地下轨道交通开发模式主要有四种。第一种是地下轨道交通导向开发利用模式：地铁站点周边的地下公共空间主要由通行、商业及停车功能构成。典型的案例是香港地铁九龙站通过上部开发权的招标，协调了多个开发商，共同建设完成了近168万m^2、共22栋超高层塔楼的超大型综合体。

第二种是全功能、全深度的立体化开发利用模式：由地铁、地下城市综合体、共同沟、地下输变电工程（包括地下变电站）、人工地下河（下水道系统）及大深度地下空间开发等组成的地下空间开发模式。典型案例如新加坡，新加坡的地下空间规划和利用是分层进行的，其最大的规划利用深度已达到地下100 m。通过分层开发、功能分区，实现了有限的、不可再生的地下空间资源的最优化配置，发挥了最佳功能。

第三种是紧凑型、集约化的开发利用模式：紧凑型城市建设的总体目标是大力开发城市地下空间，减少城市对土地的消耗，最大限度降低能耗，最大限度缩短交通距离，使城市工作生活更为便捷。典型案例是日本名古屋"荣"地下空间街，其充分利用了带状城市广场的地下空间，分层布置了商业、餐饮、康体、娱乐、观光、交通枢纽、停车等功能，集约地下空间的使用。

第四种是绿色环保型的开发利用模式：为了改善人居环境，降低城市汽车尾气污染，更重要的是提供便捷的城市交通，减轻交通拥堵大城市病，通过利用地下空间以解决雾霾与空气污染、绿地不足与生态环境问题。典型案例是波士顿中央大道高架改造成隧道，该工程历时15年，于2004年全面完工，工程的复杂程度和难度都被世界公认，其对城市建设以及旧城改造具有深远影响。

（3）发展趋势

地下空间发展趋势有三种。第一种是绿色环保型地下空间开发，营造良好的地下光照环境和地下空

---

[1] 本文摘自作者在"全球城市地下空间开发利用上海峰会暨2019第七届中国（上海）地下空间开发大会"上的演讲。

气环境，突出人居体验，构造环境友好型宜居地下空间。第二种是智慧型地下空间开发，建设智慧型地下基础设施平台，也是实现宜居"科技城市"的最有力工具。第三种是"全功能、全资源、全深度"的地下空间开发利用，例如北京的CBD地下空间开发。

2. 轨道交通装配式技术应用情况

建筑产业实际上还是粗放劳动密集型的产业。目前城轨车站、车辆段建造模式以现场作业为主，即搭脚手架—支模板—绑扎钢筋—现浇混凝土的施工模式，还存在着劳动力短缺、质量不可控、设计施工运营环节断裂、不环保等痛点。特别是劳动力短缺，现在施工现场工人平均年龄达45岁，3年后劳动力将断崖式下降。装配式建筑可以解决人工、环保等问题，但受防水、机械装备、构件标准化等问题困扰，在地下空间开发方面发展缓慢，装配式力度非常低。

装配式建筑也有应用在地下轨道交通方面，特别是地铁隧道。目前绝大部分地铁隧道都是盾构隧道，盾构隧道本身就是拼装式的，但是车站情况复杂，车站采用装配式的非常少，荷兰、日本、乌克兰都有尝试。在我国济南、上海、哈尔滨地铁也曾经尝试个别车站的装配式。表1列出我国装配式进展情况，除上海、广州、长春、哈尔滨、济南等城市外，还有深圳、无锡等城市正在陆续开展相关技术研究和应用。

表1 地铁装配式进展情况

序号	区域	站名	建设时间	装配形式	净跨（m）	覆土（m）
1	长春2号线	袁家店站等	2012年	全装配式	19.1	3.3～4.0
2	北京6号线	金安桥站	2014年	装配式+现浇	21.5	1.6～3.15
3	济南R1线	演马庄西站	2015年	装配式+现浇	18.4	2.5～3.0
4	济南R2线	任家庄站	2016年	装配式+现浇	18.5	2.3～3.0
5	济南R2线	济钢新村站	2018年	装配式+现浇	18.5	3.1
6	上海15号线	吴中路站	2018年	装配式+现浇	19.8～22.4	2.1
7	广州11号线	上涌公园站	2018年	装配式+现浇	19.9	3
8	哈尔滨3号线	丁香公园站	2019年	装配式+现浇	18.5	3.4

3. 装配式建筑在广州地铁的探索与应用

（1）上涌公园站装配式方案

上涌公园站总长度221.7 m，标准段宽度22.3 m，深度约25.27 m，主体建筑面积15 234.21 m²，为地下岛式三层站。有以下5个难点需要解决：① 南方地下水位埋深浅，结构防水问题突出；② 节点受力复杂、梁开孔等问题，抗震及内力学机理需研究；③ 工期紧、现浇筑质量不可靠，急需要构件标准化、设备安装机械化；④ 设备安装现场专业打孔多，作业环境差；⑤ 城区作业施工，环境保护要求高。因此，我们进行全专业的系统研究，并探索适用于南方富水地区，特别是地下连接性强的结构体系装配式地下车站。主要的创新点是：① 开展基于BIM的结构、建筑、装修、机电、环控等专业装配式研究和设计；② 满足富水地下地铁运营需要；③ 采用单墙+预制的永临结合装配体系，无需再做侧墙和支撑拆除；④ 构建标准化，同时针对节点进行了模型实验。

图1是结构方案，采用单墙+预制的永临结合装配体系，现浇连续墙兼做外墙，支撑兼作横梁，中

板、顶板、支撑预制，无需再做侧墙和支撑拆除，减少现场钢筋绑架，降低造价，节省工期，绿色环保。此外，采用外防水、混凝土防水与有组织排水相结合的方案；采用钢管柱顶梁节点、钢管柱中梁节点和钢管柱底梁节点三个节点连接方案。图2是连续墙—腰梁—支撑—节点连接，通过预埋钢筋接驳器和钢板两种方案实现钢筋连接，经计算分析和模型试验，钢板方案具有较大延性和误差包容性，解决节点受力和施工误差问题。图3是对开洞梁的研究，因为开洞的尺寸比较大（2.1×0.55 m），通过模型试验验证，突破构造限制，满足结构安全。原来开展过多洞梁探索研究，两者均属于延性破坏，单洞梁的延性性能要优于多洞梁，最后合并为单洞方案。

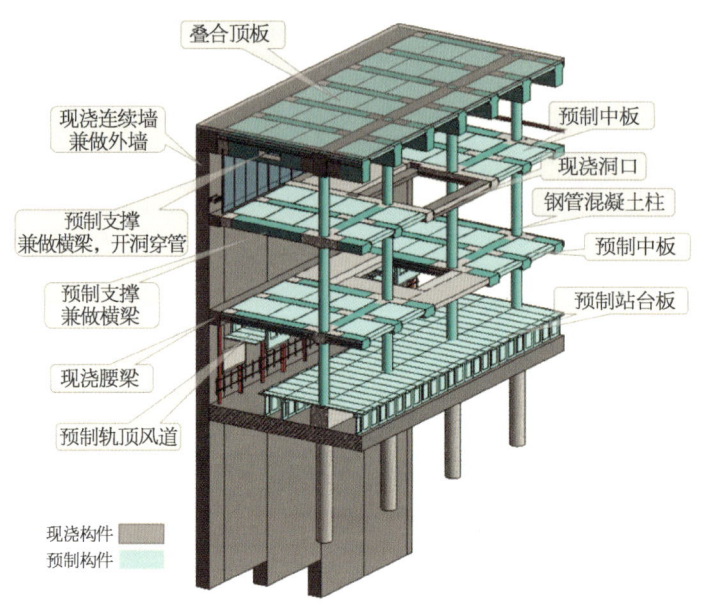

图1 上涌公园站装配式方案——结构体系

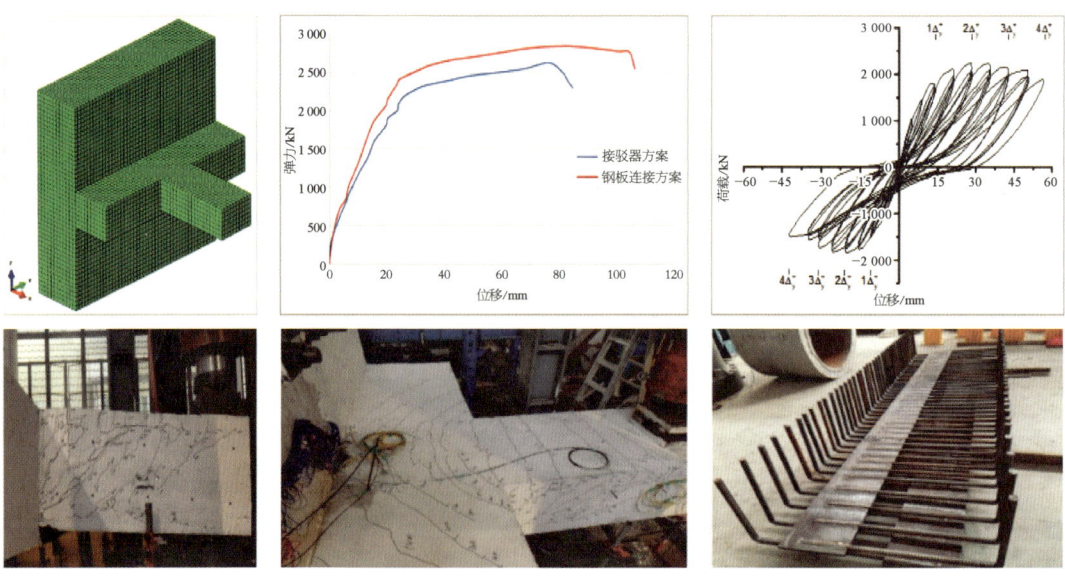

图2 上涌公园站装配式方案——节点研究

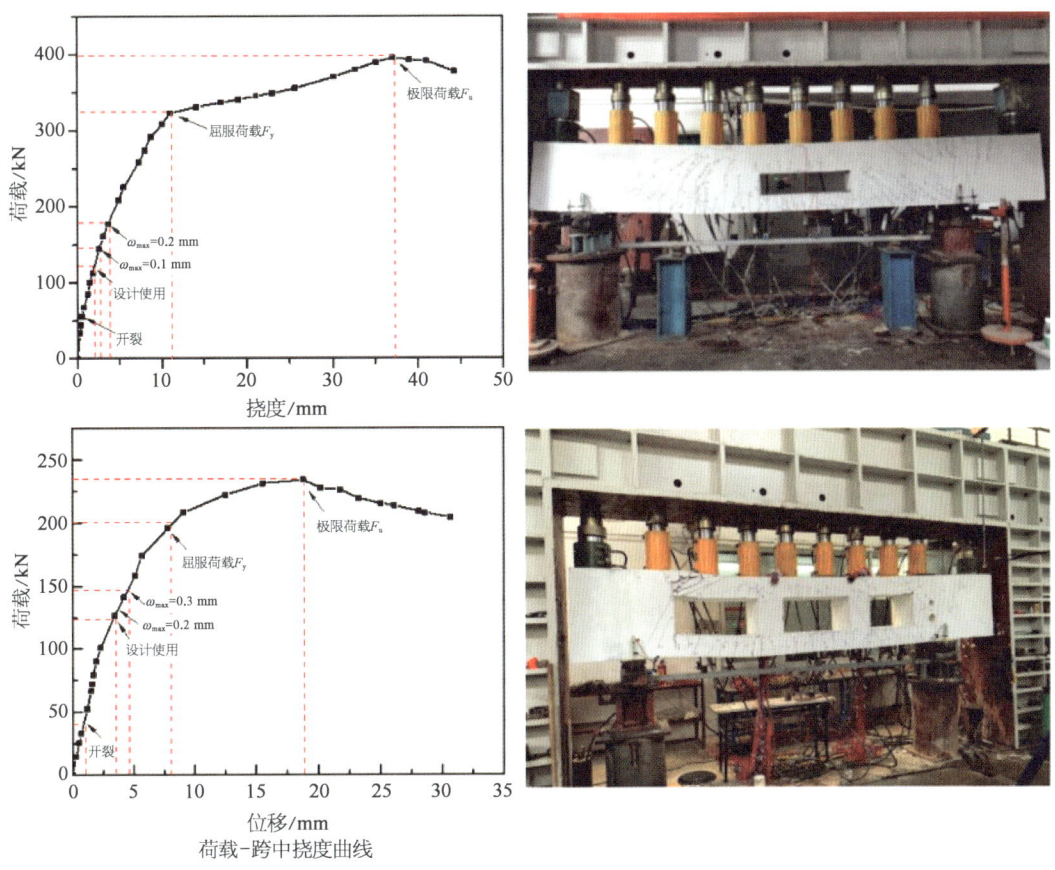

图3 上涌公园站装配式方案——开洞梁研究

在抗震研究方面，结构构件承载力满足要求，位移也满足规范要求。预制构件包括叠合顶板、预制顶横梁、预制中板、预制中横梁等方案。站台板采用一字型的方案，轨顶风道也采用一字型的方案。在工艺研究方面，形成装配式地铁车站预制构件运输及吊装方案，开发相关工装，可定位安装预制板。在吊挂系统方面，基于BIM的综合管线空间规划、综合支吊架系统研究，检查碰撞，确保构件预埋孔洞准确。通风系统也进行了优化，公共区保留两根空调送风管，不单独设置回风管，送风管在开洞梁中。关于预制构件的自适应性，调研主流设备厂家的设备开孔需求及设备结构，形成包容性开孔方案。同时做了全生命监测系统，对建设期和运营期的主体结构设备进行监测。

（2）赤沙地下车辆段上盖装配式方案

广州市轨道交通十一号线赤沙车辆段，总用地为493 700 m²，因为周边的土地价值非常高，把现状为地面一层的车辆段改为地下两层，同时进行超高开发，难度很大。上面预留120 m高的建筑，由于工程量大，现场浇铸钢筋量非常大，所以该工程项目迫切需要一个安全、高质、高效、绿色的建设方案。项目难点在于：咽喉区轨道及道岔分布密集，柱网不一致，构件标准化困难；同时盖板重量大，施工作业困难；为满足车辆段正常使用功能，盖板结构跨度大；盖板构件重量大，施工作业困难；城区作业施工，环境保护要求高。针对地下车辆段上盖大跨度结构体系、咽喉区复杂柱网结构等关键技术问题开展全专业深入研究，探求适用于地下车辆段上盖物业开发的装配式方案。

最大的创新点是采用桥梁架设的方式，也是全国范围内首次在地下车辆段中采用大跨度预应力纵横梁体系来实现总体方案（图4）。梁柱节点采用现浇，与钢筋连接再张拉，除了柱子是现浇混凝土，其他都是预制的，预制面积达53%（图5）。整个施工方案跟架桥相似，同步实施，工业化流水作业，将场址区域共分为14个区，各分区场内滚动式平行流水线作业实施，有效节省施工时间。图5是场地的施工方案，装配结构方案工期比常规现浇土建施工工期节省了6个月时间。整个方案创新点在于：① 工业化实施，预制装配率高；② 提高空间利用率，减少预制构件数量；③ 常规工序、工艺、工装，造价可控；④ 完整性结构设计，预应力纵主梁体系；⑤ 大尺寸构件设计，预制架设效率高；⑥ 分区独立流水作业，工期可控性强。

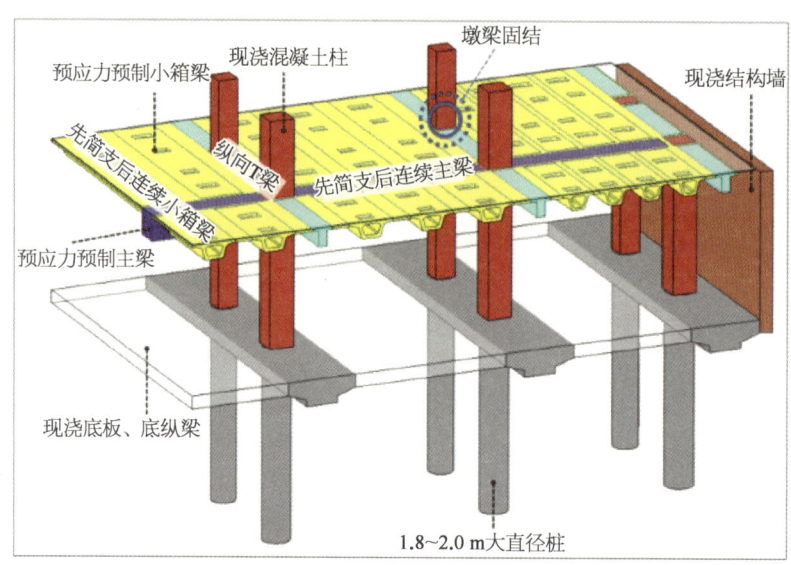

图4　大跨度预应力纵横梁体系

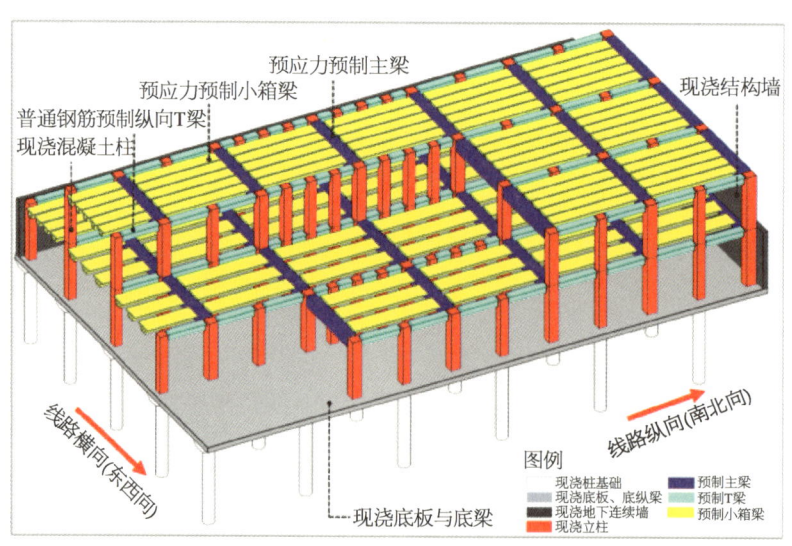

图5　西侧超高层区域（库区）方案

以上是广州地铁在地上车站及地下车辆段的探索，地下空间开发装配式建筑的推广和应用，还有许多关键技术需要探索和完善。

欢迎有志于研究此领域的专家学者、科研机构与我们合作，共同推动装配式建筑的发展。

苏州河段深层排水调蓄管道系统工程研究与建设要点

沈庞勇
上海城投水务工程项目管理有限公司副总经理

1. 深隧工程介绍及国内外案例

什么叫做深隧？深隧是深层排水调蓄管道系统的简称，一般是指埋设在深层地下空间、用于调蓄/输送雨水或合流污水、通常具有较大调蓄容量的系统工程。深隧的类型有污染控制型、洪涝控制型和多功能控制型。深隧工程是发达国家和地区在建成区常用的排水提标、污染控制方法，在充分利用原有设施、尽量减少设施改造的情况下，增加调蓄功能，进行削峰缓排，整体实现污染控制和系统提标。国际上深层调蓄隧道技术日趋成熟，成功案例有20余项，大部分以单一功能为主。

深隧工程的典型案例包括：① 洪涝控制型——日本东京首都圈外围排水道。平衡调节5条河川的水位，对日本首都圈的防洪泄洪起到了极大的作用。② 多功能型——马来西亚吉隆坡SMART隧道工程。该隧道市区段为集排洪和公路交通为一孔的三层隧道，上两层用作公路交通，最下面一层为排洪通道。③ 污染控制型——英国泰晤士河隧道工程。通过隧道截流泰晤士河沿岸污染最严重的34个合流溢流口，大幅提高污水收集能力，改善泰晤士河水体环境。

国内广州、北京、深圳、武汉、成都、宁波等城市也陆续开展了采用深层调蓄隧道提升排水防涝和污染控制能力的研究和工程建设，广州、武汉、深圳已开工建设。其中，广州在2015年开始规划建设的东濠涌深隧项目受到国内业界广泛关注。

2. 苏州河深隧建设背景及必要性

（1）建设背景

受全球气候变化、河口风暴潮加剧，以及城镇化率提高、地面沉降等多重因素影响，国内诸多城市内涝频发，水污染情况加剧。面对严峻内涝形势，国家层面给予了高度重视，陆续发布一系列法规、条例，如《水污染防治行动计划》等。聚焦到上海，尤其是中心城的苏州河地区，排水现状主要存在三个问题：① 极端暴雨频现，防汛安全压力增加；② 排水防涝标准低，工程沿线基本为一年一遇设计标准；③ 初雨污染严重，"逢雨即黑"现象仍较常见，影响水功能区达标。针对上述排水防涝和初雨污染控制问题，相关管理部门、规划科研及设计单位开展了长期的研究工作，针对中心城区水面率低、建筑密度高、地下管线错综复杂、人口密集和防汛安全压力大等特点，提出了采用深层调蓄隧道作为主要工程治理手段。

（2）建设的必要性

满足排水标准提高的需要。苏州河沿线涉及排水系统25个，面积总计约58 km²。除广肇系统外，均为一年一遇排水标准，在五年一遇暴雨下，区域内将近22%路段积水。该地区对标国家规范，需提标至

---

[1] 本文摘自作者在"全球城市地下空间开发利用上海峰会暨2019第七届中国（上海）地下空间开发大会"上的演讲。

五年一遇标准。

满足面源污染控制需要。苏州河经历一期、二期、三期共14年的综合整治，取得了卓著的成果，但河道初雨污染仍然严重，河道水质在Ⅳ类—劣Ⅴ类间波动，逢雨即黑现象仍普遍存在。

树立深隧解决中心城区防洪排涝工程示范。国内深层调蓄隧道技术研究相对滞后，通过苏州河深层调蓄隧道工程的建设可以实现深隧核心技术的研发和突破，树立示范工程，为后续上海乃至国内深隧系统的建设和深层地下空间的开发奠定坚实基础。

满足人们对美好生活向往的需求。习总书记在十九大报告中指出，加快生态文明体制改革，建设美丽中国，强调必须树立和践行绿水青山就是金山银山的理念。苏州河深隧的建设是对保护环境这一基本国策的积极响应。

3. 苏州河深隧概况

苏州河深隧一级调蓄管全长约15 km，直径10 m，埋深50～60 m，沿线设置综合设施8处，于梦清园设置15 m³/s初雨提升泵1座。工程服务苏州河两岸25个排水系统，服务面积约58 km²，建成后可实现系统提标、排水防涝、初雨治理三大核心目标。鉴于国内尚无软土地基超深基坑工程先例，为积累施工技术经验、有效控制工程风险，研究决定先行实施最西端的试验段工程，主要内容包括苗圃、云岭西两座综合设施，以及二井之间1.67 km隧道，包含2井1区间。通过试验段的建设积累超深地下工程建设经验，落实风险应急措施，加强风险控制，进一步优化和完善设计参数与施工工艺，并形成一套成熟的技术标准体系和技术经济指标。

其中，云岭西综合设施位于苏州河北岸、规划真光路东侧。建设内容包括内径34 m竖井（开挖深度57.84 m）及综合设施（开挖深度8.8～33.8 m）一座。出于结构安全考虑，整个基坑结构采用两道地下连续墙围护，内部圆形竖井地下连续墙厚度1.5 m，外部方形综合设施地下连续墙厚度1.2 m（图1）。云岭西综合设施地连墙（总计119幅）至2019年6月30日全部完成；综合设施下部扩底桩（总计73根）至2020年1月2日全部完成；降水井于及抽水验证试验于2019年11月底完成；目前竖井基坑已开挖至32 m，正在进行竖井基坑第四节衬墙结构施工。

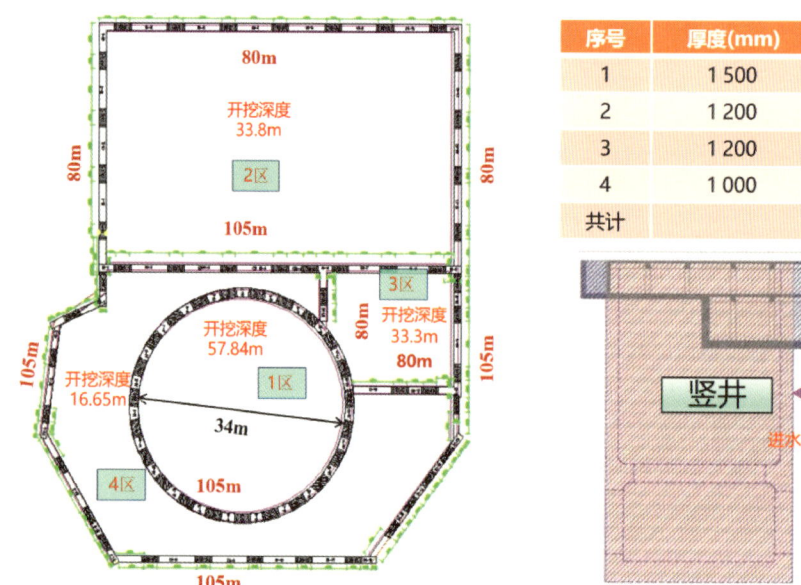

图1　云岭西超深地墙围护布置图

4. 苏州河深隧研究及建设要点

深隧工程的建设面临工艺布置、水力流态、超深地下结构、深埋盾构隧道等方面的一系列难题,需要重点攻关与研究。建设单位聚焦深层隧道调蓄工程建设的重大技术需求,进行了"建设关键技术与试验段示范研究"课题研究,共设8个子课题,在结构设计、施工技术、工艺运行调度等方面均取得了一定的成果及突破,主要成果如下:

(1)深层隧道调蓄系统水力学关键技术

我们与河海大学合作,开展了1:20竖井入流物理模型试验和1:30主隧试验段物理模型试验。通过试验:① 提出入流竖井的新型结构形式及深隧系统的运行调控技术;② 推荐采用外筒单螺旋阶梯旋流式竖井,改型式进流平稳,过流能力强,消能率高,可有效避免空蚀破坏;③ 提出竖井入流优化改进措施和主隧压力控制标准和方法(图2)。

(2)软土特深圆形竖井结构关键技术

通过研究,① 提出超深基坑土压力分布模式的修正方法;② 提出软土超深圆竖井的结构计算方法和标准;③ 首次试验软土150 m地下连续墙施工工艺,垂直度1/1 000,编制了《超深地下连续墙技术规程》,并成功试行;④ 首次试验110 m深N-JET工法(垂直度1/300)和80 m深CSM工法(垂直度1/500)地基加固技术;⑤ 开展抽水试验,提出软土地区特深减压降水施工工艺;⑥形成特深竖井建造全过程的微扰动施工技术体系(图3)。

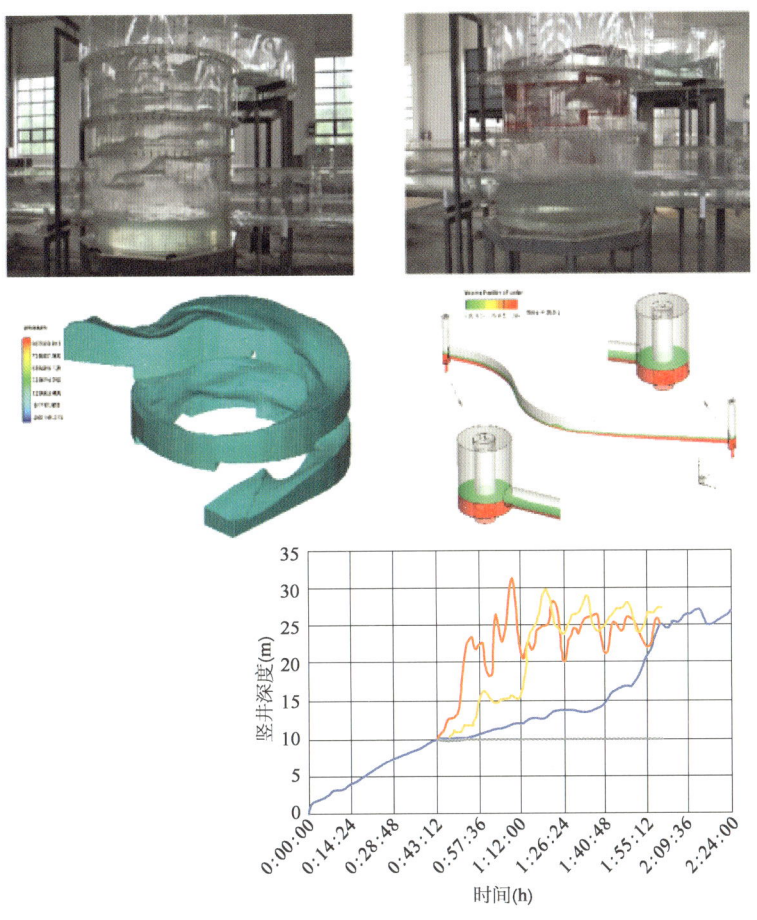

图2 竖井物理模型试验

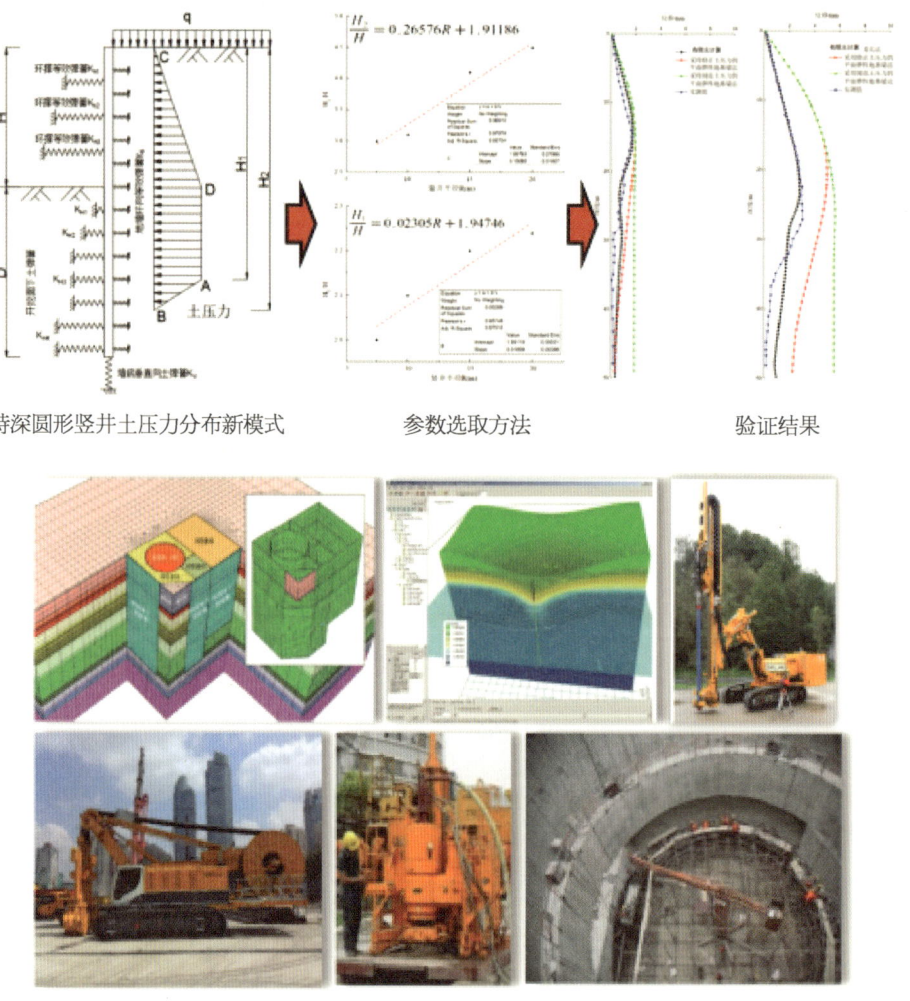

| 特深圆形竖井土压力分布新模式 | 参数选取方法 | 验证结果 |

图3 软土圆形竖井结构技术研究

（3）高内水压作用下深埋隧道计算分析及防水关键技术

进行了1∶1的盾构管片单环、三环力学及功能性试验，以及单、双排螺栓接头力学试验、接缝防水试验等。试验成果包括：① 揭示了单、双排螺栓接头力学特性，建立了内外水压下超深软土隧道衬砌的设计方法；② 完善了双道防水体系，研发了新型密封垫，满足接缝在张开8 mm，错动10 mm的情况下仍能满足1.2 MPa的防水要求；③ 确定了苏州深隧的结构设计标准和单层衬砌结构型式（图4）。

（4）特深覆土及高内水压盾构法隧道施工技术

特深覆土及高内水压盾构法隧道施工研究成果包括：① 超深MJS加固原位试桩试验，深111 m，垂直度1/500；② 研发了5 bar高水压洞圈内嵌式止水装置，确保始发洞门无渗漏；③ 研发了泥水等管路延伸机构，保障分体始发效率；④ 研制了新型的管片注浆管和快速接头；⑤ 首创了多维度混凝土循环机防腐试验装置和方法；⑥ 研发了适应深隧工程的同步浆液材料配比以及泥水处理模式（图5）。

苏州河深隧项目建设技术管理工作依托于科研平台、专家平台、咨询平台和评审平台，为项目的技术和质量管控保驾护航。在工地管理上跟国际先进水平对标，实现工厂化、区域化，在施工过程中强调标准化、精细化、信息化，制定了成槽令、吊装令、浇灌令，体现了精益求精、追求卓越的精神。

双排螺栓接头力学性能试验　　单排螺栓接头力学性能试验　　双排螺栓/三环试验　　单排螺栓/三环试验

图4　高内水压作用下深埋隧道计算分析及防水技术研究

  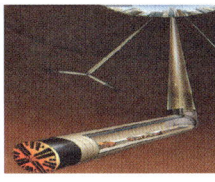 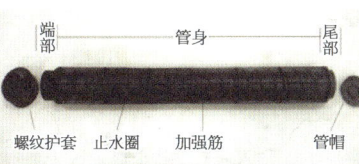

盾构进出洞　　快速接头　　高效掘进　　一体式注塑成型的盾构注浆管

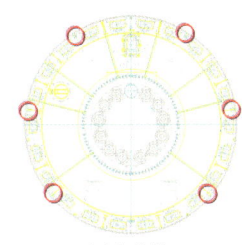  

同步注浆　　泥水循环处理　　循环机防腐试验装置

图5　特深覆土及高内水压盾构法隧道施工技术

第五章

Chapter 05

健康城市与生态建设

Healthy City and Ecological Construction

智慧建筑科技助力
绿色生态城区建设

劳伦斯·韦伯（Lawrence Weber）
江森自控亚太区楼宇自动化控制产品和业务总经理

绿色可持续发展是江森自控的核心发展理念之一。江森自控致力于以建筑科技解决能效问题，这可以追溯到江森自控创始人 Warren Johnson 于1883年发明的第一个电动恒温器的专利。130多年后的今天，江森自控是一家专注于智慧建筑领域的公司，并在应对气候变化方面做出积极贡献。

江森自控在上海的亚太总部彰显了公司对中国及亚太发展的信心。江森自控亚太总部大楼于2017年投入运营使用，三年来接待了1万多人次的参观者，成为中国绿色智慧建筑的典范。

1. 江森自控亚太区总部大楼树绿建新标杆

江森自控亚太总部大楼（图1）是中国首座三重认证的绿色建筑，包括美国绿色建筑协会LEED（能源与环境设计先锋奖）新建建筑铂金级认证、中国绿色建筑设计标识三星级认证，以及IFC-世界银行EDGE（卓越高能效设计）认证。

图1　江森自控亚太区总部大楼

（1）创新健康设计理念

在Gensler设计团队的创新设计理念下，两个长矩形建筑的整体设计，以实现最大化的采光和视野。这两个独立的建筑物以相反的方向弯曲，然后连接在一起，在中间形成一个大的中庭作为社交聚集空间（图2）。开放动线环绕中庭，各层楼都通过楼梯相连，为人在建筑中的互联互动和个体活动提供充分的空间。研究表明，在不同的部门和业务条线之间进行充分的对话，将提高生产力和鼓励创新，这也契合了江森自控不断创新的企业文化。

1　本文摘自作者在"国际绿色生态城市建设研讨会"上的演讲。

图2 中央中庭空间

大楼的北侧是一个大型公共绿地（图3）。根据城市规划要求，江森自控办公园区须通向并连通该绿地。设计团队通过提升建筑的北翼高度让其悬空架高，从而建立了一条绿色的公共走道，既保证了江森自控亚太总部大楼的建筑整体性，又符合城市规划要求，恰到好处地实现了建筑和自然环境的融合，为员工提供了充足的户外环境以及与自然互动的机会（图4）。建筑的南翼设计了容纳食堂和庭院在内的各项配套设施，打造办公楼的社区感。

图3 北侧公共绿地　　　　　　　　　　图4 底层架空

建筑的健康设计可以定义为"对使用者的健康和功能需求产生积极影响的环境，尤其是在光线和光源颜色的数量和质量、包围感、隐私感、窗外视野、与自然的联系、感官的多样性方面，以及个人对环境条件的控制"等属性。建筑健康设计本身就是一个可持续发展目标，这对于上海这样的大城市至关重要，因为密集的城市环境对人们的工作方式是一种挑战，也不利于实现健康的生活方式。江森自控在办公环境上不吝投资，为员工提供契合公司目标的、积极的办公空间，加强社交联系的空间可以促进创新，有益于提升生活品质。

长方形的楼板平面可以为室内提供充足的自然光线和良好的外部景观视野。工作位和协作区被布置在临窗位置。除了减少用于人工照明的能耗之外，自然采光还有益心理健康、改善诸如睡眠问题等生活品质。建筑外部的景观对设计团队来说也很重要。绿色景观环绕建筑物，降低了城市热岛效应，同时也提供了人与大自然产生视觉联系的机会，这在城市环境中非常重要。

不管是在地面还是楼上，整个建筑内分布可用可达的室外空间，给予员工更多空间选择，比如专注工作区域、协作区域，或者单纯地换一个环境。对很多城市人来说，与自然的联系是非常匮乏的。为此，每层楼都设有露台，人们可以在户外工作或休息。此外，一个大型的两层室外屋顶平台可以进行非正式会谈或正式的小组会议。在地面层，户外用餐区庭院连接着毗邻苏州河的绿地。这个户外休闲区设有水景，与露台、阳台在视觉上相连。分布合理的、可利用的、灵活的户外空间融为一体，是提高生产力和幸福感的催化剂（图5）。

图5　户外用餐区庭院

（2）绿色智慧硬核建筑科技

建筑会呼吸。强大的心肺功能，是建筑内在各系统健康运行的基石。4台约克高效冷水机组如同是江森自控亚太总部大楼的心脏，配合高效机房管理平台，为大楼的空调系统提供新鲜的"血液"。在磁悬浮技术的加载下，设备运行零摩擦，且无需润滑油辅助，不仅极大地减少了设备运行噪声，还降低了设备维护成本，提升了设备的能效与运行稳定性（图6）。

图6　约克高效冷水机组

图7　约克空气处理机组

17台约克空气处理机组和运用全新风模式的通风系统，则如同是大楼的"健康肺"，结合专业的空气净化技术，对进入大楼空气中的有害物质进行第一时间的处理，以洁净空气打造健康舒适的办公体验（图7）。

建筑会思考。Metasys楼宇自控系统是江森自控亚太总部大楼的"智慧大脑"，通过全面监控空调、照明、给排水等设备系统的运行与环境参数，不仅能及时发现设备系统潜在问题，同时还减少了设备的维护及营运成本。

对于建筑环境中的各类潜在突发事件，建筑自身的"免疫机制"显得尤为关键。江森自控态势感知管理平台，将原本分散的安全管理、消防管理和业务流程管理等建筑子系统关联，提供更直观的事件报告，以及便捷的人机互动，提供更好的可视化运营管理和决策辅助。

除了看不见的数字化科技平台，绿色屋顶 2 000 m² 的太阳能光伏板每年能产生超过 20 万 kW·h 的电力（图8）；地下还有一套 182 kW·h 的储能系统，利用太阳能为电动汽车充电或抵消机械负载用能；另外我们还使用了雨水回收系统，通过中水系统解决卫生间用水问题，每年可节水 332 万 L，回收的雨水用于清洗停车场或其他用水，每年可节水 151 万 L；同时，地下机房中央冷站应用冰蓄冷技术，冷水机组在夜间电费较优惠的时段制冰，在白天满足制冷需求，减少机组在电力需求旺盛时段运转，减少能耗和运营成本；大楼还安装了智能窗帘和遮阳系统，阳光强烈时该系统会自动调节室内光照，从而确保室内空间舒适度。

图8　绿色屋顶太阳能光伏板

2. 长宁区"400 m林带"项目技术商务双创新

在江森自控亚太总部大楼附近有另一个"400 m林带"项目，与绿色智慧总部大楼相呼应。

这是长宁区政府投资的一个文体公共设施项目，江森自控也非常有幸参与了该项目的机房建设，为项目提供了绿色高效冷水机组和楼宇自控设备。

"400 m林带"项目为上海市长宁区生态工程专项建设地上配套服务及地下工程，南至天山西路，北至北翟路，背靠外环线。总建筑面积为 41 560 m²，其中地上部分2层，共计 1 898 m²，为地面配套管理用房，地面建筑高度为 11.85 m；地下部分2层，共计 39 662 m²，由车库、体育馆、游泳馆、下沉广场和配套商业组成。

考虑到传统新建项目一直存在能耗漏斗效应，建筑实际使用能耗往往高于设计能耗。在江森自控等企业的支持下，长宁区低碳中心在此项目中积极探索和应用创新技术和商业模式，取得了非常好的实效（图9）。

（1）创新商业模式

项目在招标过程中将机房运行效率作为付款条件，在此创新模式的基础上成功打造高效冷站机房，由此将把控制能效的节点落到冷站工程承接方，并采用经济手段以合同形式落实冷站能效的责任方。该项目投标总价的30%尾款将根据冷站效率是否达到ASHRAE冷水机房效率 0.85 kW/ton 的标准作为支付条件；机房效率待项目竣工一年后以第三方能效检测的评估报告为准。

图9 "400 m林带"项目

（2）领先技术方案

在项目设计上运用了许多智慧建筑科技，通过前期三维建模优化具体设计方案，确保实现能效参数；在施工方式上采取装配式施工，管道组件基本采用异形管道组件，均采用预制，现场进行拼装，以达到节能效果；应用大数据运维优化，运营采用NBIOT物联网技术在线运维指导，并根据大数据模型处理运行数据。

3. 构建环境的数字化新世界

智慧建筑每天都会产生海量数据。然而，大多数情况下这些数据没有被系统化地收集、存储、分析和利用，无法提高建筑的运营效率或实现建筑的能效目标。而人工智能等数字化解决方案可以在这一领域大显身手。智慧社会的根本基点是数据，只有利用人工智能和物联网充分掌握数据，才能综合管理社区生态、建设美好生活环境。

智慧社会和建筑环境的未来是将人类社区、建筑设计和科技连接在一起，江森自控基于这一理念打造"三位一体"数字化解决方案，这也是公司未来发展战略的重要构成。江森自控有领先的建筑科技和产品，同时在不同的建筑场景如医疗、交通、数据中心等有丰富的经验。江森自控数字化平台将通过应用人工智能和物联网技术打通建筑内的复杂系统的数据，通过平台化的有价值的数据分析和洞察应用打造智慧的建筑和城市。

130多年来，江森自控作为全球智慧建筑领域的领导者，拥有8 700多项有效专利、全球2 000多家分支机构、400多万客户。创新是悠长历史赋予当下并不断驱动未来的基石。在创新科技的推动下，全球众多超高层地标建筑背后都有江森自控的身影。例如迪拜哈利法塔、上海中心、沙特麦加皇家钟塔饭店、台北101大楼、上海环球金融中心、吉隆坡双子塔、香港环球贸易中心、广州国际金融中心、首尔乐天超级塔、香港国际金融中心、科威特阿尔哈姆拉塔、迪拜公主塔、大阪阿倍野等。

江森自控，成就使命的力量。

将自然带入城市

王雪漫
世界银行城市、社会、乡村及韧性城市部高级城市专家

1. 城市追求绿色城市发展是全球大势所趋（更具韧性、可持续、健康和宜居）

在新加坡，根据绿色标准改造建筑，自2005年起已使数千座建筑获得新加坡建设局绿色认证，该市的目标是使80%的建筑在2030年前达标。库里提巴——巴西的生态之都拥有28座公园和林地，人均绿地面积达50 m²（在1970年时人均仅1 m²），这是由居民在城市街道旁种植150万棵树，以及一个环绕城市的防洪绿带所带来的成果。在开普敦，由于其在非洲绿色城市指数中名列前茅，以及引以为傲的人均289 m²的绿色空间，该城市被评为全球最具生物多样性城市，并在2018年获得了保护65%生物多样性网络的纪录。伦敦已经成为首个国家公园城市，一项旨在2050年前推动半个城市区域包含蓝绿空间的项目，其数字已经达到47%。该项目旨在让城市更加绿色、更加健康、更加野生自然，以提升伦敦的生活质量。

2. 将自然带入城市——一个综合的框架

支持城市规划和投资绿色"基础设施"以提升宜居性和韧性并保护生物多样性，以及应对气候变化城市，它分为四个方面：城市、多样性、自然资产核算和基于自然的解决方案。

（1）城市生物多样性和城市生态系统

一个运作正常的城市生态系统对于人的健康和福祉至关重要，城市生态服务和生物多样性增强城市的韧性并应对气候变化，生物多样性和生态系统服务是城市的自然资本。支持城市生物多样性，包括整合与融入两个方面。整合体现在生物物种管理和监控、生态系统服务方面；融入体现在城市设计、用地和空间规划方面。在新加坡，已经应用了城市生物多样性指标（表1）。

表1 新加坡生物多样性指标

核心组成	指标	最高分数
城市本地生物多样性	1. 城市自然面积比例	4分
	2. 连通性措施	4分
	3. 自然保护区生物多样性（鸟类种类）	4分
	4. 维管植物种类数量的变化	4分
	5. 鸟类种类数量的变化	4分

---

1 本文摘自作者在"国际绿色生态城市建设研讨会"上的演讲。

(续表)

核心组成	指标	最高分数
城市本地生物多样性	6. 蝴蝶种类数量的变化	4分
	7. 物种数量变化（城市选择的任何其他分类组）	4分
	8. 物种数量变化（城市选择的任何其他分类组）	4分
	9. 自然保护区所占比例	4分
	10. 外来物种入侵的比例	4分
生物多样性提供的生态系统服务	11. 水量调节	4分
	12. 气候调节：植被的碳储量和降温作用	4分
	13. 娱乐与教育：自然公园区	4分
	14. 娱乐与教育：每年每个16岁以下儿童在自然保护区的公园进行正规教育访问的次数	4分
生物多样性的治理与管理	15. 分配给生物多样性的预算	4分
	16. 城市每年实施的生物多样性项目数量	4分
	17. 地方生物多样性战略和行动计划的存在	4分
	18. 机构能力：与生物多样性有关的职能数量	4分
	19. 机构能力：参与与生物多样性有关的机构间合作的城市或地方政府机构的数量	4分
	20. 参与和伙伴关系：存在正式或非正式的公众咨询过程	4分
	21. 参与和伙伴关系：本市与之合作开展生物多样性活动，项目和计划的机构/私人公司/NGOs/学术机构/国际组织的数量	4分
	22. 教育与意识：学校课程中是否包含生物多样性或自然意识	4分
	23. 教育和意识：每年在城市举行的外展或公共意识活动的数量	4分
城市中的本地生物多样性（指标1～10的小计）		40分
生物多样性提供的生态系统服务（指标11～14的小计）		16分
生物多样性治理和管理（指标15～25的小计）		36分

（2）城市自然资产核算

将城市的自然资源作为城市资产来管理。自然资产核算的目的在于：保持和增强公共蓝绿空间，为居民提供干净和安全的休闲空间并改善城市宜居性；增加城市气候韧性（例如洪涝和城市热岛效应）；保护城市中的自然栖息地增强城市生物多样性；整合蓝绿空间和用地规划、总体规划和城市更新规划；增强城市在绿色城市基础设施的投资；从国内生产总值（GDP）过渡到环境生产总值（GEP）（图1）。

	自然资产存量	
公园	水体	街道树木

服务流动

供应服务	调节服务	生境服务	文化服务
● 食物 ● 木材	● 气候稳定性 ● 空气和水的质量	● 遗传和物种生物多样性 ● 农业授粉	● 娱乐活动 ● 旅游 ● 造地

服务价值

对个人、企业和公共部门的惠益

图1 自然资产的服务和价值

（3）基于自然的解决方案

通过基于自然的解决方案来增强和投资绿色基础设施资产，达到增强或者恢复自然和生态系统，提供人体健康和生物多样性效益，成本效益良好的效果。世界银行包含基于自然的解决方案的项目案例如图2所示，其中需要加强的地方在于：需要支持用地规划，倡导城市设计与城市更新，对于城市生态系统和服务需要实施全面的措施。

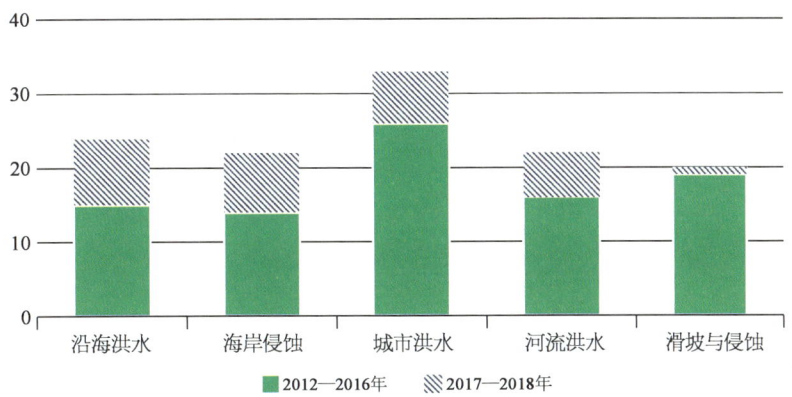

图2 世界银行包含基于自然的解决方案的项目案例

基于健康环境建设的思考与展望

张恩祥
北京联合大学健康与环境学院院长

经济的绿色化不是增长的负担，而是增长的引擎，这样的观点目前已经在全球范围内达成广泛的共识。绿色经济是健康城市发展的客观需要，绿色经济主要包含两部分：绿色制造和绿色产业，特别是绿色产业在我国目前发展非常迅猛，2020年以节能环保为主的绿色产业产值达到10万亿元。无论是绿色产业还是绿色经济，要想在我国取得长足的、可持续的发展，其中有一个非常重要的因素必须时刻关注或加以解决，那就是创新。因此本文的关键词有两个：一个是绿色产业，一个是创新。

近年来国家对环境问题和创新越来越重视，党的十八大明确地将生态文明建设纳入五位一体的中国特色社会主义总体布局，十九大提出美丽中国的概念，"绿水青山就是金山银山"这句话已经深入人心。仅以北京为例，为加强四个中心的首都功能建设、发展与首都定位相匹配的产业，北京市委明确提出要建设具有全球影响力的创新中心，注重健康生态城市的建设，实施创新驱动发展战略。推进创新创业深入发展已经成为经济发展的新引擎。

在这样的大背景下思考健康城市，首先要分析影响健康城市的主要因素，可以简单归为两大类：一类是自然因素，另一类是社会因素。从自然因素来讲包括以城市饮用水为主的水质的持久改进，以及城市生活垃圾的分类和处理。上海在城市垃圾分类处理上走在全国前列，北京正在向上海学习，目前北京也正在立法解决垃圾分类问题。此外还有空气污染的防治，这些是自然因素。社会因素主要包含人们的一些观念，包括整个社会在生活上和其他方面的观念。

无论是从生产系统还是社会本身系统来讲，人类所有的活动都伴随着能量的消耗，最终会有一部分作为污染或废弃物，以CO_2的形式表现出来。因此在思考解决环境问题时要从两方面着手：一个是减少能量的消耗，另一个是将消耗的能量和产生的废弃物进行资源化利用。如果在上海或北京用电动汽车替代传统的以汽油、柴油为主的汽车肯定会减少空气污染，但是新能源汽车的新能源是从哪儿来的？实际上能源，尤其是经过汽油、柴油发电之后产生的新能源已经多做一次功，产生更多的能量损耗，实际上增加了CO_2的排放。

从健康城市或健康环境的角度来思考未来的发展方向，有很多办法可以减少能量的损耗，同时有很多办法能将损耗的能量、产生的废弃物或CO_2想办法资源化利用。但是无论怎样效果都是有限的，我个人认为最终的方法涉及科技进步，而我们应该用自然的方法来处理自然问题。

基于上文的一些思考，下一步的健康城市的发展思路主要有三点：第一，一定要做好环境保护。特别是对现有的生态界的保护利用，同时要把这种资源尽量扩大，而不是在使用过程中逐渐减少。第二，调整产业结构。构建以绿色经济为主体的产业结构。第三，要彻底转变发展的观念和思路。过去一直强调以人为本，这句话没错，但是发展到今天我认为需要重新思考这句话，单纯强调以人为本必然会带来

1　本文摘自作者在"2019中国健康城市论坛"上的演讲。

环境的牺牲和资源的浪费。应该把以人为本和以城市为本结合起来，简单地以城市为本可能显得不够人性化，但是至少应该把两者结合起来考虑，而不是单纯地强调以人为本。

中国有句俗话"覆巢之下，岂有完卵"。真正的以人为本不是以今天人眼前的利益为本，而是以子孙万代更长远根本的利益为本，这是我的观点。

北京联合大学健康与环境学院下的生物质废弃物资源化利用重点实验室在废气废液及固体废弃物的处理上做过几项研究工作。谈到环境污染都会想到二氧化碳，据专家预测，2030年全球的CO_2排量将会达到380亿t，这个量不仅会带来非常大的环境压力，甚至将会危及人类的生存，这样严峻的问题如何处理？目前除了通过尿素的生产等来固化二氧化碳，以及填埋外，没有特别好的办法。北京科技大学一位教授探索了一种办法，现在对企业的污染物排污排放要求标准越来越高，很多企业因为废气排放不达标被罚甚至被迫关门，这项技术可以把工业废气收集起来，进一步地分离和纯化之后，最后通过生物系统进行处理，不仅解决了废气的污染问题，同时还可以产生高附加值的产品，这项技术已经得到应用。

另外，就是对有机固体废弃物的处理，大家知道城市基本上都处于农村的包围之下，城市的环境问题很多是受到了农村的一些废弃物处理的影响。所以我们有一项技术是做秸秆的热解，秸秆热解以后产生的混合气体的转化率达到84%，这个指标目前在全国处于比较领先的地位。同时有效地解决了在转热解过程中的焦油问题，既提高了转化率，也提高了纯度。另外，有机固废处理中的发酵技术主要包括农林废弃物，如有机垃圾等，一方面可以通过发酵产生沼气，另一方面可以堆肥。还可以通过偶联技术最后实现污水处理、植物处理，以及养鱼等，这就是我们和北京某公司的合作，现在已经在北京密云、平谷好几个区都做了一些示范工程，完全看不到工程的痕迹，非常自然，但是解决了污水处理、植物处理以后还能生长植物，有的可以种蔬菜、养鱼，同时还能发电用于景点照明。

对未来发展的思考：第一，要实现创新驱动，必须建立起以政府为主导的包括高校、科研院所和企业共同参与的机制，没有这样的机制推动，靠任何一方这件事情都很难实现。第二，要强化标准的建立和知识产权的保护。第三，搭建信息技术评估等公共服务平台，为企业、学校和政府在决策时提供相应的支持。第四，一定要坚持"走出去"战略，积极参与国际竞争和合作，只有这样才能够开阔视野，学到更多、更好、更先进的技术和方法。

加快城市转型
构建国际阳光康养旅游目的地

马晓凤
四川省攀枝花市副市长

1. 加快城市转型，构建国际阳光康养旅游目的地是攀枝花发展的必然抉择

攀枝花是一座因国家三线建设而生的城市，也是全国唯一以花命名的城市，钢铁和阳光是攀枝花发展的"辩证法"。近年来，我们全力做好"钒钛、阳光"两篇文章，扎实推进产业升级和城市转型，正加快由钢铁之城向钒钛之都、由工矿基地向康养胜地、由传统三线建设城市向区域中心城市转变（图1）。

图1 攀枝花城市全貌图

四川省委对攀枝花提出了"3+2"的新定位新要求，支持攀枝花城市转型，构建国际阳光康养旅游目的地。未来攀枝花城市发展之路该怎么走、如何实现这一目标？近年来，依托得天独厚的气候、生态和物产优势，紧扣四川省委对攀枝花提出的"建设国际阳光康养旅游目的地"的定位，按照"养身、养心、养智"理念，大力发展全域化布局、全龄化服务、全时段开发康养，着力构建"一核一带三谷"空间布局，在全国率先发布康养产业地方标准、创办国际康养学院、设立康养产业投资基金，建成一大批康养品牌项目，昔日的"钢铁硬汉"正变身"阳光暖男"，已经成为全国康养"网红地"。去年全国"两会"期间，万鄂湘副委员长在全国政协记者会上给攀枝花康养产业打了一把免费"广告"，他说"到冬天，唯一可以跟海南三亚相比较的气候条件就是攀枝花，冬天可以穿衬衣"，这让攀枝花阳光康养的影响力、知名度、美誉度大幅提升，使我们倍感振奋、深受鼓舞。当前，"英雄攀枝花·阳光康养地"正成

---
1 本文摘自作者在"2019中国健康城市论坛"上的演讲。

为八方宾朋避寒、避暑、避霾的理想胜地。2012—2018年，全市接待游客总量从852万人增长至2 566万人、年均增长20.2%；旅游总收入从66亿元增长到338亿元、年均增长31.3%。每年到攀枝花过冬的"候鸟老人"突破15万人次。

2. 攀枝花构建国际阳光康养旅游目的地具有雄厚的基础和优势

（1）区位优势明显

攀枝花位于川西南、滇西北接合部，是四川通往东南亚、南亚的最近点，是联系东南亚、南亚的重要交通枢纽和商贸物资集散地。川滇毗邻六市州，辖区面积16.94万 km^2，常住人口近2 000万人，GDP总量近6 000亿元，处于成渝、滇中两大国家级城市群之间，发展潜力大。攀枝花位于该城市群几何中心，与其他五市州直线距离均约200 km，可形成以攀枝花为中心的2小时经济圈。

（2）气候禀赋独特

一是"温度"。人体最适宜的温度为18～24℃。攀枝花年平均气温20.3℃，冬暖夏凉，尤其适宜避寒避暑养生。

二是"湿度"。人体最适宜的湿度为45%～65%。攀枝花年均湿度在55%～60%之间，长年舒适干爽，对风湿性关节炎、气管炎等常见疾病具有显著的自然疗效。

三是"海拔高度"。最适合人类生存的海拔高度在1 000～1 500 m，攀枝花市区正处于这一区间。在这里，人的心跳会提高10%～20%，睡眠、肺功能等多项生理指标会显著改善，有利于促进大脑健康和肌体长寿。

四是"洁净度"。攀枝花环境空气质量优良率长期稳定在95%以上，特别适合呼吸系统疾病患者静养。

五是"优产度"。攀枝花是四川唯一的亚热带水果生产基地，一年四季鲜果不断。特别是攀枝花芒果，品质优越，畅销国内外。

六是"和谐度"。攀枝花98%的城镇人口由全国各地汇集而来，热情、开放、包容，是西南地区唯一的首批全国和谐社区建设示范城市。值得一提的是，在攀枝花总有一种口音可能是你的乡音，有一种菜肴可能有你家乡的味道。

（3）旅游资源富集

攀枝花市有被誉为"天然地质博物馆"的攀西大裂谷，有着神秘而美丽的原始森林，有上海大世界吉尼斯总部认定的中国最大面积索玛花海，有被誉为"种子资源基因库"的二滩国家森林公园，有号称"中华奇洞"的米易颛顼龙洞等优质资源。此外，人文产品丰富，游客参与性较好。有以运动康养温泉为特色的红格度假小镇，以俚濮彝族、苴却砚等"非遗"体验为特色迤沙拉历史文化名村，以赏荷品荷为主的"莲乡布德"民俗村落等，可以观看傈僳族跌脚舞、丰收舞等民族舞蹈，欣赏斑鸠吃水、约德节、刺绣技艺与织布技艺等非物质文化遗产表演等（图2）。

图2　康养＋旅游

（4）医养条件较好

有国家三甲医院5家，人均拥有卫生人员和床位数居全国前列；治未病中心、亚健康调理、月子中心等众多服务机构如雨后春笋发展壮大，已建立多种类型的医养结合机构40余家，并推进医养结合服务标准化建设，"养中有医，医中有养，医养结合"的格局初步形成（图3）。

图3　康养＋医疗

（5）适宜开展体育运动和比赛

四季均适宜户外运动，拥有完善的体育场馆设施，建有全国皮划艇激流回旋基地、射击射箭竞训基地等4个高水平竞赛训练基地。先后成功举办了环攀枝花国际自行车公开赛、全国艺术体操锦标赛、国际皮划艇马拉松赛等高水平体育赛事。每年举办各级各类体育赛事活动150余项，参加人数10万余人次（图4）。

图4　康养＋运动

3. 加快城市转型，构建国际阳光康养旅游目的地的主要路径及重点合作方向

（1）坚持一个理念——发展"三全"康养产业

"三全"理念。全域化布局（各县区实施补位式的差异化发展），全龄化服务（妇孕婴幼儿、青少年、中老年的全生命周期康养），全时段开发（突出每个季节的鲜明特点进行重点打造和系统宣传）。

（2）坚定一个布局——一核一带三谷

"一核一带三谷"布局。"一核"，以东区为一核引领，建成集医疗康复区、文化创意区、交易展示区、旅游休闲区于一体的国家康养产业综合示范基地；"一带"，以盐边县的红格至格萨拉为一带支撑，建成集温泉、运动、农业、森林、文化、美食等特色于一体的国际养生旅游目的地；"三谷"，在米易县建成国内一流、集农文旅于一体的太阳谷,在西区建成国内领先、集攀西医养(康复)示范中心、国家康复辅具产业园区、国家苏铁生态公园于一体的苏铁谷,在仁和区建成国际知名、集普达国际阳光度假区、交通枢纽地、四川南向门户、人文风情体验等特色于一体的颐养谷。

(3)融合一批产业——康养+

在"康养+农业"方面,大力发展观光农业,推动"产区变景区";大力发展体验农业,推动"田园变公园";大力发展精致农业,推动"产品变商品"。

在"康养+工业"方面,推进工业绿色发展,持续提升康养"洁净度";推进工业转型发展,提升康养"精品度";推进工业智能发展,提升康养"温馨度"。

在"康养+医疗"方面,织好医疗"保障网",扩大康养"辐射圈";找准医养"结合点",延伸康养"产业链";扩大合作"朋友圈",构筑康养"大联盟"。

在"康养+旅游"方面,坚持"特色化"发展,筑牢康养旅游基础;坚持"差异化"发展,创新康养旅游模式;坚持"品牌化"发展,强化康养旅游营销。

在"康养+运动"方面,高标准建好"运动场",提升康养供给能力;高水平办好"运动会",彰显康养胜地魅力;高起点培养"运动员",激发阳光花城活力。

各位领导、各位嘉宾,《"健康中国2030"规划纲要》提出,到2020年全国健康服务业总规模超过8万亿元,到2030年将达到16万亿元;世界著名经济学家保罗·皮尔泽将康养产业称为继IT产业之后的全球"财富第五波",是兆亿级的产业。著名企业家马云先生曾说过,"下一个能超过我的人,一定出现在健康产业!"这些充分说明,我国康养产业发展潜力巨大、前景光明,充分说明攀枝花率先在全国探索康养理论、发展康养产业,是具有开创性、前瞻性的。热切盼望各位领导、各位嘉宾在以下三方面重点关心、支持攀枝花康养事业的发展。

一是全域旅游、景区(度假区)打造、特色小镇、田园综合体、旅游综合体及配套商业等项目,发展康养旅游,促进康养与旅游多业态深度融合。

二是医教研产养融合中心、人类辅助生殖、医药、医疗、康复、保健、养生等项目,推动本地医疗资源与国内顶级医疗资源联合,构建完善的康养医疗服务体系,发展康养医疗产业。

三是培育体育组织和企业,引进高水平大中型体育赛事,吸引更多国内外专业运动队来攀竞训,推动赛会经济繁荣发展,发展康养运动产业。

在此,我诚邀大家相约攀枝花,畅享阳光灿烂的日子!

第六章

Chapter 06

智慧城市与
交通安全

Smart City and Traffic Safety

价值与新技术驱动的
上海全球城市交通综合治理体系重构

李 晔

上海师范大学副校长、教授

1. 上海综合交通发展现状与历程

类似上海的一些全球城市都是特大或者超大城市，它们的交通系统都是一个复杂的系统，交通拥堵、交通安全等问题一直是这些城市城市病的主要问题。

（1）交通基础设施不断完善—市内交通/对外交通

上海市已经建设了一个非常庞大的城市交通体系，特别突出的应该是有一个世界上最大的公共交通体系：城市道路5 317 km；公路里程超过1.3万km，其中高速公路约830 km，形成了"两环、十射、一纵、一横、多联"布局。轨道交通网络705 km（含磁浮29 km），有415座车站，57座换乘站。地面公交线路长度超过2.4万km，日均客流576万乘次。截至2016年全市公共停车场2 632个，泊位数573 513个。截至2016年底，铁路里程465 km，已形成"三主三辅"铁路客运枢纽。在水运方面，2016年，拥有泊位1 195个，其中万吨级泊位224个，形成以洋山深水港区、外高桥港区为主体的国际枢纽港。在航空方面，两个机场，4座航站楼，6条跑道。

近30年来，城市规模增长、空间拓展，道路、轨道交通等骨干交通设施供给均成倍增长，道路里程增长近10倍。

（2）交通运行状况—对外交通

建成了很大的对外交流网络，包括铁路、水运、航空等等。上海国际航运地位日益凸显，集装箱吞吐量达到4 023万标准箱，连续9年保持世界第一。2016年航空旅客吞吐量超1亿人次，成为全球第五个航空吞吐量过亿的城市。

（3）交通运行状况—市内交通

1986至今上海市机动化程度显著提高，整个上海交通结构发生了很大的变化，特别是小汽车的出行一直在增长，出行比例增长近6倍。公共交通客流整体稳定，地面公交客流量逐年下降，轨道交通客流大幅提高。市民对交通不满意的问题有：出行时间太长、公交效率低、运营时间不长、步行的整体环境不是很好、公共交通换乘不便利、自行车道较少、公交的价格设置不合理、缺乏无障碍设施等。上海交通发展阶段：进入以管为本，并且从管理到治理：社会、冲突、利益（图1）。

总体而言，上海的交通发展经历了以建设为主到目前进入从增量到存量发展的过程，主要进入了一个向管理要效率，并且从管理到治理的过程。治理就是从整个社会角度出发的，主要是如何处理政府、公众、私营部门等各方利益和冲突的问题。

---

1 本文摘自作者在"全球化进程中的中国城市"国际研讨会上的演讲。

1978—1991年　　　　1991—2000年　　　　2000—2010年　　　　新时代
城市不堪重负　　　　城市空间拓展　　　　建设支撑发展　　　　从增量到存量
艰难转型　　　　　　谋划交通骨架　　　　世博提升品质　　　　内涵发展

乘车难，出行难　　　浦东开发、申字高架　　轨道网、高速网　　　管为本、重体系、补短板

图1　上海综合交通发展现状与历程

2. 迈向全球卓越城市上海交通治理挑战

《上海市城市总体规划（2017—2035年）》制定了新的城市发展定位，推进"国际经济、金融、贸易、航运、科技创新中心"五个中心建设，将上海建设成为卓越的全球城市，在交通治理挑战方面有这五个方面。

第一，上海在全球网络中交通连接的建设。已有虹桥、浦东两个机场，即将建设第三个机场，三个机场形成机场群，三者之间进行协同的运行。上海周边其他港口如何通过体制机制的转变，变成统一运行的港口群。上海的土地空间建设成一个绿色高效的体系。

第二，全球城市放在区域当中，通过区域整体的功能参与全球的竞争与合作。将上海放在整个长三角的背景上去发展，长三角区域一体化/都市圈综合交通系统治理，轨道上的长三角、跨行政区，关注城际铁路、公共交通，都市圈交通发展模式，示范区交通治理。城市群与都市圈交通治理包括：跨行政区政府间治理，基础设施投资、运行，大区票价政策。这些如何运行都是一个挑战（图2）。

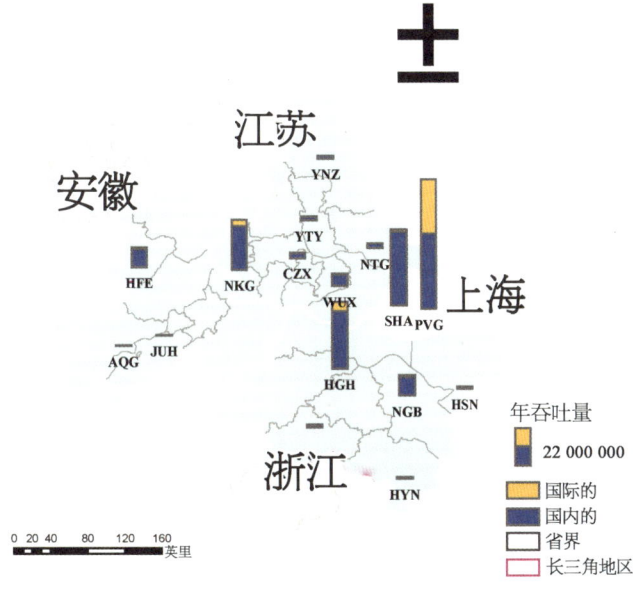

图2　长三角各机场连接度分布

第三,上海要成为全球科创中心,吸引全球顶级的科技创新、艺术等人才,在出行品质提升方面,以人为本与绿色低碳对出行品质提出更高要求,要求生活质量和创新场所。如何以人为本提高绿色低碳的高效出行对上海非常重要,这也是一个挑战。

表1 上海交通目标和指标

目 标	关 键 指 标	指 标 值	
		2015年	2035年
创新之城:高效易达	平均通勤时间(min)	42.7(中心城)	≤40(市域)
人文之城:安全舒适	轨道交通平均接驳时间(min)	>20	12.0(主城区)
生态之城:低碳节约	绿色交通出行比例(%)	76	85
	公共交通占全方式出行比例(%)	26.2	40

第四,面向未来科技创新的交通治理:新工具,新模式,新平台,政府与平台。移动互联网的深入及通信技术的发展产生新的交通工具,如无人驾驶汽车,共享交通等新的服务模式。上海智慧交通发展包括科学决策的数据化支撑、行业监管的智能化支撑、协同一体的信息化支撑、出行服务的多样化支撑。如何处理政府和这些服务平台之间的关系这也是一个挑战(图3)。

图3 未来科技创新交通

第五,安全与韧性交通建设:强适应性的交通运输网络风险管理、危机管理以及恢复能力建设,交通风险与应急,要能够应对"大事件""大事故""大危机",伟大的城市韧性至上。这些都是上海全球城市中遇到的挑战。

3. 上海综合交通治理转型实践

（1）"以车本位"转向"以人本位"

一个文明的城市并不是一个公路修得有多好的城市，而是骑在三轮车上的儿童可以安全地四处撒欢的城市。城市交通以人为本，注重交通运行效率、服务水平、社会公平和环境保护。一方面是在绿色低碳交通政策上的投资、财政是以公共交通优先。2017年上海市交通基础设施投入727.6亿元，轨道交通建设占比45%左右；2016年上海市市级财政共完成公共交通补贴93亿元，其中公共汽（电）车补贴占81%，轨道交通补贴占17%（图4）。为解决上海交通拥堵的状况，1994年开始首度对新增的客车额度实行拍卖制度。长期以来严格的拍卖制度有效控制了机动车保有量，为轨道交通网建设争取了时间。另一方面，"空间公平"嵌入城市规划——注重机会平等（不同公共服务与不同人群可移动能力）。交通公平本身没有道德伦理价值，但交通资源分配影响人们实现其他社会功能的能力；交通代表了公民获取基本需求的自由移动能力，应当纳入基本可行能力范围。

图4　上海市交通基础设施投资

（2）创新驱动城市活力——创新性（场所互联）

通过降低城市居民对私家车的依赖，引导交通出行模式向更加健康、更有效率的绿色出行方式转变，最终将上海打造成一个街道有活力，交通有效率、空间有魅力的宜居城市。一方面，注重高品质慢行交通空间设计：人性化的街道是指以人为本，注重街道空间整体开发；街道与设施的智慧互动包括智慧灯杆、智慧地图、智能超市、智慧出行引指等等，街道让科技不再遥不可及，融入科技的街道将会变得生动有趣。例如，46 km黄浦滨江绿道激发城市活力。黄浦江边黄金岸线体现了"生态、文化、活力"的建设主题，充分展现了黄浦滨江建设的累累硕果。黄浦滨江的空间建设传承了历史文脉，留存了城市记忆，加强了历史风貌和工业遗产资源的保护利用，一些世博会的保留建筑、构筑物得以开发利用，形成特色布局。具有功能复合、充满活力的绿色空间理念：绿化景观与三道（骑行道、跑步道、慢步道）自然契合，构建优美、舒适、连续、便捷的慢行网络系统（图5）。

（3）交通精细化治理——智慧性（引入大数据、人工智能等新技术）

以人民根本利益为坐标，这就是社会治理的"道"。"道"既已立，执"术"而行，习近平总书记说："城市管理应该像绣花一样精细。""绣花——精细化治理"，即是"术"。精细化治理包括三方面：第一，交通秩序精细化治理。"落于法律"，新版《上海市道路交通管理条例》正式实施，号称史上"最严交规"。第二，交通空间精细化治理。融合交通、空间、景观、智能的精细化街道设计：出台《街道环境设计导则》《步行环境改善计划》、"公共空间改善"等一系列策略。第三，交通信息精细化治理。闵行区

图5 滨江绿道"望江驿"

以"大数据、云计算"打造泊位信息实时数据平台,结合路面诱导系统和库内诱导系统,为驾驶员提供便捷精准的停车信息服务。

(4)交通模式新业态——包容性(所有人的交通,共享交通)

对于诸如共享单车、小汽车分时租赁等新型交通模式,以包容的原则提出了政府监管模式新路径和新思考(图6)。

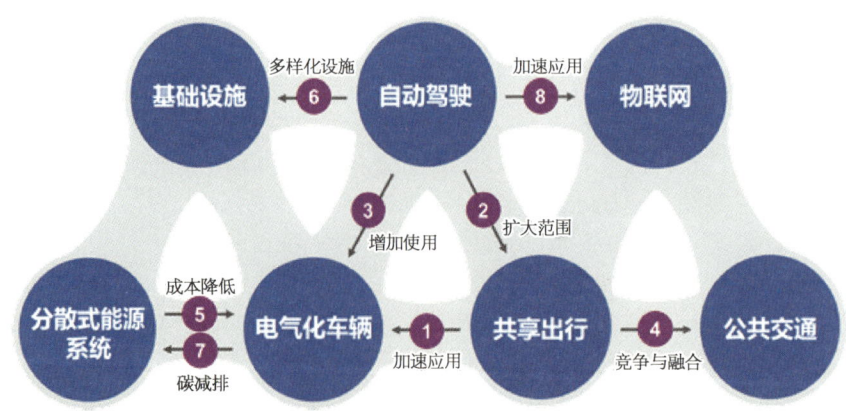

图6 包容性治理

4. 面向未来上海交通综合治理体系重构

面向未来上海交通综合治理体系重构的四个维度包括：

价值引领驱动：针对交通与生活质量、交通与公平公正、交通与创新生态、交通与生态环境等互动关系深入分析，从价值引领的角度构建。

技术创新驱动：针对新的交通工具（无人驾驶等）、新的服务模式（共享交通等）、新的治理工具（5G+iABCD），从技术创新的角度构建。

空间场域驱动：针对全球城市网络、长三角一体化/上海都市圈、上海市域、上海重点功能区域等不同层次空间场域对上海综合交通服务的不同要求，从空间场域交通服务要求的角度构建。

过程服务驱动：针对安全与韧性、绿色低碳、包容性等基本交通品质服务提升要求，从过程服务品质要求的角度构建（图7）。

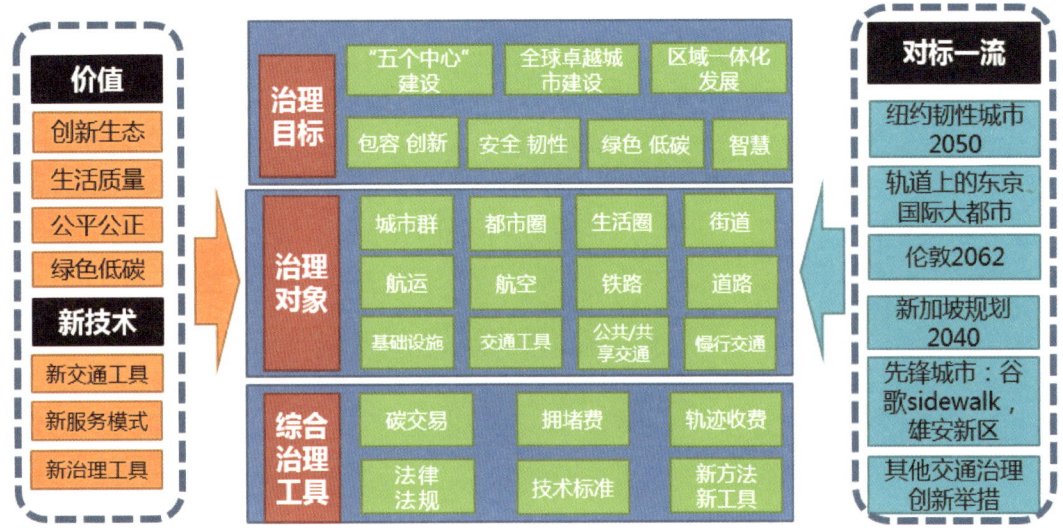

图7　面向未来的上海交通综合治理体系重构

中国智慧城市地下空间实践与发展

朱合华*　李晓军**

* 同济大学教授、中国岩石力学与工程学会副事长、国际岩土工程联盟岩土数据标准委员会主席
** 同济大学教授、中国岩石力学与工程学会岩土信息技术工程应用分会秘书长、国际岩土工程联盟岩土数据标准委员会委员

地下空间世界是隐蔽不可见的，怎么能看得见呢？数字化是一条必由之路，很简单就是用"0和1"（即数字，digital）来表示。自1998年起，从地下空间资源规划到评价，从地下建筑的设计、施工到运维，我们已经实现了全寿命期过程的数字化表达、分析与服务。

上海地下空间的数字化、信息化工作于20世纪90年代就启动了。1990年普查了上海城市地下空间的现状，2005年搭建了黄浦和长宁两个中心城区的地下空间信息平台，2011年进入全国第一批智慧城市试点，2015年普查了整个上海的地下空间基础设施。图1所示为上海地下空间数字化、信息化的发展过程，这与整个国家的发展是一致的、甚至是走在前列的。

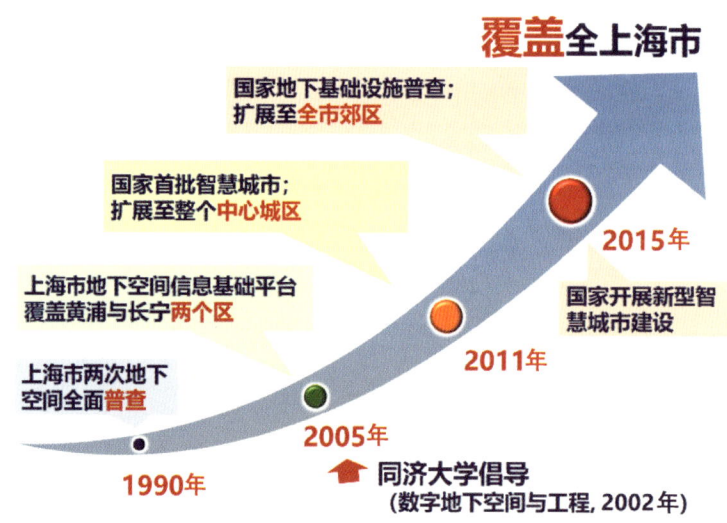

图1　上海地下空间的数字化、信息化过程

上海的地下空间世界到底有哪些数据呢？比如有绕地球2.2圈、超过8万km的地下管线，还有超过1 000 km的隧道，以及地下综合体等，上海的地下空间面积达上亿m^2，在全国位列第一。完整的城市地下空间对象包括地质体、地下管线和地下建（构）筑物。在城市地下空间数字化过程中，数据从哪里来？地质体数据来自地质勘探阶段（物探和钻探）。与国内外先进技术相比，上海在数字化钻探技术研发方面相对落后，有很大的发展空间。地下管线和地下建（构）筑物数据来自工程建设与运维过程，可采

1　本文摘自作者在"全球城市地下空间开发利用上海峰会暨2019第七届中国（上海）地下空间开发大会"上的演讲。

用照相技术、激光扫描技术、无线感知技术等手段来动态获取图像信息。

回顾从数字化到智慧化的发展过程，我们走过了艰难的路程。自1998年起，在数字地下空间建设方面，先后经历了世博园数字地下空间平台、常州地下空间数字化规划、延安新区的数字化地下基础设施等研究与实践；在数字化地下工程方面，围绕厦门海底隧道（我国的第一条海底隧道）、上海长江隧道（世界上最早投入运营的最大直径盾构隧道）、广州龙头山隧道（中国最长的八车道公路隧道）、上海世博变电站和电力隧道、国家973计划等重大科研与工程咨询项目，相继开展了数字化隧道、数字化基坑、数字化城市轨道交通的研究与应用。在多年数字化研究与实践的基础上，2013年我们对智慧基础设施（Smart Infrastructure）系统从信息流的角度进行了完整的诠释和架构，并提出了iS3（infrastructure Smart Service System）的概念，2017年以iS3为纽带成立了中国智慧基础设施联盟暨全球研究中心，图2所示为我们走过的轨迹。在这个过程中，我们一直在思考，中国人应该怎么做？这是接下来要讨论的内容。

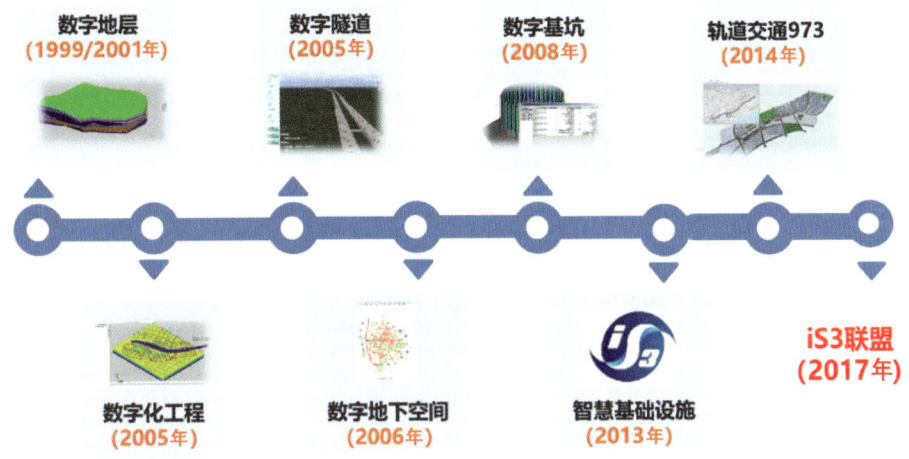

图2 从数字化到智慧化发展历程

随着"智慧地球（Smart Earth）"的概念于2008年被提出来后，智慧化很快成为很热门的话题。如何理解smart（智慧的）？人类的发展得益于信息的传递，信息的传递越快，人类的文明发展就越快。如今借助互联网，在地球的任何一个角落都可以了解这个世界上发生的事。但是反观传统的基础设施，其信息化的程度还相当落后，究其原因是其相互间的信息不能做到互联互通。比如各类用户都在采用BIM软件搭建自己的小平台，但缺乏更高层次上的通用大平台。

从数字化走向智慧化，就城市地下空间而言，存在三大难题：采集数据难、提取信息难和形成知识难。解决这三个难题先要厘清数据（data）、信息（information）和知识（knowledge）的定义及三者之间的关系。数据是指未经过处理的原始记录，知识是对客观事物规律的认识。信息目前没有统一的定义，但必须区分一般意义上的信息和关于一个系统的信息，通常我们关心的是对一个系统（例如施工安全系统）的信息，可以定义为引起系统变化的能力。如图3所示，信息相关于数据，就像能量相关于物质，可以从物质提取能量，也可以从数据提取信息，并借助于信息流分析增益信息量，最后转换成为知识，因此数据与知识本质上属于同样的类型，信息是把数据加工成知识的要素。目前，我们常常碰到的问题是"数据过剩，知识贫乏"，这里的数据过剩，并不是说我们有很多可利用的数据，而是存在很多杂乱无章的、无法利用的数据，难以提取信息，而且缺少信息，就很难把数据加工成知识。

信息化过程通常由采集、处理、表达、分析和服务五部分组成。采集是从源头上能够提取或产生信息，类似于产生能量；处理和表达是让信息更易使用、更易流动，类似于转变能量的形式，将能量从低

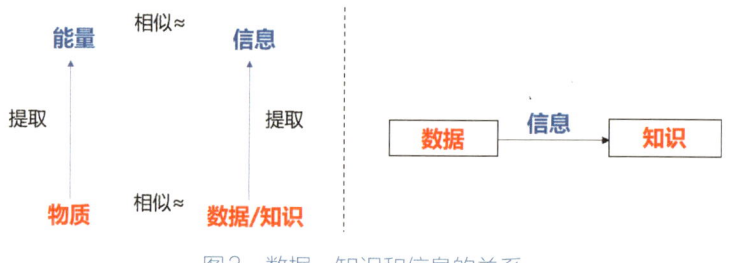

图3 数据、知识和信息的关系

级形式向更易于流动和使用的高级形式转变；分析是用知识从现有的信息中进一步提取新的信息，增加信息量，类似于增大能量；服务选择或建立信息逻辑系统，让信息对信息逻辑系统产生作用，类似于让能量发挥实际作用，让能量去做"功"。

智慧（smartness）是在知识的基础上，再利用人的经验、创造力和判断力产生智慧。城市地下空间本身的特点，决定其信息化过程与其他领域有相似也必然有所区别，因此需要建立符合其自身信息化过程特点的协同平台来支撑城市地下空间智慧化。

其实，GIS和BIM只是个概念，分别源于测量学家罗杰·汤姆林森（Roger Tomlinson，1963年）和建筑学家查尔斯·伊斯曼（Charles M. Eastman，1972年）采用数字化信息技术来高效、可视化表达所从事专业领域的工作。GIS的研究对象是地理元素，表达的是区域时空信息的状态变化；而BIM的研究对象是建筑物，表达的是全寿命期建筑物数字化信息。这里专业应用领域的场景很重要，需要专业人员去思考，实现信息技术学科交叉与融合。由此可见，GIS和BIM的研究对象与城市地下空间研究对象不完全相同，涉及复杂的规划、建造与运维过程，所有数据具有空间、时间和专业三个维度的属性。

面对如此复杂的对象，我们在GIS和BIM的基础上，建立了符合基础设施（包括地下空间）特点的iS3平台。iS3采用完整的信息化过程（或者称为信息流）思想，涵盖用于数据采集的硬件系统和用于数据处理、表达、分析、服务的软件系统，iS3是在GIS和BIM技术基础上专门为基础设施对象打造的协同平台，兼容GIS和BIM数据文件（图4）。它是全球第一个面向智慧基础设施的开源系统。在iS3联盟的成立大会上中国科学院院士、90岁高龄的孙钧教授曾这样说过，现在这个世界信息技术层出不穷，今天是大数据、物联网，明天又是云计算、深度学习，让人眼花缭乱。而iS3面向基础设施提供了一个信息集成平台，以不变应万变。

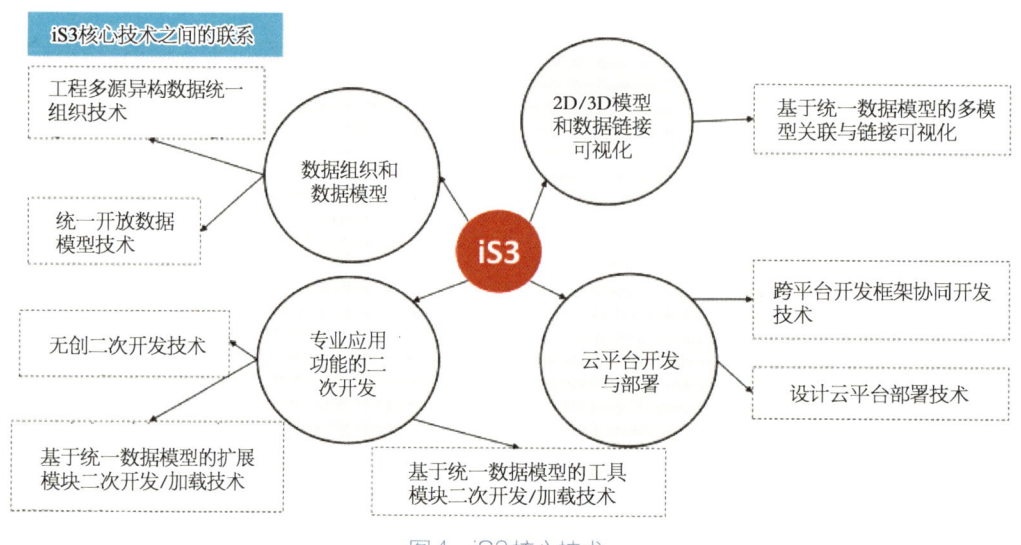

图4 iS3核心技术

iS3平台的核心技术是什么？如图4所示，iS3平台是由多源异构数据组织和统一模型、基于统一模型的2D/3D多模型关联与可视化、专业应用功能的二次开发、云平台开发与部署四大部分组成的。如图5所示，GIS用于地上和地下空间信息的数字化表达，BIM用于全寿命周期的建筑物数字化表达，而iS3兼容了BIM和GIS数据表达形式。以BIM软件应用为例，iS3平台可以描述BIM的工程勘察、设计、施工和运维的各个环节，也可以描述工程的全寿命期数据。

2017年成立了中国智慧基础设施联盟暨全球研究中心，联盟的核心思想就是要形成一个生态圈。目前全球有近170家单位加入联盟，约有1/4的单位来自境外。我们需要共同打造一个智慧基础设施的开源生态"家园"，统一标准和平台，大家在这个"家园"中耕植自己的土地、开发自己的产品，从形成良性的大数据系统，打破基础设施信息不通的局面。图6是iS3联盟成立以来部分联盟成员单位开发产品的应用例。

图5 iS3与BIM、GIS之间的联系和区别

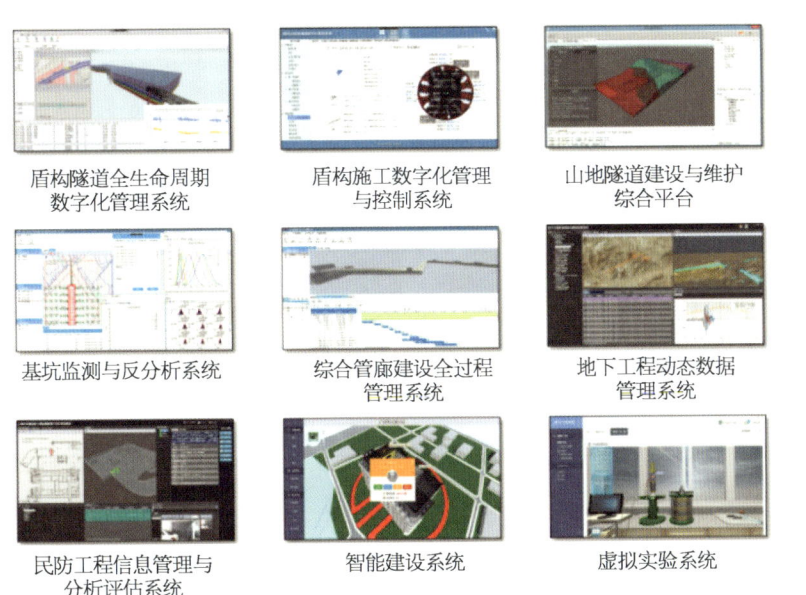

图6 基于iS3平台的联盟用户开发产品

依托完全自主知识产权的iS3平台，我们正在开展四川峨汉高速公路隧道的远程诊断、川藏铁路隧道的智能建造、杭州博奥隧道的智慧化建设，以及国家科技专项"城市地下基础设施运行综合监控技术与示范"等研究与应用工作；同时，采用iS3平台的思想，完成了《中国大百科全书（第三版）》《土木信息工程》分卷的编写工作。

国家道路安全教育的创新实践

尤志栋
中国公安部交通管理科学研究所助理研究员

1. 中国道路交通安全现状

关于我国的道路交通安全现状,下文将围绕"历史进程、发展趋势、年代特征"三个方面进行介绍。我国的道路交通正处于"飞速发展"的阶段,1978年机动车保有量为159万辆,机动车驾驶人数量不足200万,公路通车里程不足100万km,当时还没有高速公路。经过40年的改革开放,截至2018年,我国机动车保有量达到3.2亿辆,驾驶人数量突破4亿,公路通车里程达到485万km,高速公路里程达到13.7万km。我国正经历着世界上最复杂、最快速的机动化进程,在这个趋势下,对于道路交通安全的管理和交通运输方面的压力是巨大的,各级政府、行业主管及相关企事业单位需要研究组织各种社会协同治理措施,对道路交通安全特别是交通事故进行稳步有效的管理控制。

交通事故方面,1996年一年就发生了80起"一次死亡10人以上"的重特大道路交通事故,2018年全年共发生5起"一次死亡10人以上"的重大道路交通事故,由事故记录以来最高峰的"80"逐步减少到个位数,2018年也是五年来首次没有发生"一次死亡30人以上"特别重大交通事故。稳步控制交通事故的同时,公安交管部门对严重违法行为也进行了卓有成效的立法与执法实践。如图1所示,"酒驾"和"超速"两项严重违法行为已经得到了相应的控制和有效的治理。但是,"无证驾驶、违法装载、不按规定让行"等典型违法行为,仍然处于重点管控工作范畴。如图2所示,分析道路交通事故数据发现,

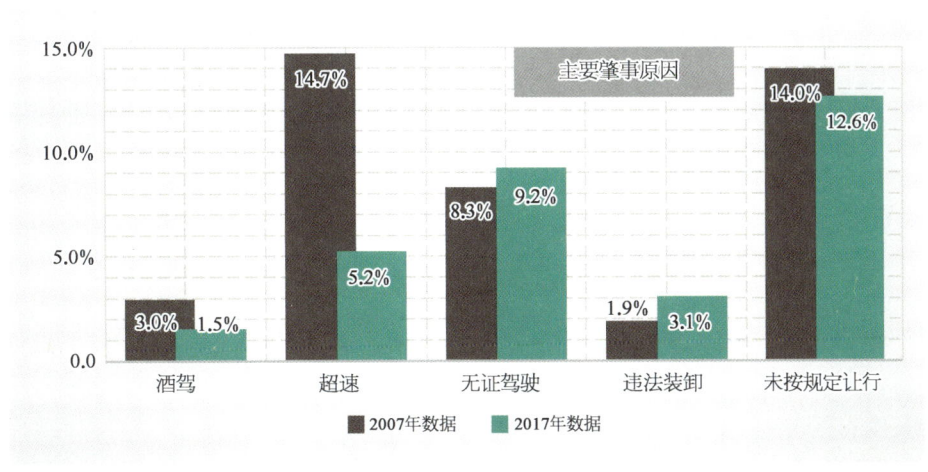

图1 严重违法行为得到治理

---

1 本文摘自作者在"道路安全与数字创新学习会议"上的演讲。

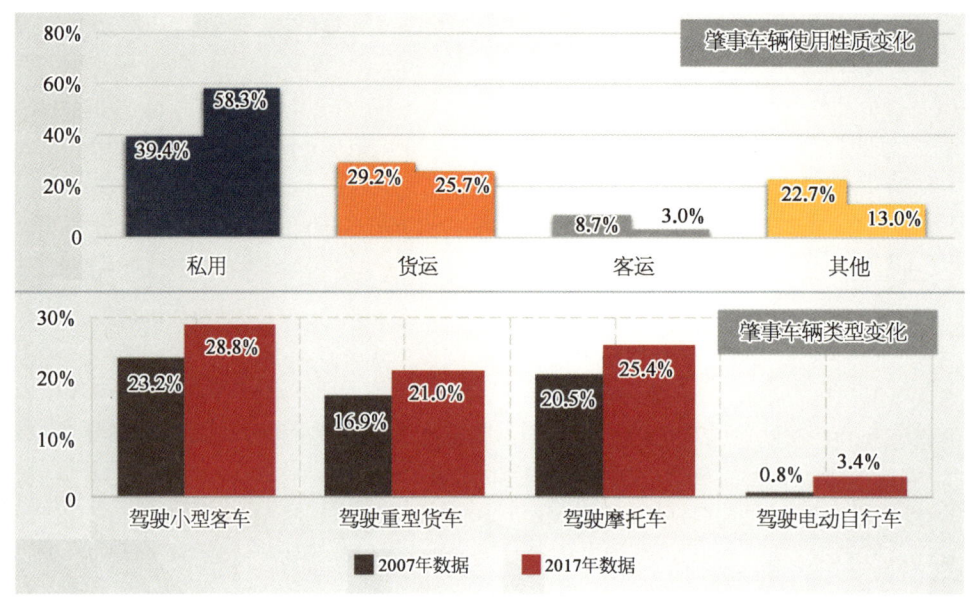

图2 道路交通事故分析

按照车辆使用性质，货运、客运车辆的肇事占比呈下降趋势，但私家车的肇事占比呈明显上升趋势，这表明道路交通事故的公共安全属性正在显著增强。从车辆类型角度看，小型客车肇事占比呈现明显上升的趋势特征；公安交通管理工作里的重点车辆"货运车辆"的肇事事故也仍然处于高发多发的态势；驾驶摩托车、驾驶电动自行车这部分车辆的事故肇事占比情况，呈现逐年上升的趋势。

2. 道路交通安全宣传教育现状

道路交通安全极为关键的一个特征，就是"人"的因素肇事比例过高。从全国的道路交通事故直接致因分析，机动车违法占比达到92%，选取部分省市"一次死亡3人以上事故"进行事故深度分析，将涉及的"人、车、路"不同因素进行关联性耦合研究，也将研究结论与美国的交通事故综合原因进行对比，得出以下结论："人的问题仍然是影响和制约交通安全的关键因素，需要高度关注和持续改善。"

针对交通参与者/道路使用者的行为意识，分析概括有以下原因：

（1）交通安全意识、守法意识淡薄。从历年全国交通违法行为查处总量看，2017年违法查处总量6.2亿人次，其中机动车驾驶人违法总量占总数的92%，仍然存在着较多的超速、酒驾、醉驾、闯红灯、无证驾驶、违法装载、不按规定让行等违法行为。

（2）文明交通行为习惯尚未养成。随意变更车道、变道不打转向灯、夜间滥用远光灯、不礼让行人等交通陋习也极为突出，一方面严重影响道路通行秩序与出行群体系统安全，另一方面严重阻碍公众安全文明出行的正向引导。

各地在道路交通安全宣传教育实践中也存在着一些不足之处：

（1）管理服务理念存在一些偏差。组织开展的宣传教育举措往往采用单向的传播，特别是法律法规方面的条文式说教，存在灌输式的传统教育思维，普法教育效果不够理想。

（2）宣传教育实践的定位存在偏差。目前，交通安全宣传教育主要由公安交警、运输管理部门负责组织实施，作为执法者、管理者，他们的定位和身份使其将宣传教育思路聚焦为执法式教育，缺少与受教群体的情感交流，需进一步注重相互的尊重和理解。

（3）宣传教育的手段、形式比较单一。部分地区组织的宣传教育活动缺少互动与反馈，需进一步提升交通安全宣传教育活动的知识性与实践性。

（4）宣传教育内容的策划设计方面尚未形成精细化、阶段化、层次化体系。面向不同的交通参与者群体受教需求，未能分类梳理宣传教育内容；部分地区一套教材沿用好几年甚至十年，重点群体、突出问题的针对性也明显不足。

（5）宣教阵地建设运行存在缺失现象。部分地市往往在广场、路侧搭建一个临时的宣教场所，或通过传统媒体进行一些简单的、普通的宣传教育，未能形成持续性、渐进式的宣传教育，交通安全理念需进一步深入人心。

3. 道路交通安全宣传教育实践

从内涵而言，道路交通安全宣传教育可分为宣传和教育两部分：宣传是通过广而告之的形式，向公众传播交通安全信息、开展新闻发布与舆论引导；教育则是"点对点"的输送传达，传播、传授交通安全专业知识，以改变交通参与者和道路使用者这部分特定人员的交通出行能力与安全文明素养。概括而言，宣传是"面"上的宣传，教育则是"点"上的教育，两者是相辅相成、相互包容的关系。

经过长期的"交通安全"和"交通管理"的实践、研究和探索，我国积累了立法、急救、工程、执法、宣传、教育和管理的"6E"道路交通管理工程实践经验。

立法方面，《道路交通安全法》里明确规定宣传教育的实施部门及社会各级、企事业单位的社会责任。规划方面，2017年我国发布了《道路交通安全"十三五"规划》，其主要任务中的一项关键任务就是"提升交通参与者的安全素质"，涵盖了道路运输安全生产和道路交通公共安全两大领域。实践方面，国家"十一五"以来，国务院多个部委积极发布了多项宣传教育政策和开展了重大宣传教育行动，包括文明行动计划、文明交通"七进"、"安全生产月"、"开学第一课"、"春运交通安保"等系列举措。安全文化方面，2012年11月18日，国务院正式批复同意自2012年起，将每年12月2日设立为"全国交通安全日"，公安部、中央网信办、中央文明办、教育部、司法部、交通运输部、应急管理部、共青团中央等部委共同组织开展"全国交通安全日"相关主题活动。科研方面，在科学研究和规范标准化的探索中，相继开展了国家"十一五"科技支撑计划项目课题"全民交通安全性提升的应用示范性国家级课题研究"，并且针对"交通安全宣教"设施技术条件、宣教基地的规范性建设指南等进行研究实践。

此外，随着"互联网+"时代快速发展，我国网民数量与规模日趋庞大。据统计，全国有8.17亿手机网民，其中手机网络视频直播平台用户接近5亿；除互联网端、微信、微博的网络推广模式外，"网络直播"正快速占领着互联网的传播市场。针对互联网传播发展趋势，公安交管等部门积极应用微信、微博、微视等App开展宣传。截至2018年底，交管12123手机用户量已达到2.4亿。针对道路交通安全警示、道路交通违法整治等重点工作，公安交管等部门也通过"抓亮点、抓案例、强互动"方式来提升宣传教育的实施性。

以下，介绍一个典型的互联网宣传教育案例——"奔驰天价罚单"（图3）。该案例发生在深圳，奔驰女司机在拿到驾照后不足一年时间内，因高速公路违法占用应急车道23次，扣138分，罚款6.9万元。该事件一经发布，在网络上引起很大反响和热议。其中，深圳公安交警积极运用交管数据与新媒体深度融合，在网络上持续传播发酵及网民互动，有效促进了道路交通秩序整治、交通执法规范化的建设，形成了较好的普法样本与示例，提升了公安交管公众号服务平台的互动传播属性。

在线下的宣传教育方面，政府各部门也积极开展了很多实践：

（1）积极建设运行宣教基地。综合利用民防基地、青少年活动中心等场地建设综合型宣教或专项宣教基地。面向不同交通参与者群体划分不同的功能区，涵盖法律普及、常识认知、情景模拟、互动体验及警示教育等形式和内容，组织开展常态化的宣传教育训练实践。

（2）积极拓展"122主题活动"。每年围绕一个主题持续开展一个月的交通安全宣教活动，包括文明

图3 "奔驰天价罚单"事件

倡议志愿服务、交通安全政务发布、媒体公益晚会、警营开放日等。

（3）组织制定交通安全宣教计划。地方政府与世界银行等机构合作，通过调研分析与实践探索，组织制定"地市级交通安全宣传教育规划"，提出交通安全宣传教育的战略和实施举措行动计划。

（4）推动企业、公益组织开展社会化活动。近年来，众多企业、公益化组织也纷纷投入交通安全公益宣传。如中国儿童少年基金会资助各地举办移动安全体验营，交通安全作为其中的重点内容进行集中教学体验，在北京、上海、广州、长春、成都、长沙等地建立巡回安全体验教室，开展儿童交通安全主题活动；百威集团自2008年起开始推广的"明智饮酒 拒绝酒驾"活动，持续联合政府部门、社会名人、学术机构、企业等开展反酒驾公益行动，并联合多家全球企业发起"携手创建更安全道路"国际联盟（Together For Safer Roads），为改善道路安全、减少因道路交通事故导致的伤害而持续努力。

（5）强化驾驶人培训与车辆制造企业职责。作为道路交通安全中的重要环节，驾驶人培训和车辆制造企业也开展了很多积极的创新实践，依托宣教基地开展驾驶人训练教育与公益服务，如驾驶训练体验营、儿童训练体验营、全国大中城市巡回活动，以及儿童亲子体验馆等。该类举措不仅提升了企业的安全文化和品牌形象，另一方面也承担了交通安全社会化的公益责任与义务。

4. 下一步展望

下一阶段的道路交通安全宣传教育，主要在机制、模式、平台、活动和文化等五方面继续推动落实。

（1）推进社会协同共治。充分发挥政府的牵头作用，调动文明办、公安、交通、安监、教育、企业、媒体的职能优势及管理优势和参与度，建立政府主导、部门联动、行业尽责、社会协同、全民参与的社会化交通安全宣传教育工作新格局。

（2）优化宣传教育模式。一是运用互联网思维模式，超前谋划。通过"多元数据"趋势预测分析，提供权威可靠的信息服务和宣传教育服务，加强宣教的前瞻性。二是紧抓交通管理工作重点、难点，对道路交通违法和事故数据的历史信息库进行分析研判，抓住高风险驾驶人群体和道路安全隐患难点，提升宣教内容针对性和精准性。三是丰富宣传教育活动形式，包括互联网社区互动、线下的主题教育活动等。四是推进宣传教育活动的绩效评估,形成策划—实施—改善的交通安全宣传教育良性循环。

(3)建设交通安全宣教平台。一是聚焦线上线下多种形式教育平台的建设,积极发挥媒体的特点优势,打造集电视、广播、互联网、微信、微博、直播平台、App等自媒体为一体的"中央厨房式"融媒体中心。二是推进不同层级道路交通安全宣教基地建设,将不同企事业单位、街道、社区及农村地区的用户纳入宣教群体范畴,提升宣传教育覆盖面和广度,提升宣教基地的使用效能。

(4)开展重点群体宣教活动。针对学生、老年人、农村居民、非机动车驾驶人等交通弱势群体,以及机动车驾驶人这部分高风险人群,开展针对性的宣传教育活动。组织交通安全课程设计,策划知识性、趣味性、互动性的宣教内容;提倡面对面的教育、互动性、参与性更强的网络宣传,促进受教者和管理者之间的情感互动和交流;重点提升交通安全意识和出行技能,倡导"文明交通"的礼仪和风尚。

(5)建设交通安全文化。推进交通安全文化传播,塑造地区或地市特色的交通安全文化与品牌形象,结合《国家社会信用体系建设规划》,探索建设交通安全信用体系,以多种形式扩展交通安全文化的传播广度和深度。

党的十九大提出"建设交通强国"这一重要的使命责任,建立共建共治共享的社会治理格局,完善党委领导、政府负责、社会协同、公众参与、法治保障的社会治理体制。交通安全工作需要社会和每位公民的共同参与,切实保障广大人民群众的交通出行安全,营造文明畅通的道路交通秩序。

事故预防和驾驶员绩效监控

埃米尼奥·洛米宝（Herminio Lomibao）
本田菲律宾公司安全驾驶中心部门负责人

全球道路安全的标语是"每个人都安全"，这体现在：所使用的所有车辆技术和产品都具有安全性能和安全组件。此外，安全教育可以使人们知道道路上将发生何种交通事故，并对道路安全进行教育。我们的目标是让下一代快乐地生活，享受骑行/开车旅行并安全分享道路。

2017年菲律宾的摩托车注册量超过1 500万辆。菲律宾市场拥有各种运输方式，例如火车、公共汽车、吉普尼、汽车、TNVS/出租车、三轮车、大型自行车和电动自行车。在过去的15年中，本田一直是菲律宾第一大摩托车制造商，市场份额约为40%，其次是雅马哈和川崎，最后是铃木。中国制造品牌也可以在市场上买到，它也被认为是四个日本品牌的竞争者之一。

为了使人们成为安全和负责任的驾驶员，本田于2009年建立并建造了一个2 400 m^{2}的培训中心，其中包括根据日本本田制定的标准进行的设施和标准培训计划，该设置仿照新加坡驾驶中心设施标准。它成立于主要城市中心马尼拉大都会，可满足所有品牌车辆的需求。

本田菲律宾公司于2008年开始建立基地，2009年与亚洲本田和本田汽车菲律宾公司合作。在运营初期，它只是作为其企业社会责任项目的基础而建立的，但是随着市场格局的变化，为了维持运营，它开始为大型企业（企业账户）客户推出新的培训计划。2018年，本田推出了"Big Bike"培训计划，其时间与在市场上推出Big Bike车型的时间相同。目前，该公司正在扩大其针对不同业务（公司账户或车队账户）的企业培训包，还正在探索与乘车和送货公司，例如Grab、Lalamove和Move it。通过扩大安全和负责任的道路使用者，这种扩展程序的努力间接地有助于降低事故发生率。

在过去的10年中，摩托车和汽车的数量一直在增加。汽车数量增加了200%，摩托车数量增加了20%，同时道路交通事故和死亡人数也有所增加。人为错误是造成事故的主要原因，其中80%的事故是由于缺乏适当的教育造成的。同时，菲律宾政府制定了促进道路安全的计划，以多种方式向各个群体宣传道路安全，但是相对于市场增长而言太慢了。它没有为减少事故做出足够的努力，也没有中央事故数据库来记录和分析信息。我们期望像其他国家一样获得相关信息和数据进行分析，但菲律宾情况并非如此。

在这种情况下，本田集团决定由生产汽车的本田汽车菲律宾公司、出口变速器总成的本田零部件菲律宾公司和生产摩托车的本田菲律宾公司，以"一个团队"的身份进行协作，以形成道路安全计划。制造摩托车的项目称为"一个本田-家庭安全"，使每个人都可以倡导"家庭安全"；本田实施了一些具体项目，例如道路安全项目和技术项目，以促进车辆安全。本田还与利益相关者、行业参与者、公众培训、经纪人、地方政府和学校等社会进行广泛合作，为了有效地实施该项目，本田需要做好与他人共享知识之前的工作。此外，本田开展内部培训计划，以分享交通安全促进计划的含义和内容，从而大大提高了

1　本文摘自作者在"道路安全与数字创新学习会议"上的演讲。

员工的"道路安全"意识。

由于已经制定了许多计划来提高安全意识，因此在一年后取得了相当大的进步。本田集团内部的交通事故数量已大大减少。事故数据的研究和事故原因的分析表明，有时事故并非完全由驾驶员引起，可能是其他因素在起作用。因此，必须进行数据分析，并且必须仔细研究有关驾驶员和环境的相关信息，以得出结论和相关对策。

本田还对事故案例进行仔细研究、验证和分析，并在必要时进行现场调查，以进行分析和数据记录。在每月/每天的会议上定期共享安全事件报告，并向所有管理人员和下层主管汇报发生的情况、发生事故的原因，并提醒他们要小心并提供指导，以免发生这种情况。这种沟通是在公司内部和团队之间进行的。

该道路安全计划在外部与其他人共享，以扩大对不同利益相关者的影响力，重点强调道路安全的重要性，以及其对企业和受事件影响的家庭的影响。

同时我们也希望经销商调整其培训计划以包含道路安全。但是，此倡议可能需要一些时间才能起效。例如，目前在泰国，经销商也应投资并建立自己的培训中心和培训计划。因此，应提示经销商实施"联系消费者、与消费者沟通"的计划。例如，婴儿出生在汽车里时该怎么办；或者在驾驶自动汽车时如何确保安全；如何预料所有道路使用者的行为，特别是行人。

为了进一步接触学校，本田还定期举办道路安全研讨会，该计划的主要目标是每年初中生、高中生和大学生，我们每年在20所大学开展道路安全和健康教育。该计划以不同方式实施，如室内研讨会、实际动手培训、车辆安全特性和道路安全技术，以更新有关机动车的最新基本信息，提高他们的道路安全意识。本田还通过使用模拟器对驾驶员及驾驶员进行培训。对许多人来说，用模拟器来模拟汽车驾驶并不是一个新概念，学校和培训中心也提供类似的项目。最初的概念是学生培训，学习者在培训中了解基本概念，特别是如何更安全地驾驶机动车。在考试过程中，学生们会分析驾驶模式的操作是否通过。此外，还提供了用于观察道路和其他条件的训练模拟仪器。在培训过程中，学生和导师进行实时沟通。由此，培训取得了显著成效。

2018年，我们还推出了针对学龄儿童的道路安全计划。活动亮点在于它是针对8～9岁的儿童。既然讨论会不会引起孩子们的兴趣，就必须以他们感兴趣的方式对他们进行教育，比如用洋娃娃和玩具车教他们如何驾驶汽车，这样就可以以一种有趣的方式提高他们的道路安全意识。该方案也在公司经营的社区开展，当地社区可借鉴该方案和实施方法。在不同地方举办道路安全培训班需要与当地政府合作，并与当地交通部门建立伙伴关系。为了有所成效，所制定的培训计划应涵盖交通安全方面的观察和公众共同问题。对于工业园区，该项目还将分享给公司所有定位人员（园区内的公司），使其了解公司如何在考虑道路安全的情况下在工业园区内运营。与他们分享信息和培训计划，并敦促他们创建自己的培训计划。主要的战略应该集中在教育、执法和工程（3E）上，以实现工业园区内的目标。

新的交流工具，如社交媒体正变得越来越流行。虽然新技术价格昂贵，但许多人愿意投资。通过这一点，我们希望他们能够在日常生活中学习和应用这些技术。例如提供提示、简单图片、简单场景和简单背景，让人们了解道路安全的基本规则和基本参与方法。个性化的谈话和聊天工具可以帮助人们提高安全意识。其目的是让尽可能多的人和用户接触，不仅包括司机，还包括学生和行人。

2024年的中期目标是让100万道路使用者参与到这个项目中来，每个人都应该努力减少交通事故，让我们的道路更安全，本田不能单打独斗，我们需要每个人的认真合作。我们必须采取大胆的步骤，在不久的将来实现零事故的目标。

提升道路安全的智能网联汽车创新

顾剑民
法雷奥集团中国首席技术官

熟悉汽车工业的人应该都知道法雷奥集团是总部在法国巴黎的全球汽车零部件及系统的一级供应商。法雷奥做过很多产品,其中有一大部分是和道路安全,以及提升道路安全相关的智能网联技术。

汽车是交通工具,同时也是非常重要的家用产品,所以要关注用户到底需要什么。3年前我们进行过调研,以问卷形式询问客户到底对哪些技术和产品感兴趣,并且是愿意花钱的。当然,美国、中国、欧洲的答案稍微有点不同,但是结果都大同小异:① 需要节能环保的车;② 需要简化生活,用车不应该成为很难的一件事;③ 车一定是要保护家庭和自己的,道路安全、车车安全、车路人安全都不能保证的话,车是没有任何意义的。

做智能网联到底是出于什么目的呢?大多数同行都认为是为了安全,自动驾驶脱离了安全是没有意义的。93%以上的道路安全事故是由人为失误引起的,不论是疲劳驾驶,还是注意力分散或驾车技术不成熟。如果采用自动驾驶,能减少这93%交通事故中的相当一部分,就可以大大提升道路安全、行车安全。同时自动驾驶还会给用户以选择,既可自动也可手动驾驶,自由支配车内时间。

自动驾驶需要解决感知的功能,像人的眼睛、耳朵要感知周围的环境,自动驾驶首先要解决的问题是传感器感知周围环境。法雷奥作为一家汽车零部件供应商,在行业内是提供感知类传感器最全面的供应商,从雨量传感器到倒车雷达、毫米波雷达、摄像头、激光雷达,法雷奥都有提供,并且都是量产的,占20%以上的市场份额,在汽车市场竞争非常激烈的情况下,该市场份额已达到数一数二的地位。说到传感器,必须解释为什么需要传感器。从自动驾驶来讲有L1、L2、L3、L4、L5这些不同的级别,目前最大的挑战是从L2到L3,除了当前绝大多数量产车是L1和L2技术外,还有一个原因是L2到L3是驾驶责任的主要转变,L2以下驾驶员承担驾驶责任,L3是人机共驾的,有很大一部分责任和义务是在车端,这是一个巨大的飞跃。除了技术上的性能、鲁棒性,以及验证所需的时间、功能、资源外,还有一个重要原因是从安全角度必须要保证感知功能的冗余。

什么叫冗余呢?通常L2以下自动驾驶的车辆会搭载毫米波雷达和摄像头,这两种传感器的功能是互补的。但如果在某种情况下,两种传感器都告诉你前方是安全的可以通过,或者两种传感器告诉你的感知结果不一样的时候怎么办呢?这就需要第三方的冗余,这也是为什么L2自动驾驶系统都会要求驾驶员始终把手放在方向盘上,眼睛注视前方路况,其实是把驾驶员的眼睛当做冗余的感知功能。这就是为什么L3和L3以上需要激光雷达来做到真正冗余的感知。

2017年法雷奥推出了世界上第一款量产的车规级的激光雷达SCALA,搭载在全新的奥迪A8上量产上市。也因为这个原因全新的奥迪A8是世界上第一款达到L3自动驾驶功能的汽车。在时速60 km以下奥迪A8用户可以激活L3功能,车辆自动驾驶,不用手脚控制。SCALA激光雷达荣获美国汽车新闻的优秀

---

1 本文摘自作者在"道路安全与数字创新学习会议"上的演讲。

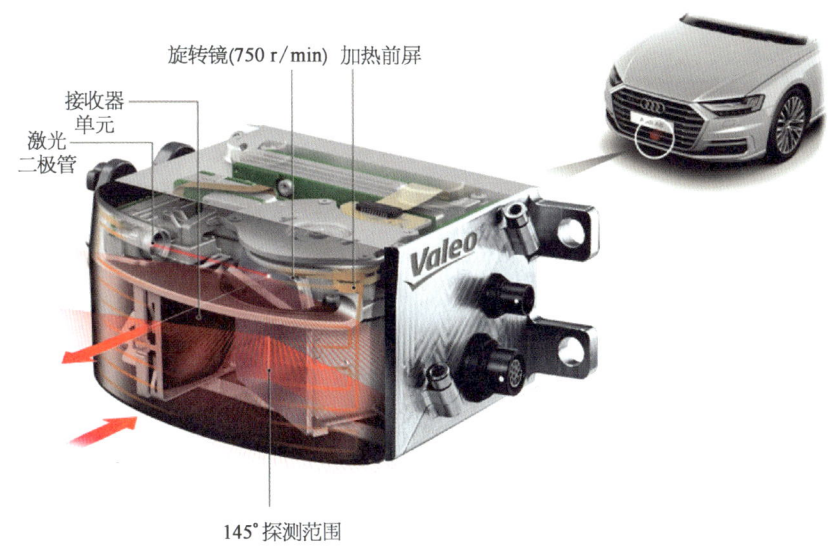

图1 法雷奥推出激光雷达SCALA

供应商杰出贡献奖,这是第三方专业机构对SCALA的认可(图1)。

SCALA激光雷达安装在发动机进气格栅前方,所以探测的范围是前方145°水平视角,车与车的有效探测距离是150 m,不管在白天还是黑夜都可以探测运动或者静止的障碍物。在奥迪A8上量产的激光雷达是第一代,实际上不止一款,SCALA激光雷达是一个家族。第一代已在2017年随着奥迪A8量产,第二代会在2020年随着欧洲的另一款豪华车上线,与第一代相比垂向视角增加了3倍,从4线升级成16线的激光雷达。同时在2019年的CES展上第一次展出第三代激光雷达的功能样机,目前正在研发中,可能会在2021年以后量产上市。

激光雷达是非常重要的传感器,像人的眼睛一样,或像戴眼镜一样必须保证清洁。这就是为什么量产以后又开发了传感器的自动清洁系统。当激光雷达或摄像头表面被灰尘或泥浆遮盖时会看不清楚,通过可移动的或固定的喷头喷洒清洗液在表面,然后通过压缩空气吹干或在行进间自然风干。所以说如果没有传感器的自动清洗系统,自动驾驶就没有真正的安全(图2)。

图2 传感器自动清洗系统

143

上面介绍的是传感器感知功能,接下来自动驾驶需要汽车决策系统像人的大脑一样,通过基于深度学习的人工智能来完成决策和相应的控制。

很多新技术可能比较抽象,以下用几个情景来介绍法雷奥智能网联技术应用在量产车上,是如何帮助用户完成和提高行车安全的。

情景一,Park4U Remote 遥控自动泊车系统。豪华车上经常有泊车辅助,但是驾驶员必须在车内通过听取系统的命令来换挡和控制油门刹车。2016 年法雷奥首次在奔驰 E Class 上量产了全自动遥控泊车,不需要驾驶员在车内,用户可以在车外遥控。比如参加婚礼时碰到抢停车位,对方抢到了车位,但停车以后发现一个难题,车位比较窄人出不来了。而你驾驶的是奔驰 E Class,装载了法雷奥的遥控泊车系统,所以可以提前下车,通过智能手机激活遥控泊车系统,车辆自动寻找车位完成停车。你只是用手机来保证人还是在控制车,但是泊车是完全由车辆自动完成的。同样可以用这个系统来完成车辆的泊出。这个系统已经在奔驰的 E Class 和 S Class 上量产,在国产品牌长安的 CS75 等车上也实现了量产(图3)。

图3　全自动遥控泊车

情景二,Cyber Valet 无人代客泊车。这是让车来完成泊车而不是由代驾来,2017 年法雷奥和思科合作的无人代客泊车,用户可以在停车库前下车,车辆自动驶入车库寻找车位,由于搭载了各种传感器,车辆可以避让障碍物和行人。完成泊车以后,发送信息给用户告知停在哪里,用户需要用车的时候可以提前用手机预约,车辆自动驶出等待用户。和遥控泊车的区别在于是完成最后一公里的自动驾驶,完全由车辆来驶入车库及完成停车,这当然需要车库端的传感器和 V2X 车联网的功能帮助寻找泊车位(图4)。

情景三,Cruise4U 高速公路自动驾驶。法雷奥在 2016 年完成了高速公路场景下的自动驾驶演示,从美国旧金山出发,经过洛杉矶、拉斯维加斯、纽约、芝加哥,最后回到旧金山,一共完成 33 个州 15 000 英里的自动驾驶。做这个演示的目的是告诉大家我们通过现有的传感器和决策系统可以帮助用户完成自动驾驶(图5)。

情景四,Drive4U 城市道路自动驾驶。高速公路的场景比较简单,最复杂最难的还是城市道路情况。在 2018 年的巴黎车展和 2019 年的 CES 展上,我们推出了在城市交通路况下的自动驾驶。这个自动驾驶演示是在巴黎市区进行,车辆在塞纳河边的道路上,变道超车、转弯、避让自行车、识别交通红绿灯、识别斑马线、避让行人,最后是在隧道、路桥 GPS 信号被遮蔽情况下的自动驾驶。所以,通过已经量产的传感器我们可以做到在城市道路情况下的自动驾驶(图6)。

情景五,XtraVue 超级视距功能。当你在行驶中前面有一辆车正龟速行进,你想超车但又看不见被

图4 无人代客泊车

图5 高速公路自动驾驶

图6 城市道路自动驾驶

前车遮挡的路况,通过V2V车车通信可以把前车的摄像头图像读取到本车,就像前车透明或被透视一样。这个功能在城市道路场景中比较适用,包括在十字路口、拐弯都可以通过超级视距的功能看到被其他车辆遮挡的路况,完成安全行车,避免不必要的道路交通事故(图7)。

图7　超级视距功能

情景六,XtraVue Trailer挂车超级视距功能。我们可以脑洞大开一下,如果把超级视距功能用到后方车辆呢?在美国,皮卡是使用率非常高的车型,比如用皮卡拖挂车,但后方的视野会被挂车严重地遮盖。这时如果在挂车上增加摄像头,挂车和本车的后向摄像头可以融合,形成对后的视野。通过挂车超级视距功能让驾驶员看到挂车后方的路况,这是非常大的安全提升。当然这需要把两个摄像头图像的融合界面处理好,如果处理不好的话会造成图像扭曲(图8)。

图8　挂车超级视距功能

情景七,MyMobius人机交互功能。有了自动驾驶,驾驶员可能不需要再驾驶,但无论是自动驾驶还是手动驾驶,用户人还在车内,怎么和车辆进行互动呢?我们推出了MyMobius HMI人机交互系统,目前还处在验证演示阶段。这个人机交互的界面可以通过了解用户的驾乘习惯和人工智能来预测其需求,定制车内环境并提高安全性,无需用户干预,云端收集和处理的数据来提供用户选择或自动激活汽车的各项功能(图9)。

图9　人机交互功能

总而言之，不管是什么新技术或新产品，最终目标是通过这些创新帮助提升驾驶员和乘客在车内的驾乘体验，使其更安全、更舒适，这也将是智能网联汽车领域非常重要的一个概念。在法雷奥，科技驱动智驾未来！

第七章

Chapter 07

住房保障与终身教育

Housing Security and Lifelong Education

住房发展与城市活化

严 荣
上海市房地产科学研究院副院长

上海发展到今天,已经告别了住房绝对短缺的时期,而城市发展也对住房工作提出了新的要求。在这种情况下,住房发展应该如何更好地为城市发展提供支撑,尤其是为城市中的居民提供更好的人居环境?这是从事住房发展研究不能回避的话题。

上海的住房发展已经取得了非常重大的进步,具备良好的基础。在人口快速增长的时期,尤其是从浦东开发开放以后,全市的常住人口快速增加,但是在大规模的快速发展过程中,基本上没有出现很多发展中国家快速城市化过程中出现的大片贫民窟现象,这是什么原因呢?主要是由于住房建设速度远大于人口增速。上海常住人口由1990年1 334万人增长到2018年2 423.8万人,增加了0.82倍;城镇住房总量增长更快,由1990年8 901万 m^2 增长到2018年6.86亿 m^2,增加了6.7倍。由于城镇住房面积的增长速度远远超过城市常住人口的增长速度,从而使得在快速城市化的背景下,上海居民的住房条件能得到不断改善(图1)。

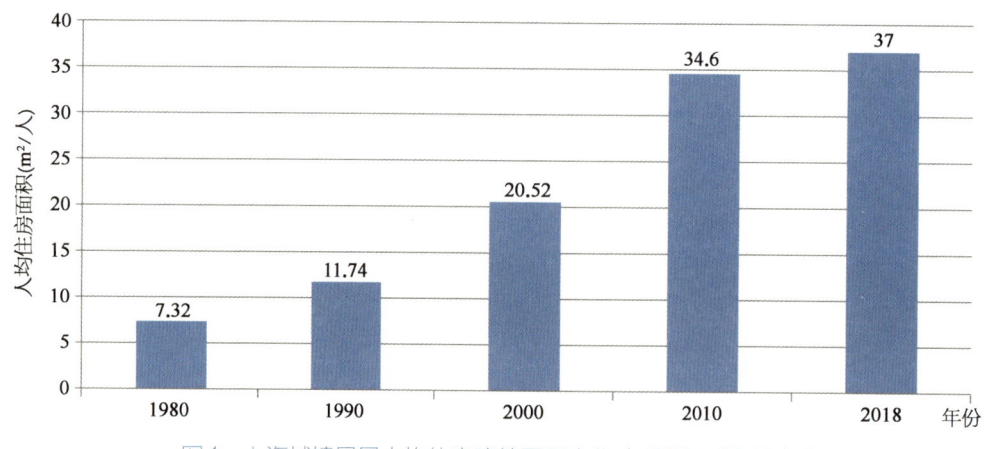

图1 上海城镇居民人均住房建筑面积变化(1980—2018年)

从图2可以清楚地看到,在户籍人口增长保持相对平稳的背景下,上海常住人口总量的增速较为明显。这些快速增加的常住人口对于上海的城市发展做出了巨大贡献,同时也给上海解决居住问题带来了非常大的挑战。面对这种挑战,上海建设领域和房管领域的同行们一直非常努力,通过奋发有为取得这么好的成绩,住房建设速度、发展成就非常显著。为此,全市居民居住条件得到了非常好的改善。

---

1 本文摘自作者在"沪新城市治理高端对话"上的演讲。

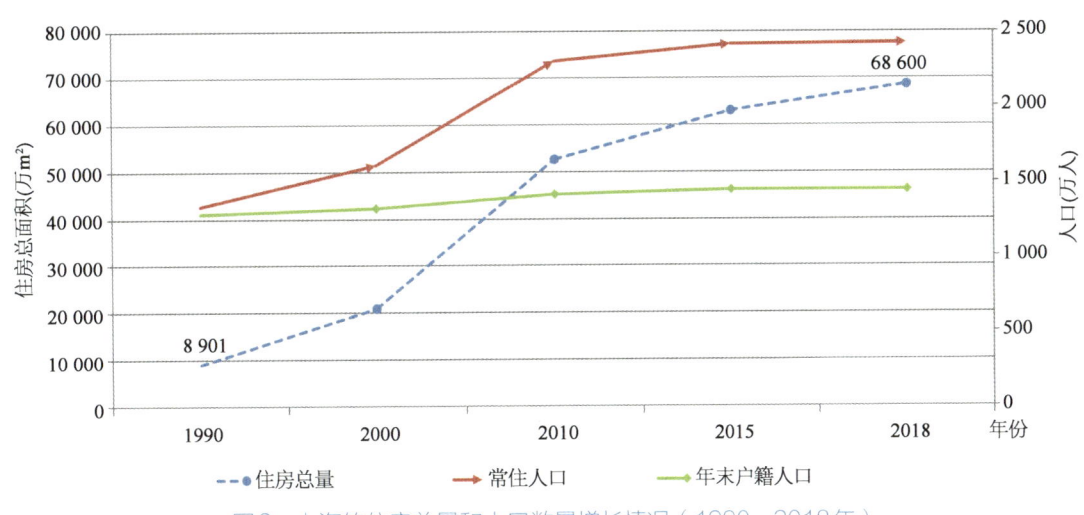

图2　上海的住房总量和人口数量增长情况（1990—2018年）

任何一个国家在快速城镇化过程中，居住都是一个大难题，所以住房是城市发展永恒的难题。上海在城市快速发展中住房规模的增长速度远远超过人口的增长速度，上海居民的住房条件基本实现了从人均"一张床"到人均"一间房"的跳跃式发展，取得这个成绩是非常不容易的。

同时，上海在这些年的发展过程中也致力于住房制度体系的建设。这个制度体系一方面符合国家的相关要求，另外一方面也非常适合上海的实际情况。该制度体系通常被概括为"一二三四"，即"一个定位"——坚持"房子是用来住的、不是用来炒的"的定位；"两大体系"——培育和发展住房市场体系和住房保障体系，当然与新加坡目前住房制度相比，我们依然是以市场体系为主；"三个为主"——坚持以居住为主、以市民消费为主和以普通商品住房为主；"四位一体"——优化由廉租住房、公共租赁住房、共有产权保障住房和征收安置住房组成的住房保障体系。

上海的住房发展已经具备良好基础，住房制度体系框架已基本形成，但与此同时，城市发展新愿景对住房发展也提出了不少新要求。

在国务院批复的上海城市总体规划中提出，上海要建设成为卓越的全球城市，令人向往的人文之城、创新之城、生态之城。在上海建设成为卓越的全球城市的历史进程中，住房肯定是非常重要的部分，是不可或缺的部分。那么住房发展如何在其中发挥它的支撑作用呢？

在前不久前往新加坡学习和考察的过程中，我一直在思考能从新加坡学到什么？其中一个很重要的方面就是城市的活化。到新加坡1.0版的组屋社区——大巴窑考察令我印象特别深刻，丝毫看不出其破旧景象，因为它通过持续更新、复兴和活化——包括加装电梯、立面改造、重建社区活动中心和社区活动网络，使1.0版的组屋社区到今天依然活力四射。如今上海也进入存量房时代，住房绝对短缺的时代已经过去了，需要做的更多是如何完善住房品质和功能，将城市活化融入城市发展中。

在以城市活化推动住房发展的过程中，要更加突出以人为本，更加聚焦品质提升，更加注重动态治理。在以人为本方面，要进一步促进住房的可获得性，目前更侧重于住房建设和供应，接下来还要考虑混合社区、混合规划，比如如何让园区的工作人员更容易获得居住空间，从而促进职住平衡；还有住房的可支付性，上海的住房可支付性面临较大挑战，尤其是如何能够让年轻人在这个城市中减少住房支出，以及针对个性化需求的多元化供应。在品质提升方面，要考虑安全、功能、宜居。此外，还有动态治理方面，尤其是在去新加坡考察以后，我觉得动态治理是非常重要的一种理念，也就是在住房发展中如何促进居住的和谐，提升住房政策的包容性，不让任何群体感觉被排斥，以及贯彻弹性的理念。

立足于良好发展基础，通过城市活化，必将推动上海住房发展迈上新台阶，实现住有所居、宜居优居。

上海"四位一体"住房保障政策

上海市房屋管理局

住房问题是世界超大型城市面临的共同难题,上海也不例外。努力保障广大市民住有所居,是上海市政府孜孜以求的工作目标。

1. 上海住房保障体系特征

上海全市面积 6 340 km^2;截至2018年末,常住人口达到2 424万人,其中外来常住人口约980万人。据科研院校统计,90%以上的外来人口通过租赁解决住房问题。为这些人提供更为体面的居住,以及更为规范、更有尊严的租赁社会,是上海打造租售并举的住房保障体系中的重要部分。2018年,上海的国内生产总值达到32 680亿元,城镇居民人均月可支配收入达到5 669元,这都得益于中央政策体系的设计。

2. 上海住房制度框架

上海住房制度框架包括两大体系、三个为主和四位一体。中国有句古语,"纲举目张",解决居住问题为"纲"。"两大体系"指上海住房制度以市场体系为主,保障体系为补充。"三个为主"指上海住房供应体系的原则以居住、市民消费和普通商品房为主。"四位一体"是上海住房保障体系的四根梁八根柱,包括廉租住房、公共租赁住房、共有产权保障住房、征收安置住房。因征收安置房只是定向供应,在此不做赘述。

(1)廉租住房政策

上海于2000年出台的廉租住房制度,主要针对城市户籍低收入住房困难的家庭。按照应保尽保的原则,任何符合要求的家庭,都能够尽快、及时地获得保障,以补贴为主、实配为辅,常态供应。3人及以上家庭廉租住房的收入准入标准为家庭人均月可支配收入3 300元以下、人均财产12万元以下;2人及以下家庭准入标准再放宽10%。

根据市场水平变化,廉租房租赁补贴也相应做出调整。如图1所示,2017年,人均租赁补贴提高了约45%(图1)。加大补贴力度,解决租赁问题。此外,如图2所示,2018年,廉租住房新增户数较2017年超过1 000户。截至2019年9月,廉租住房历年累计受益家庭已达12.8万户,在保家庭4.4万户(图2)。

(2)公共租赁住房政策

2010年,上海建立公共租赁住房制度,重点解决在上海合法稳定就业、符合城市功能定位和经济社会发展需要的青年职工、引进人才等常住人口阶段性居住困难。公共租赁住房政策解决了倍受社会关注的外来青年人在上海居住的问题。众所周知,上海房价昂贵,短期内青年人无力购买,只能租房。为保

1　本文摘自作者在"沪新城市治理高端对话"上的演讲。

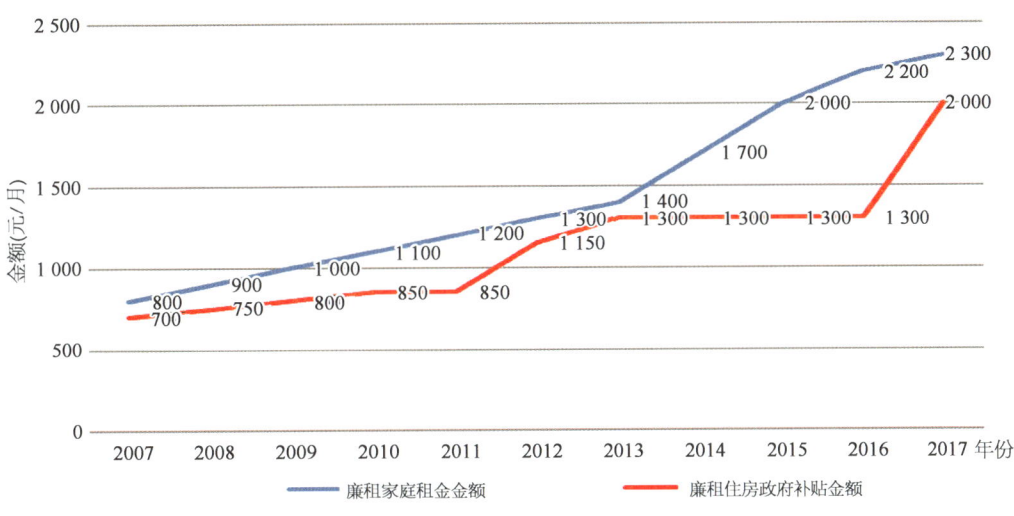

图1 上海市廉租住房家庭租金与补贴

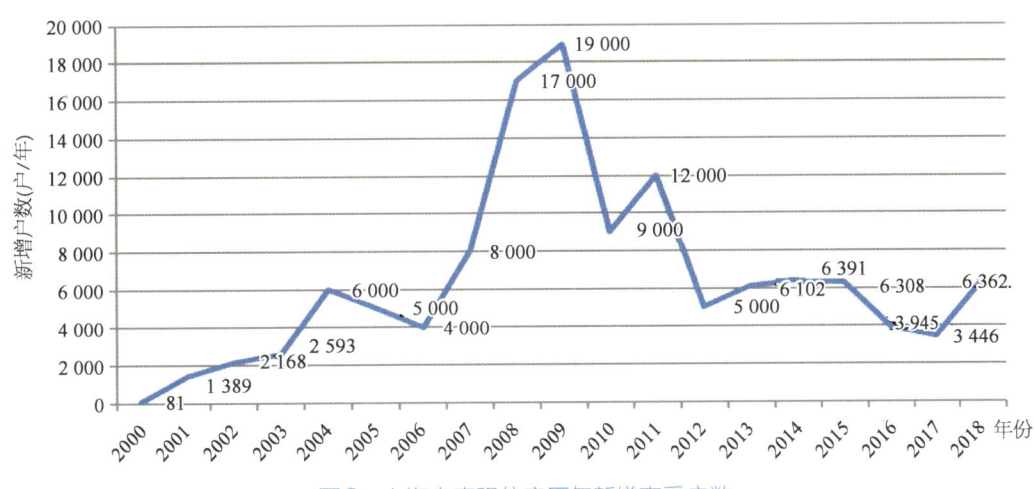

图2 上海市廉租住房历年新增享受户数

障体面的居住，政府为这些新上海人提供公共租赁住房，得到他们的一致认同。

公共租赁住房政策不设收入线和财产线，在沪稳定就业且居住困难的青年都可享受。公共租赁住房只租不售，租赁总年限不超过6年，这些制度设计保证了公共租赁住房能够循环高效使用。截至2019年9月，上海通过多渠道累计建设筹措公共租赁住房约17.6万套，累计保障家庭约57万户，正在保障家庭约22万户。如图3所示，公共租赁住房人员结构与政策对象高度契合。

（3）共有产权保障住房政策

2009年，上海建立共有产权保障住房制度，这是上海的一项重大创新。政策作为联系基本住房保障和市场体系的纽带，主要解决上海城镇户籍中等及中等偏下收入家庭的住房困难问题。2010年起，上海连续5次放宽准入标准，目前3人及以上家庭人均月可支配收入6 000元、人均财产18万元以下（图4）。目前，新上海人占比日益增加，已达到约25%。为解决新市民的居住困难问题，2018年上海进一步扩大共有产权保障住房受益面，将持有上海市居住证且积分达标，符合购买商品房条件且符合共有产权保障住房收入和财产准入标准的非沪籍住房困难家庭纳入供应范围（图5）。

共有产权房实行批次供应，符合条件的人员可按规定提出申请。共有产权保障住房实行政府定价，

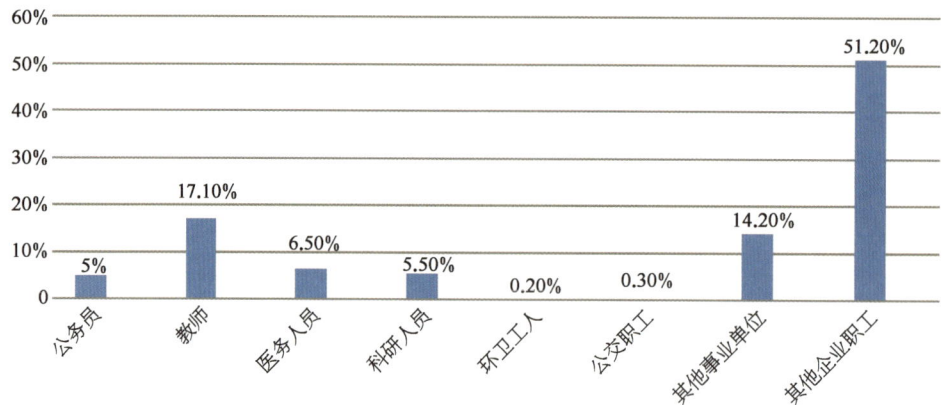

图3 上海市公共租赁住房人员结构

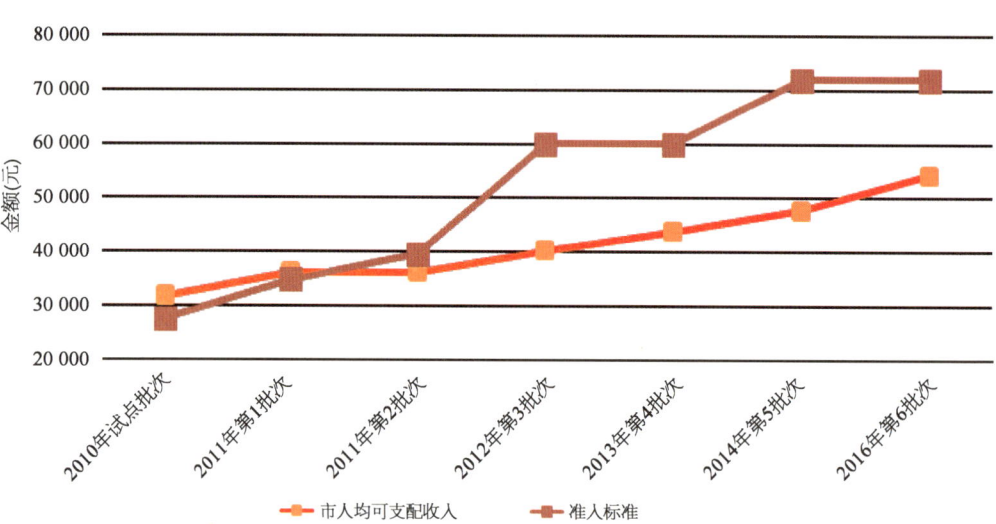

图4 上海市历批次准入标准和人均可支配收入平均值

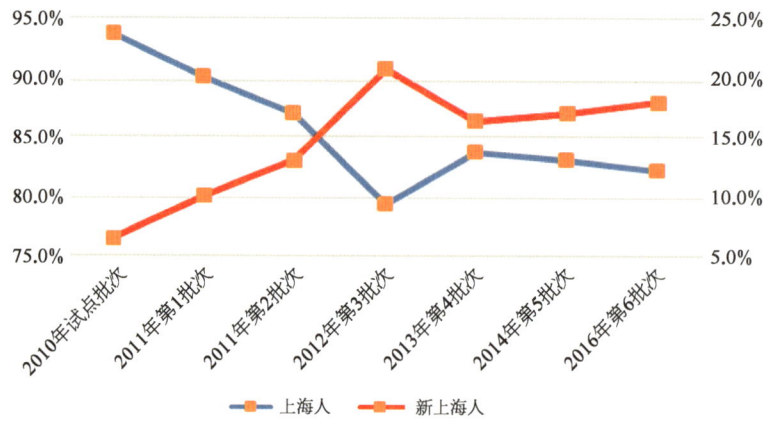

图5 上海市共有产权保障住房历批次人员结构

政府和购房人在销售合同中约定产权份额比例，原则上购房人占大部分产权，从55%～70%不等。5年后购房人可按申请由政府指定机构优先购买，也可购买政府的份额。目前，上海共有产权保障住房历年累计签约家庭约11万户，累计入住8.8万户。总体上，该政策达到了以住为主的预期目的。

住房保障问题是超大型城市发展过程中必须长期面对的重要课题。相信经过持续努力，上海住房保障政策将惠及更多市民家庭，住有所居、人人享有基本公共住房的目标将逐步变为现实。

企业在公共住房中的角色[1]

黄添发
盛裕集团北亚区总经理（城市发展）

"筑城树人"是盛裕集团（简称盛裕）的座右铭，作为一家全球城市基础设施和管理服务咨询公司，盛裕有超过70年的项目承接成功经验。盛裕总部在新加坡，在全球汇集16 500名人才，分布在40多个国家的120多个办事处。由建筑师、设计师、规划师、工程师和其他专家组成。利用进步的思维、创新的思想为动力，来帮助创造更美好的未来。为30多个国家完成总体规划，在全球规划了100多个工业园区。在新加坡设计交付了26个城镇，100多万套住宅。如今，70%的新加坡人住在盛裕城镇打造的住宅里。

"居者有其屋"是新加坡建国初期重要的国家战略。让人人有房可住同时提供一份工作，打造"产城融合"园区。盛裕整合累积的经验和走过的弯路，形成企业化的管理，把整个城市的城镇化开发、管理、建设工作输出到新加坡以外，而中国是一个很大的市场。苏州工业园区就是一个案例，它是一个"产城融合"的工业园区，拥有住房、社区、娱乐和教育设施。盛裕做了其第一、二、三阶段的总体规划（包含开发指导计划），以及整个场地项目管理。从1994年成立起，先后有5 000多家外资企业入驻。

住宅一开始以需求性为主，到后期要求比较多，精细化产品近几年在不断发展。企业在政府住房里面所扮演的角色有三点：① 积极响应政府政策；② 高度结合市场需求；③ 涵括老百姓的需求和市场经济的需求，因为若全部由政府出资，某个程度是不可持续的。改善群众居住条件，企业在公共住房中角色可以贯穿整个建设产业链，从开始的规划到发展、交付使用，以及管理。

下面分享新一代高密度公共住宅案例——亨德生城市景苑。这是一个老旧小区的城镇规划项目，项目地址靠近市中心，是第一代组屋区，至今有30多年历史，其历史价值非常高，但容积率低，并且小区原貌老旧，建筑形态是一个很长的板楼，图1是原来的场地状况。如何在面积有限、人口增长的情况下，将密度增大，同时要保证环境及其价值，这是一个挑战。

经过现场的研究，发现小区内有很多老树，不仅可以绿化景观，还可为整个片区遮荫，如何保留这些老树成为改造项目的核心。在整个施工的过程中，一棵老树都没有迁移，还保留了开放的空间。

在前期设计时，从规划开始研究，如何在把原有的建筑形态在高密度的情况下，进一步优化城市空间，使其更通透，思考如何做到有效连接，并保护好原有的绿地（图2）。新加坡的规划里要求绿化面积与用地面积之比为1∶1，而亨德生城市景苑项目的绿化面积远多于规划要求，因为增加了3处绿化平台（图3）。除此之外，项目还打造了具有引导性的、醒目的地标，升级了公共开放空间的体量及质量，使其成为通透可达的社区。

考虑建筑面积是一方面，更重要的是打造社区的活动空间，因此还需尽量增加公共设施配套，跟景观密切结合在一起。利用开放的共享空间和空中绿廊，把一个社区在空间上便利地结合起来。考虑到是

---

[1] 本文摘自作者在"沪新城市治理高端对话"上的演讲。

图1　集体收购与重建项目选址原貌

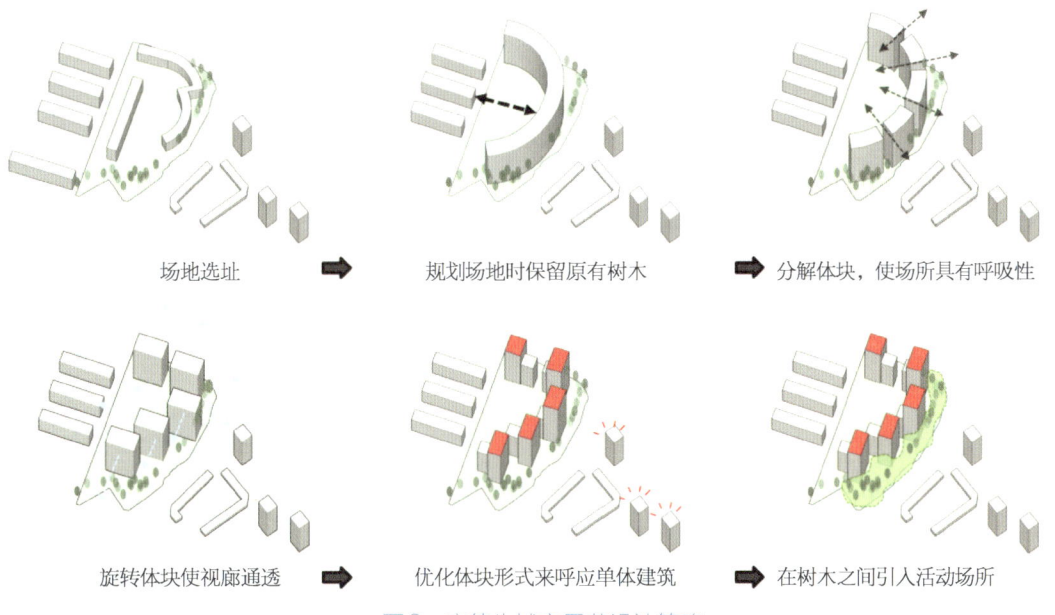

图2　亨德生城市景苑设计策略

政府资助的组屋，同时也考虑到造价、可维护性和抗老化的做法，这样的设计可以在全生命周期里大大减少压力。

除了响应政府的政策，项目还与新加坡建屋发展局合作，对拆迁户做了民意调查，询问他们对新的组屋区有什么需求。发现其对户型的要求和原来建屋局的要求不一样，我们吸取了这个意见，改进了方案，获得了成功。调查并接受居民的反馈意见，这是非常重要的环节。

盛裕秉持"筑城树人"口号，使设计达到适老、可持续发展的目的，此外还考虑经济价值，这与百姓生活息息相关，毕竟买房是一笔大投资。

盛裕在中国26年间，业务遍布中国各地，提供产业研究、规划&设计、管理服务等专业咨询服务。我们正在重新定义城市，将其塑造成具有可持续性的宜居空间，无论现在或者将来社区和企业可以蓬勃发展。

基地平面图

图3 三个绿化空间平台

德国共享型学习的新进展

卡斯滕·毛里茨（Carsten Mauritz）
德国黑森州中国合作促进中心、
德国卡塞尔地区经济促进中心资深项目经理

德国卡塞尔经济发展有限公司主要为当地德国企业介绍一些合作项目和企业，为它们提供综合性服务。在过去几年中和中国的合作进展非常快，15年前我们就和中国取得联系，这个项目合作在最近几年得到了不断的发展。接下来介绍最近研发的一个项目——KoLeArn[2]，中文名叫"柯蓝"，它是智能工业生产过程中的配套学习服务（图1）。

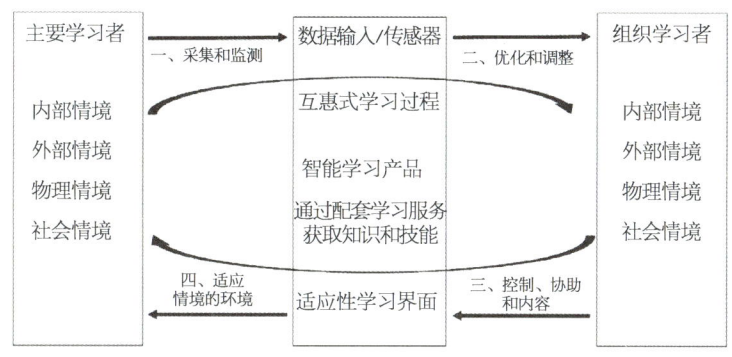

图1　智能学习系统

开发研究项目的出发点主要是德国的工业4.0，什么是德国的工业4.0？总体概括起来就是各个生产环节的智能化和数字化的联网，德国的工业4.0将重新组合工业基础设施。德国工业4.0不仅带来了深远的技术改革，同时对从事生产的员工也带来了巨大的变化。项目需要研究的问题是，如何按照工业发展的新的要求培训好员工。首先要了解和研究以下两个问题：从事与工业4.0相关生产工作的员工需要满足哪些资格要求？在公司内部培训过程中，该如何简化以IT为基础的学习单位的资格要求？项目的研究的目的在于：按照具体需求，为在中国未设生产基地的公司开发并提供学习服务；为德国培训机构提供机会，使之能够在中国提供培训和教育；为公司提供支持，使之能够建立并改进其工作组织及提高劳动力素质；加强中德合作。

参与研究项目的除了卡塞尔大学，还有其他强有力的合作伙伴，一个是卡塞尔职业培训中心，另一个是从卡塞尔大学分离出来的电讯传输企业。为了更好地开发研究项目，也选了碑廊医疗技术公司和斯宝亚创电气工业企业这两个工业企业来尝试研究项目的可行性。

项目具体分为两个阶段：调查研究分析和付诸实施。近两年通过大量有质量的研究，调查了整个工

1　本文摘自作者在"中国上海2019终身学习社区文化交流会"上的演讲。
2　智能工业制造过程中的配套学习服务——以中国为例的系统开发和试点阶段。

业生产流程，企业也提出了对员工的技能要求。2018年还对两所中国职业学校进行拜访，了解学校的培训情况。通过调查研究，得出以下四个结论：第一，目前教育培训的重点仍然停留在理论知识上，培训过程中实践导向性和问题导向性较低，所学技能的实际应用还不够突出；第二，自主学习空间较小；第三，教育培训与企业的合作还不是很普及，许多公司未提供内部培训机会；第四，在中国的德国企业当中，教育培训的措施没有完全得到落实，而所谓的这种教育培训，更多的是通过参与式观察进行学习。

在培训和教育过程中必须考虑学习者的动机和掌握的基本知识，与此同时，也须考虑到学习者面临的外部情况和身体状况，这些因素都会影响学习的成效。了解发现有些年轻员工不能聚精会神地投入学习，有时会开小差，也会出现一些工伤，这些都需要通过专业的技术培训来提高员工的素质。另外，通过大量的调查得出一个结论，学习本身也是一种受教育的过程。共同参与学习和企业的综合文化，都对员工的学习起着举足轻重的作用，有好的企业文化和大家的共同参与，学习的积极性就会提高。

在具体的职业培训和学习中要使用什么信息工具传授知识和技能？KoLeArn致力于交互式教育视频的配套开发。KoLeArn流程通过一个介绍性教程来向员工提供教育视频的创建过程中的支持，该教程演示了应如何设计教育视频。同时，它还为职业教育和培训人员提供了有关如何使用交互式元素增强教育视频的教程。通过使用交互元素，同一教育视频可用于具有不同知识水平（初学者、有经验的专家等）的学习，这在中国等国家尤其重要。此外，它对学习过程的叙事流程有很大的影响。

值得强调的一点是，学习视频要按照每家企业的实际情况、具体使用的机器类型和操作过程来拍摄而成。这样拍出来视频比较具体化、形象化，让受培训者能够形象地学到应掌握的技能。当然受培训者和培训者拍出来的视频不一定是专业化，如果需要作为比较专业化的教材，也另外有一个教程，为教育材料和视频的设计提供职业教育和培训。之所以一直强调视频一定要有互动性，是因为只有互动性视频才能够调动学习者的积极性。此外，在拍摄视频时，也可适当使用游戏机制，结合游戏的方法形象地传授专业知识，让不同文化层次的受培训者更容易接受，更能掌握。项目到最终完成还需一年的时间，这一年要对中国的职业培训学校和在中国的德国企业的培训实际情况作进一步了解（图2）。

图2 后续措施：试点/评估

在过去几年中也做过另外一个项目，就是通过手机媒体工具进行培训和学习。在年轻人当中反响很不错，今后几年中，尤其是要在中国职业培训方面，要做更多的了解和研究，研发出一套新的可行的职业学习办法。

"多教融通"构建区域终身教育指导服务公共平台

上海市徐汇区业余大学

上海市徐汇区业余大学(上海市徐汇区社区学院)于1979年挂牌成立,是一所教育部备案的、由徐汇区人民政府主办的提供多样化、多层次终身教育的独立设置的成人高等院校,学校同时也是徐汇区社区学院、上海开放大学徐汇分校和上海老年大学徐汇分校,在管理体制上实行一个机构多块牌子的管理模式。

作为徐汇区从事终身教育服务指导的龙头院校,学校一直以"适应社会发展的变化,满足各类人群的多元学习需求,促进人的全面发展"为目标定位,围绕区域经济、文化、社会发展的需要,不断探索各类教育深度融合、相互协调、同步发展的机制,力争将学校建设成一流的地区终身教育教学与研究的高地和公共服务的平台。经过几代业大人的共同努力,学校已呈现出成人高等学历教育、特殊教育、职业培训、社区教育、老年教育、未成年人心理健康教育及区域学习型社会建设等多教融通、多元、开放的工作格局。

1. 顺应时代,与时俱进

早在1960年,学校的前身——徐汇区机关干部业余文化学校就开设了中文大专班,开启了区域成人高等教育的先河。改革开放初期,高考制度恢复,成人高校也迅速得到了复苏与发展。学校于1979年根据社会对人才的需求开始招收成人大专班,开设了电气自动化、英语、中文3个专业。20世纪80年代,学校又陆续增设行政管理、行政会计、法律、工业建筑、日语、经济管理、工业和民用建筑、企业管理、实用美术等专业,成为一所多功能、多学科的区域性成人高校。社会文明的程度取决于阳光能否照到生活在社会底层的弱势群体。1988年9月,学校在上海同类院校中首创聋人高等特殊教育,作为全国最早开展聋人特殊高等教育的12所高校,至今学校已初步建成上海地区成年残疾人特殊教育的骨干力量和主要平台(图1)。

1996年,学校成立上海电视大学高等专科注册视听生学习指导中心,之后升级为上海电视大学徐汇区工作站,2000年再升格为上海电视大学徐汇分校。从最初的英语、法

图1 杜俭校长为聋人大学生行拨穗礼

---

1 本文摘自作者在"中国上海2019终身学习社区文化交流会"上的演讲。

律、财务会计专科开始,随社会发展学校对学历提升和专业设置进行适时调整。20多年来,电大徐汇分校已开设近20个专科与本科专业。2005年在校生达到巅峰,共63个班级2 000余人。随着学习型城区建设的全面推进,2005年学校挂牌成立徐汇区社区学院。2011年,学校在全市范围率先建立了区级层面的未成年人心理健康辅导中心。同年,上海老年大学徐汇分校挂牌成立。2012年,电大徐汇分校更名为上海开放大学徐汇分校。学校办学规模日益扩大,服务人群迅速拓展,业务能级全面提升。

2. 满足需求,多教融通

学校发展终身教育,以服务地区经济发展、提升区域内居民素养以及人力资源素养为己任。学校始终把满足需求作为改革发展的出发点和生命线,在终身教育的沃土上播撒城市文明的种子。

（1）满足社区在职人员职业发展需求,改革成人高等学历教育

从1953年起,学校前身徐汇区机关干部业余文化学校成立,办学至今走过了60甲子,学校建设始终与时代同步,满足各方面发展的需要。

瞄准企业需求,加强校企合作。学校先后为区域内多家企业,如天平宾馆、上海恰尔斯集团有限公司、大计数据处理有限公司等开设了工商企业管理、机电一体化、计算机信息管理等专业的订单式管理委托培训班。按照企业和员工的实际需求,定制课程,增加实训,教师送教上门,送考上门。学校与企业的合作,不仅大大提高了一线员工的理论水平和实践能力,无形中也提高企业竞争力和发展力;同时也为外来务工人员的城市融入创设条件,为企业、社区和城市的融合发展创造活力。

对接社会需求,发展特色专业。随着社会的发展,越来越多的职业被赋予了全新的职责,社会分工的细化意味着对专业要求的提高。学校积极对接居民终身学习需求,尤其是基层工作人员的专业提升诉求,并在教学改革中发展专业特色,形成特色专业。学校在全社会领先开设保育员大专班,设置幼儿心理学、社会学、管理学等专业课程。全面、科学地构建起学前教育工作人员的知识结构,进一步提升了区内学前教育的整体水平。2015年,学校成功开办了消防队行政管理大专学历班。根据消防战士的需求和军营生活的特殊性设计课程,送教上门,培养军地两用人才。截至目前,共有近百余名消防官兵的学历层次得到提升,为武警战士今后的职业发展及社会融入打下扎实的基础(图2)。

关注特殊需求,推动聋人教育。自1988年起,徐汇区业余大学聋人特殊高等教育已走过30多年不平凡的发展道路,成为上海成教领域聋人高等特殊教育的领头羊,为许许多多的聋人学生提供了接受高等教育与职业技能的培训机会。至今为止,我校毕业的本专科聋人学生达1 268人。我校还与上海戏剧学院继续教育学院合作,开办聋人艺术设计专升本专业,为聋人大学生创造了进一步深造的机会(图3)。

图2　消防大专学历班优秀学员　　　　图3　聋人大学生参加BCG中外艺术交流培训活动

（2）满足社区教育机构内涵发展需求，搭建专业指导服务平台

2005年，徐汇区社区学院成立，以指导社区学校、服务社区居民、开展公益培训为主要职责。学校迈出了多教融通的坚实一步。

创设孵化载体，推动课程建设。在社区教育的办学过程中，课程建设、资源建设、师资队伍建设等关键教育供给与居民日益增长的学习需求形成了供需矛盾。学校启动社区教育课程孵化室项目，开展社区居民及在职员工学习需求调研，开发教材、微课、学案等教学资源，提升现有社区课堂品质。社区教育课程专题汇课App的发布，整体体现了区域社区教育资源，形成了线上线下资源共享和信息互通的移动学习平台。课程孵化室项目的开展，是学校对社区教育机构进行专业指导的一个成功个案，同时也引发对社区教育教学方式的反思和研究（图4）。

搭建信息平台，规范社区教学。上海市徐汇区业余大学自2006年开始承担区域终身教育信息化建设运营工作。开创以徐汇终身学习网和徐汇终身学习卡系统为标志的终身教育信息化工作格局。一网开创学习新途径，一卡推动教学新发展。学习卡充分发挥社区教育办学实体和居民网上学习的学籍管理和学分记录功能，适应大数据时代社区教育的发展要求，极大推进了社区教育机构的规范管理，实现社区居民的学习认证和成果转换（图5）。

图4　徐汇社区教育课程孵化系列体验课　　　　图5　学校受市教委委托承建上海老年教育信息中心

（3）满足社区老年群体多元发展需求，构筑老年教育办学实体

2011年，学校挂牌成立上海老年大学徐汇分校暨徐汇区老年大学。办学至今，已成为区域办学规模最大的老年教育实体办学机构。

满足学习需求，提高生活质量。老年教育作为成人教育的重要组成部分，是终身教育的后期阶段，是构建学习型社会、提高全民思想道德和科学文化素质的有机组成部分。学校以满足老年人的多元需求为职责，充分挖掘学校各功能教室及普通教室的潜能。共开设声乐、舞蹈、计算机、摄影、文史等各类课程80多门，课程班300多个。课程开发上，不仅注重开发老年人需求量大的常规性课程，还兼顾小众人群的需求，开设了手风琴、萨克斯、古琴等课程，同时也注重主流价值观的引导，开设中国文学、经典艺术赏析等课程；学校不仅关注健康老年人的学习需求，也兼顾残疾老年人的学习需求，专门为残疾老年人开设书画装裱、电脑网络新生活等课程（图6、图7）。

提升个人修养，促进社区融合。老年教育为老年人融入社会提供了有效途径，使老年人在学习知识掌握技能的同时扩展了社会参与的能力。学校努力发挥区域领导能力，参与组织徐汇老年教育节，代表徐汇参加中华艺术宫老年教育成果展示，市民文化节等各级各类老年教育展演活动，并多次获奖，推动了区域老年教育品牌的塑造。此外，学校还积极引导老年人参与社会服务，建立老年教育成果传播展示

图6 艺术合唱团表演大合唱《灯光》

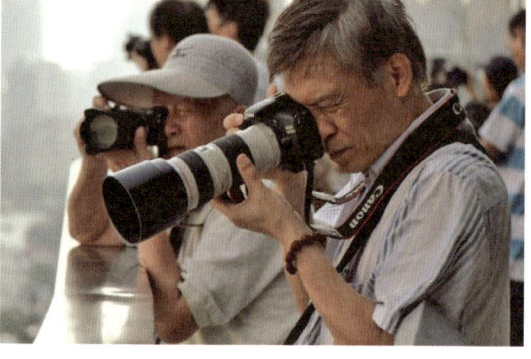
图7 老年教育摄影课程实践场景

平台，组织老年服务志愿团队，激发老年学习的持久动力，使老年学习者在服务社会中提升自我、完善自我，真正实现学以致用，老有所为。在提升老年人个人修养的同时，也促进了社区融合。

3. 交流合作，分享共进

2000年3月，上海市徐汇区业余大学与德国德累斯顿理工大学欧洲研究生院联合创办"同济-徐汇欧洲硕士培训中心"，开设工商管理专业，前后开办欧洲硕士班5期，为徐汇区域内企事业单位众多高级管理人才提供职业培训和学历进修的平台。2003年9月，上海市徐汇区业余大学与德国黑森州中国合作促进中心合作成立上海徐汇中德交流中心。中心进一步拓展徐汇区与德国在教育培训、经济、体育等领域的合作交流，先后接待德国德累斯顿理工大学欧洲研究生院的正副院长、MBA学员，德国卡塞尔地区经济访华团，德国消防协会访华团，德国著名球星等来访。德方每年组织MBA学员到访上海市徐汇区业余大学，开展成人高等学历教育、社区老年教育、残疾人教育、教育信息化等领域的交流互动。2017年以来，学校又先后与德国黑森州中国合作促进中心、德国卡塞尔国民大学签约建立姐妹校合作关系，助推彼此在职业教育、社区教育、特殊教育、老年教育、教育信息化、教师培训等方面开展深度合作，提升徐汇终身教育的国际地位、彰显徐汇教育品牌的全纳融合，实现资源共享、合作共赢。同时，学校还探索与英国、法国等教育机构同行的专业合作，与国内、市内同类院校同行结成资源同盟，互助共进，为学生全面发展和教师专业发展拓展空间，搭建平台，丰富资源（图8、图9）。

学校秉持教育初心，积极在职业培训、社区教育、老年教育、学习型社会建设等领域寻找机遇。在终身教育事业上砥砺前行，在传承凝聚的基础上求真务实，创新转型，积极在成人高等学历教育、职业

图8 学校与德国黑森州中国合作促进中心签署合作协议

图9 学校举办"全球化背景下的终身学习"专题国际研讨会

培训、社区教育、老年教育以及学习型社会建设等领域寻找机遇，关注包括社会弱势群体在内的各类学习者对高一层次学历教育以及丰富多彩的非学历培训和学习的需求，充分诠释学校作为政府主办的成人高校在终身教育领域的职责履行和社会责任担当，为地区经济、文化和社会发展，为城市精神的传递和精神文明的传播做出我们特有的专业贡献。

充分发挥社区文化建设
在全民终身教育中的基础性作用

张 洁
上海市社区文化服务中心主任

本文将围绕以下三个方面的内容作讨论，希望得到各位读者指正：（1）社区文化建设与全民教育融合发展背景；（2）公共文化建设日益成为全民教育的重要底盘；（3）上海公共文化和公共教育融合发展的实践探索。

1. 社区文化建设与全民教育融合发展背景

从广义上说，社区文化和社区教育存在着相互融合，互为促进的关系。一方面，社区教育的发展从某种程度上说，依托于居民的文化自觉，而社区的文化底蕴和多元多样的文化活动无疑是社区教育发展的基础和动力。另一方面，社区教育的发展反过来促进社区居民的文化认同，激发文化需求，促进社区文化建设和公共治理。

早在2009年民政部出台《关于进一步推进和谐社区建设工作的意见》，提出"发展社区教育要进一步繁荣城乡社区文化，充分挖掘社区文化资源，广泛开展群众性文化活动，弘扬中华民族优秀文化传统"。

2010年，教育部出台《国家中长期教育改革和发展规划纲要（2010—2020年）》，强调"广泛开展城乡社区教育，基本形成全民学习、终身学习的学习型社会"。

2016年，教育部、民政部等九部委出台《关于进一步推进社区教育发展的意见》，提出"坚持社区为根，特色发展，鼓励各地结合当地历史、人文资源开展社区教育活动"。

对标国家发展战略和要求，市政府出台了一系列相关政策文件，进一步推进"以文化人、以艺育人"的文化、教育资源共享与合作。

2016年市委市政府出台《上海市文教结合工作三年行动计划（2016—2018年）》，为文化与教育融合发展进一步指明了方向。

2018年上海市政府发布《上海市城市总体规划（2017—2035年）》，立足新时代排头兵和先行者，提出了上海新的发展定位和目标，即：到2035年基本建成卓越的全球城市，令人向往的创新之城、人文之城、生态之城，具有世界影响力的社会主义现代化国际大都市。

新目标对应新要求，新要求激发新动能，而要成为世界卓越城市，市民的综合教育水平、文化素养、文明素质是重要指标。社区作为市民生活，接受公共教育和公共文化建设的基础单元，其重要性日益显现。

2. 公共文化建设成为全民教育的重要底盘

十二五期间，上海在全国率先提出建设公共文化服务体系的基础上，于2003年开始在原有三级文化

---

1 本文摘自作者在"中国上海2019终身学习社区文化交流会"上的演讲。

设施的基础上，以全市200多个街镇为单位，重点打造社区文化活动中心这一为民服务设施。

其平均建筑面积为3 500 m²，主要拥有三大板块服务功能：有图书馆、社区学校（培训教室）、信息网络服务设施等阅读学习类功能；有剧场演出、影剧院、多功能厅等文化娱乐功能；各类体育网球场、篮球场、乒乓室等体育健身功能。为居民提供文艺演出、书报阅读、展览展示、影视放映、上网服务、学习培训、科学普及、健康教育、法制宣传、国防教育、非物质文化遗产传承、心理辅导、体育健身等各类公益性服务。

200多家社区文化活动中心于十三五期间建设完成。在不断拓展社区文化教育硬件设施建设的同时，各级政府不断推进和强化内容建设，以购买专业服务的方式，将优质文化教育内容配送到社区文化活动中心，如文艺演出、文化讲座、市民教育课程、文艺指导、信息化服务、数字电影等。

2017年，各级政府进一步加强了对第四级（居村）社区文化教育服务硬件和软件的建设力度，2018年以市政府事实项目的方式全力推进。市（1个）、区（23个）、街镇（226个）、居村（5 517个），各级之间职责有所区别，目标任务一致——全心全意为人民服务，不断满足人民群众的精神文化需要，提高获得感、幸福感和安全感，提升市民文化、文明综合素养。

目前，形成的本市公共文化四级服务体系，为率先基本建成本市现代公共文化服务体系中，发挥了积极的作用。下面以社区文化活动中心为例，谈谈社区文化融合共建的成效。

（1）成为居民终身学习教育的重要场所

本市四级公共文化教育阵地是惠及市民文化教育活动的重要载体，尤其是社区文化活动中心和居村综合文化活动室，身处百姓家门口，集天时地利人和之功，便捷、内容丰富、设施完备，并且不断通过多维度、全方位，点对点市民需求征集（二维码到居村、网络、问卷），努力实现供需精准对接。同时，在做好服务的同时，有效满足了市民自我展示展演的需要，也为社区居民提供了一个可供参与志愿服务的实践场所。总之，为不同年龄、不同职业、不同需要的居民提供了比较精准的公共文化教育服务，为市民自我教育、自我服务、自我提高、自我实现发挥了积极的作用。

（2）成为传承中华文化、提升文化素养的重要平台

内涵丰富、形式多样的社区文化教育活动，为市民提供了文化娱乐、终身学习的平台。在传承中华优秀传统文化方面，推进"非遗进社区""社区在社区"等项目，将世界、国家、本市及各区的非物质文化遗产传承人（项目）送到社区，带徒学艺，分享传承，落地生根"剪纸、面塑、京剧"。另外，作为每年永不落幕的"市民文化节"的主要落地平台，每年有市民文化活动5万多项，每个中心每年平均要举办各类活动数百场。尤为重要的是通过分享和投身公共文化实践，百姓逐渐从文艺和文化的欣赏者、成为登台亮相的实践者，营造城市文化氛围、提升城市文化品质的生力军，有效实现了文化教育"内塑于心、外化于行"主旨。

（3）成为增强社区凝聚和归属感的重要介质

来到社区文化活动中心，居民除了参与文化活动、接受人文艺术教育，还有一个很重要的驱动就是实现人与人的交往和交流。随着社会节奏的持续加快，人与人之间的陌生感、疏离感在不知不觉中加深，而通过轻松愉快的方式进行交流和沟通，已成为现代社会的不可或缺，良好的人文环境将有助于增强人们的归属感，提高幸福指数。

3. 上海公共文化及教育融合发展的实践探索

（1）有效的制度保障

2013年上海先于全国，正式颁布实施《上海市社区公共文化服务规定》，为公共文化空间的可持续发展及规范运营提供了坚实的保障。2017年推出《上海社区文化活动中心绩效评估指标体系》，从性质指标、能力指标、效率指标、效益指标、可持续发展指标5个方面，对社区文化活动中心的管理部门、布

局规划、功能配置、财政保障、法人治理模式、绩效评估方法等方面做了明确的目标要求和量化规定，使之有法可依，有章可循，积极推动了社区文化活动中心服务环境、设施设备、人力资源、信息化建设、服务质量、服务项目流程、服务评价考核等多个关键要素的标准化、规范化建设，为社区公共文化和教育的健康发展提供了切实的制度保障。

（2）持续完善的阵地建设

在建成的200多家标准化社区文化活动中心的同时，同步建设完善了5 000多家居村综合文化活动室。在社区文化活动中心积极探索文化和教育双轮驱动的过程中，注重区域特点，结合居民需要，不断拓宽服务范围，完善服务功能，丰富服务内容，形成服务特点，延长服务时间，不断深耕供需精准对接，不断提高公共文化和教育的覆盖面和影响力。

（3）科学规范的内容供给体系

目前，上海市已基本实现了公共文化四级内容供给网络。同时，文化中心以物理场馆为基础，借助互联网和移动互联网等技术手段，有效发挥了枢纽和平台的作用，推动社区公共文化教育由"面"到"点"到"家"的延伸，基本实现了按需选择内容，按"口味"上菜，实现资源与需求的最优化对接，为居民终身成长与发展搭建了平台，拓宽了渠道。

附录 2019年"世界城市日"主题活动、系列活动

时 间	活动名称	主 题	地 点	主办单位	标识
3—12月	世界城市日青少年系列活动——城市秘行	寻访城市足迹	中华艺术宫、上海世博展览馆等	上海侨爱公益发展交流服务中心	系列活动
3—10月	世界城市日青少年系列活动——公益课堂	畅想未来城市	上海市第二中学、复旦中学等学校	上海世界城市日事务协调中心、上海侨爱公益发展交流服务中心	系列活动
4月14日	穿越城市世界巡回赛·厦门站	城市,让生活更美好	厦门市五一文化广场	厦门市思明区旅游局、上海世界城市日事务协调中心、智领慧动体育文化发展(北京)有限公司	系列活动
4月25—26日	道路安全与数字创新学习会议	改善道路安全的创新战略	上海社会科学院分部	联合国训练研究所、联合国亚洲及太平洋经济社会委员会、上海亚太地区经济和信息化人才培训中心、上海社会科学院、同济大学、上海世界城市日事务协调中心	系列活动
6月19—20日	全球化进程中的中国城市国际研讨会	全球化进程中的中国城市	上海师范大学会议中心	上海师范大学	系列活动
7月1日—9月10日	"发现城市美"——青少年摄影大赛	捕捉城市美好瞬间 献礼新中国七十华诞	全国各地	上海世界城市日事务协调中心、上海侨爱公益发展交流服务中心	系列活动
7月12—21日	意大利IP节	呈现最纯正的意大利品质生活方式	上海机遇中心	中国意大利商会、中企万博集团、Nihao Italy、机遇空间IP MALL	系列活动
7月23日—8月4日	中澳青年建筑遗产修复传习营	分享、守护、传承	安徽省黄山市歙县金滩村	上海燊榕古建保护研究中心、澳大利亚科廷大学(Curtin University)	系列活动
9月7日—10月25日	世界城市日——"漫话双城"2019国际创意面具大赛(上海)	创意生活 美好未来	全国各地	国际创意面具大赛组织委员会	系列活动

（续表）

时　间	活动名称	主　题	地　点	主办单位	标识
9月19日	2019新立方系列——进化中的TOD城市综合体论坛	进化中的TOD城市综合体	上海陆家嘴新兴金融产业园	中国建筑学会会员之家、中国建筑学会立体城市与复合建筑专业委员会、百咖金创、NEW³新立方	系列活动
10月15日	华师大第七届城市发展论坛系列活动一——专题报告会	为城市研究增添新话语：近期中国城市研究的若干文章评述及其发展方向	华东师范大学闵行校区	华东师范大学城市发展研究院、教育部人文社科重点研究基地中国现代城市研究中心、上海市人民政府决策咨询研究基地长三角区域一体化工作室	系列活动
10月18日	华师大第七届城市发展论坛系列活动二——专题报告会	我国"十四五"期间关键领域和重大问题的思考	华东师范大学中北校区图书馆报告厅	华东师范大学城市发展研究院、教育部人文社科重点研究基地中国现代城市研究中心、上海市人民政府决策咨询研究基地长三角区域一体化工作室	系列活动
10月22日	第七届城市发展论坛系列活动三——长三角区域一体化与城市协同发展论坛	长三角区域一体化与城市协同发展	上海美居酒店凯旋路店	华东师范大学城市发展研究院、教育部人文社科重点研究基地中国现代城市研究中心、上海市人民政府决策咨询研究基地长三角区域一体化工作室	系列活动
10月22—23日	滨水城市设计国际论坛暨长三角建筑学会联盟、上海市建筑学会2019年会	滨水城市设计	浙江省嘉兴市晶晖酒店	长三角建筑学会联盟、浙江省住房和城乡建设厅、嘉兴市人民政府、上海市建筑学会	系列活动
10月26—28日	第26届中国国际广告节"一带一路"城市与品牌国际传播展	为世界城市、优秀企业、知名品牌、特色产品向全国传播推广巡展平台	江西省南昌绿地国际博览中心	中国广告协会	系列活动
10月27日	2019全球城市论坛暨世界城市日上海主场活动	城市转型　创新发展	上海交通大学徐汇校区	上海市人民政府发展研究中心、上海市住房和城乡建设管理委员会、上海交通大学、联合国人居署、世界银行	上海主场活动
10月27日	沪新城市治理高端对话	城市治理　美好家园	上海交通大学徐汇校区	上海市住房和城乡建设管理委员会、新加坡宜居城市中心	系列活动
10月27日	国际绿色生态城市建设研讨会	将自然融入城市设计	上海交通大学徐汇校区	上海市住房和城乡建设管理委员会、上海市长宁区人民政府、世界银行	系列活动

(续表)

时间	活动名称	主题	地点	主办单位	标识
10月27日	公路隧桥的创新发展论坛	公路隧桥 创新发展	上海隧道股份公司报告厅	上海市公路学会、上海世界城市日事务协调中心	系列活动
10月28—29日	全球城市地下空间开发利用上海峰会暨2019第七届中国（上海）地下空间开发大会	"一带一路"未来城市地下空间开发利用倡议	上海宝隆宾馆	联合国人居署、国际地下空间联合研究中心、住建部建筑杂志社、上海市土木工程学会、同济大学、深圳大学	系列活动
10月27—28日	2019中国健康城市论坛	健康城市 无废治理	上海市崇明区新城会议中心	中国市长协会、上海市崇明区人民政府、上海世界城市日事务协调中心、上海市健康产业发展促进协会	系列活动
10月30日—11月1日	2019叶卡捷琳堡世界城市日全球主场活动	城市转型 创新发展	俄罗斯叶卡捷琳堡市叶利钦中心	联合国人居署、俄罗斯叶卡捷琳堡市、上海市人民政府	全球主场活动
10月30日—11月1日	2019年世界城市日中国主场活动	城市转型 创新发展	河北省唐山市南湖国际会展酒店	住房和城乡建设部、河北省人民政府、联合国人居署	中国主场活动
10月31日—11月1日	2019世界城市日-上海论坛	创新、协调、共享	上海设计中心南馆	上海市规划和自然资源局、上海市住房和城乡建设管理委员会	主题活动
10月31日	儿童友好和城市生活·上海论坛	儿童友好型城市	上海中心大厦朵云书局	上海妇女儿童服务指导中心、上海城市规划学会、上海市建筑学会	系列活动
11月12日	中国上海2019终身学习社区文化交流会	推进全民终身学习，促进社区文化发展，加强国际合作交流	上海市徐汇区业余大学	上海市徐汇区业余大学（上海市徐汇区社区学院）、上海市社区文化服务中心、同济大学特种土木工程技术研究所	系列活动
11月21日	2019上海-东京城市管理精细化研讨会	精细管理 美丽家园	上海交通大学徐汇校区	上海市住房和城乡建设管理委员会、解放日报社	系列活动
11月21日	中荷城市更新研讨会	城市更新	国家会展中心（上海）	荷兰驻上海总领事馆	系列活动
11月21—23日	2019上海国际城市与建筑博览会	创新城市 美好家园	国家会展中心（上海）	联合国人居署、上海市住房和城乡建设管理委员会	主题活动
11月29—30日	中国上海2019城市地下综合体论坛	地下交通与城市综合交通枢纽	上海大华锦绣假日酒店	上海市城市建设设计研究院集团有限公司、上海市漕河泾开发区科创中心、同济大学特种土木工程技术研究所	系列活动
12月16日	"民间外交与城市国际交往能力建设"论坛	民间外交与城市国际交往能力建设	上海国际问题研究院	上海市人民对外友好协会、上海国际问题研究院	系列活动

后记

世界城市日是首个由中国政府倡议并经联合国大会批准设立的国际日，也是2010年中国上海世博会主要精神遗产和知名"上海文化"品牌。2019年，围绕联合国人居署确定的世界城市日年度主题"城市转型　创新发展"，世界城市日全球主场俄罗斯叶卡捷琳堡、中国主场唐山市及上海等各国城市先后举行了30多场层级较高、规模较大、影响较广的论坛、展览、推广、培训、比赛等世界城市日主题、系列活动。联合国副秘书长、人居署执行主任迈穆娜·穆赫德·谢里夫等数百位中外嘉宾在各类活动中作了精彩演讲和交流，共有来自德国、日本和厄瓜多尔等60多个国家超过12万名代表参与了世界城市日的各类活动。中央电视台、新华社、人民网等全国性媒体和上海发布、新浪网等各大门户网站多次刊发报道，参与人次达到200多万，世界城市日的知晓度和影响力得到了进一步的提升。

为进一步汲取全球智慧，推进全球城市可持续发展，充分发挥世界城市日的品牌效应，近年来我们通过汇集全球各地在世界城市日重大活动中形成的城市可持续发展最新理念和城市治理最新成果，已先后出版了中英文版《2017年世界城市日活动成果精粹》《世界城市日活动成果精粹·2018》，得到了联合国人居署等国内外有关方面的广泛好评，为促进中国和世界各国城市间的交流与合作、推进全球城市可持续发展发挥了重要作用。

《世界城市日活动成果精粹·2019》一书汇集并精选国内外嘉宾在2019年世界城市日活动中的主旨演讲和论文成果，内容涵盖全球城市与文脉传承、城市群与协同发展、城市治理与创新发展、城市地下空间与开发利用、健康城市与生态建设、智慧城市与交通安全、住房保障与终身教育等主题，以期同读者分享各国城市经济社会转型发展与城市建设和治理的经验成果。同时，为进一步彰显世界城市日品牌影响力，本书将在新华书店及线上渠道同步发行和推介。

本书的编纂工作获得了联合国人居署等国际机构以及国内外社会各界的大力支持和帮助，也得到了钱七虎、陈湘生等院士和专家学者给予的悉心指导，在此一并表示诚挚的感谢。

本书编辑部
二〇二〇年十月